SHANGHAI UNIVERSITY OF POLITICAL SCIENCE AND LAW

G2C场景下政府信息共享效益评价研究

龙怡 著

中国政法大学出版社

2019·北京

校庆筹备工作领导小组

组　长：夏小和　　　刘晓红

副组长：潘牧天　　刘　刚　　关保英　　胡继灵　　姚建龙

成　员：高志刚　　韩同兰　　石其宝　　张　军　　郭玉生

　　　　欧阳美和　王晓宇　　周　毅　　赵运锋　　王明华

　　　　赵　俊　　叶　玮　　祝耀明　　蒋存耀

总序

　　三十五年的峥嵘岁月，三十五载的春华秋实，转眼间，上海政法学院已经走过三十五个年头。三十五载年华，寒来暑往，风雨阳光。三十五年征程，不忘初心，砥砺前行。三十五年中，上海政法学院坚持"立足政法、服务上海、面向全国、放眼世界"，秉承"刻苦求实、开拓创新"的校训精神，走"以需育特、以特促强"的创新发展之路，努力培养德法兼修、全面发展，具有宽厚基础、实践能力、创新思维和全球视野的高素质复合型应用型人才，在中国特色社会主义法治建设征程中留下了浓墨重彩的一笔。

　　学校主动对接国家和社会发展重大需求，积极服务国家战略。2013年9月13日，习近平主席在上海合作组织比什凯克峰会上宣布，中方将在上海政法学院设立"中国-上海合作组织国际司法交流合作培训基地"，愿意利用这一平台为其他成员国培养司法人才。此后，2014年、2015年和2018年，习主席又分别在上合组织杜尚别峰会、乌法峰会、青岛峰会上强调了中方要依托中国-上合基地，为成员国培训司法人才。2017年，中国-上合基地被上海市人民政府列入《上海服务国家"一带一路"建设、发挥桥头堡作用行动方案》。五年来，学校充分发挥中国-上合基地的培训、智库和论坛三大功能，取得了一系列成果。

　　入选校庆系列丛书的三十五部作品印证了上海政法学院三十五周年的发展历程，也是中国-上海合作组织国际司法交流合作培训基地五周年的内涵提升。儒家经典《大学》开篇即倡导："大学之道，在明明德，在亲民，在止于至善。"三十五年的刻苦，在有良田美池桑竹之属的野马浜，学校历经上海法律高等专科学校、上海政法管理干部学院、上海大学法学院和上海政法学院等办学阶段。三十五年的求实，上政人孜孜不倦地奋斗在中国法治建设的道路上，为推动中国的法治文明、政治进步、经济发展、文化繁荣与社会和谐而不懈努力。三十五年的开拓，上海政法学院学科门类经历了从单一性向多元性发展的过程，形成了以法学为主干，多学科协调发展的学科体系，学科布局日臻合理，学科交叉日趋完善。三十五年的创新，在我国社会主义法治建设进程中，上海政法学院学科建设与时俱进，为国家发展、社会进步、人民福祉献上累累硕果和片片赤诚之心！

所谓大学者，非谓有大楼之谓也，有大师之谓也。三十五部作品，是上海政法学院学术实力的一次整体亮相，是对上海政法学院学术成就的一次重要盘点，是上政方家指点江山、激扬文字的历史见证，也是上海政法学院学科发展的厚重回声和历史积淀。上海政法学院教师展示学术风采、呈现学术思想，如一川清流、一缕阳光，为我国法治事业发展注入新时代的理想与精神。三十五部校庆系列丛书，藏诸名山，传之其人，体现了上海政法学院教师学术思想的精粹、气魄和境界。

红日初升，其道大光。迎着佘山日出的朝阳，莘莘学子承载着上政的学术灵魂和创新精神，走向社会、扎根司法、面向政法、服务社会国家。在佘山脚下这座美丽的花园学府，他们一起看情人坡上夕阳抹上夜色，一起欣赏天鹅一家漫步在上合基地河畔，一起奋斗在落日余晖下的图书馆。这里记录着他们拼搏的青春，放飞着他们心中的梦想。

《礼记·大学》曰："古之欲明明德于天下者，先治其国。"怀着修身、齐家、治国、平天下理想的上政师生，对国家和社会始终怀着强烈的责任心和使命感。他们积极践行，敢为人先，坚持奔走在法治实践第一线；他们秉持正义，传播法义，为社会进步摇旗呐喊。上政人有着同一份情怀，那就是校国情怀。无论岁月流逝，无论天南海北，他们情系母校，矢志不渝、和衷共济、奋力拼搏。"刻苦、求实、开拓、创新"的校训，既是办学理念的集中体现，也是学术精神的象征。

路漫漫其修远兮，吾将上下而求索。回顾三十五年的建校历程，我们有过成功，也经历过挫折；我们积累了宝贵的办学经验，也总结了深刻的教训。展望未来，学校在新的发展阶段，如何把握机会，实现新的跨越，将上海政法学院建设成一流的法学强校，是我们应当思考的问题，也是我们努力的方向。不断推进中国的法治建设，为国家的繁荣富强做出贡献，是上政人的光荣使命。我们有经世济民、福泽万邦的志向与情怀，未来我们依旧任重而道远。

天行健，君子以自强不息。著书立说，为往圣继绝学，推动学术传统的发展，是上政群英在学术发展上谱写的华丽篇章。

上海政法学院党委书记 夏小和 教授

上海政法学院校长 刘晓红 教授

2019 年 7 月 23 日

序言

在 G2C 政务服务场景下，从专家学者到社会舆论，政府信息共享可破解民众办事难已成为全社会的共识。各项政策纷纷出台，推动信息共享进程。然而现实中，由于涉及信息供需双方的利益、责任和风险，诸多因素影响了信息共享的实现。基于合作博弈及相关研究的结果，我们认为绩效评估策略能持续有效地推动信息共享进程，因此本研究重在构建一个客观、可行、合理、科学的评价工具，使政府信息共享能测量、可评价，从而协助各级政府部门开展政府信息共享评价工作，达到以评促建，最终解决民众办事难的目标。

研究按照发现问题、分析问题、解决问题的思路展开，对 G2C 场景下政府部门间信息共享效益进行了评价框架的构建并进行实证测算和验证。

第一，发现问题。研究的起点是"人在证途"和"证明我妈是我妈"两条新闻，政府部门、专家学者和社会大众均一致认为"信息无法共享是办事难和奇葩证明的根本原因"。由此，"如何推动政府信息共享"成为研究发现的问题。通过采用合作博弈模型分析，前期研究认为信息供需双方在信息共享后收益水平下降，因此缺乏信息共享的个体理性，所以需要构造一个评价政府部门间信息共享水平的工具，用于辅助政府部门对不同方式实现的信息共享进行统一客观的评价及绩效考核，从而改变信息供需方的收益水平，使之基于个体理性而采取持续深入信息共享的策略。

第二，分析问题。为了选择科学合理的信息共享评价工具，研究采用文献计量和内容分析法对国内外政府信息共享评价研究进行综述，在参考文献信息、企业信息、科研信息、健康信息、司法执法信息共享等相关领域的研究成果的基础上，总结出用于政府信息共享评价的理论框架、评价场景、评价方法、评价模式和评价指标。发现以往评价研究的缺陷在于：技术扩散类理论框架不适用于解决机制问题；已有的共享评价存在场景依赖，指标选择缺乏通用性；基于经济学思路的成本效益法难以精确测量，最常见的业务分析法的多个环节都依靠专家，主观性较大、适用范围小、成本高。因此，我们需要新的评价工具。

由于政府信息共享的评价属于政府工作的范畴，研究又从国内外政府信息共享政策及实践的现状中寻找可行的评价思路。结果发现，在我国的政策体系中，诸多文件涉及信息共享理念，仅《"互联网+政务服务"技术体系建设指南的通知》提出了与信息共享相关的评价指标，但这些指标并不能完全实现在 G2C 场景下"让数据'多跑路'，让群众'少跑腿'"的目标。而国外主要通过法律来确立信息共享的地位，通过全国性的信息共享平台保障共享落实，电子政务领先的国家已经解决了办事难及共享难问题，因此并没有可资借鉴的评估工具。

第三，解决问题。研究通过构建信息共享效益评价指数模型来解决当前 G2C 场景中的信息共享难问题。首先说明选择 G2C 场景是基于社会需求和政策目标，其次对政府信息共享的各利益相关方进行效益分析，确定办事者的"跑腿费用"是一项客观、可行的效益评估的项目。再次运用信息论的通信系统模型、"整体政府"理论和经济学"时间机会成本"理论，对办事流程进行分析和简化，最终将理论框架推导为评价模型。评价采用全客观数据测算具体事项中民众的"跑腿费用"，以此作为信息共享效益指数（GISEI），表征用政府部门之间的信息共享代替跑腿所实现的效益。GISEI 由信息共享类型指数（GIST）和信息共享方式指数（GISM）两个分指数按客观条件合成。这个评价模型直接针对"让数据跑路代替群众跑腿"的政策目标，实现了从理论推演到实践操作的贯通。

第四，实证应用。通过对上海市 G2C 场景下 593 个事项的基础数据进行统计分析，梳理出 823 项办事材料，发现"证件、证明"材料作为信息共享的客体，具有多维属性和动态更新属性，因此纸质证明的效力有局限，提出可采用动态更新的数字证件代替纸质证件，从而实现证件全生命周期管理的设想。接着，对上海市 G2C 场景下的全部办事项目的信息共享效益指数进行实证测算。在此基础上，将信息共享效益指数值与事项其他重要数据做相关分析，证明指数能较为全面地反映事项的全貌。在信息共享效益指数的框架下，剖析各组成指标可以全面解读当前各级政府提出的办事优化策略，并提出公民"多证合一"，即采用公民的数字档案办事的设想。

第五，验证评价模型。采用联合国电子政务评估中的十个典型事项，对全国31个直辖市和省会城市进行政府信息共享效益指数测算，将合成GISEI与政府网站绩效评估、"互联网+政务服务"评估进行相关分析，发现GISEI在方法独特的情况下与各类评估结果相互呼应，证实了评价方法的有效性和合理性。

本书的创新点主要是依据G2C场景下政府信息共享的政策目标，将信息论的通信模型与公共管理的"整体政府"理论相结合，在流程分析的基础上，借助经济学方法，为抽象的"政府信息共享"提供了可量化的效益评估模型。该评估指数模型基于结果模式，采用全客观数据测算办事者"跑腿费用"作为事项信息共享效益，可兼容G2C场景中具体信息共享路径的多样性，测量范围可从单一办事项目到任意规模的政府机构，是一种全新且有效的评价方法。从GISEI框架出发，研究创造性地提出了公民"多证合一"、用数字档案作为办事材料的设想。研究还通过上海市G2C事项和材料的全样本分析，发现了办事材料（证件证明）的多维特性和动态更新特性，以此提出基于证件全生命周期管理的数字证件管理方式。

目 录 / CONTENTS

绪　论

　　2017 年～2018 年最热的词汇，应该是人工智能、区块链、共享经济，然而在这个技术发展突飞猛进、商业模式日新月异的时代，"奇葩证明、循环证明等"导致民众办事难、办证难的媒体报道仍屡见不鲜。从信息资源管理角度看，造成这些现象的本质是政府部门之间无法实现信息共享。2017 年 12 月 8 日，习近平总书记强调："要以推行电子政务、建设智慧城市等为抓手，以数据集中和共享为途径，推动技术融合、业务融合、数据融合，打通信息壁垒，形成覆盖全国、统筹利用、统一接入的数据共享大平台，构建全国信息资源共享体系，实现跨层级、跨地域、跨系统、跨部门、跨业务的协同管理和服务"。[1] 在国家领导人的推动下，政府信息共享这个本学科的经典命题，在实践层面看到了求解的曙光。本研究，期待成为一点荧光，为全面推动问题从理论到实践得到彻底解决提供一些思考。

1.1 选题背景与研究意义

1.1.1 选题背景

（1）人在证途[2]

　　2014 年 2 月 19 日，广州市政协十二届三次会议各界别委员座谈会上，市

---

　　〔1〕 习近平："实施国家大数据战略加快建设数字中国"，载 http://www.xinhuanet.com/politics/2017-12/09/c_1122084706.htm.

　　〔2〕 参见马喜生："'人在证途'要办多少'证'？"，载《南方日报》2014 年 2 月 20 日，第 A04 版。

政协常委曹志伟拉开一幅4米长的"人在证（征）途"图纸详述办证情况，引发热烈讨论。"人在证（征）途"图纸上密密麻麻地列举了公民在出生前、入学前、求学、就业、退养和去世6个阶段要办理的证件、证明共103个，这些证件的使用人群超过3000万人。办齐这些证，需要经过18个部、委、局、办，39个处、室、中心、支队和所，盖100多个章，交28种办证费。办证过程中，户口簿要提交37次，照片要提交50次，身份证更夸张，要提交73次。曹志伟认为，其主要原因是政府部门间存在行政壁垒、信息"孤岛"，部门各自为政（证），造成政（证）出多门的现象，再加上公民信息管理方式落后，个别政府部门服务意识薄弱，公民办证中还有可能遇到"门难进、脸难看、事难办"的问题。

如何解决办证难，曹志伟建议，政府部门用深化改革的思维转变管理职能，建立公民信息大数据库。首先，可以取消或合并现有的很多证件。其次，在大数据库网基础上建立公民信用体系，可以降低社会治理难度和风险，有助于加强国家安全管理。最为关键的是，原来分散的部门办事窗口集中合并成一个公民服务大厅，为公民提供一站式服务。同时可以建设网上的办事大厅，让公民足不出户就可轻松办证、取证、打印个人信息资料。

（2）证明"我妈是我妈"

2015年陈先生一家三口准备出境旅游，需要明确一位亲人为紧急联络人，于是他想到了自己的母亲。可问题来了，需要书面证明他和他母亲是母子关系。可陈先生在北京的户口簿只显示自己和老婆孩子的信息，而父母在江西老家的户口簿，早就没有了陈先生的信息。在陈先生为此感到头大时，有人指了一条道：到父母户口所在地派出所可以开这个证明。先别说派出所能不能顺利开出这个证明，光想到为这个证明要跑上近千公里，陈先生就头疼恼火："证明我妈是我妈，怎么就这么不容易？"而更令陈先生窝火的是，这一难题的解决，最终得益于向旅行社交了60元钱，就不需要再去证明他妈就是他妈了。[1]

2015年5月6日的国务院常务会议，李克强总理以"我妈是我妈"为例，痛斥某些政府办事机构为人民办事设多道"障碍"，引发全社会范围内的巨大反响。随后，各种"奇葩证明"纷纷被曝光，有人曾经对媒体公开报道的28

---

[1] 参见"市民遭遇'奇葩'证明：请开具证明证实你妈是你妈"，载 http://news.cntv.cn/2015/04/09/ARTI1428538935591949.shtml，最后访问日期：2019年10月6日。

起"奇葩证明"新闻进行了梳理，发现证明亲属关系的便有 11 起，除了著名的"你妈是你妈"，还有"我爸是我爸""我女儿是我女儿"一类，涉及了 15 个单位，包括房产、土地、民政、公安、社保、计生、气象等部门。〔1〕

在奇葩证明的成因中，信息不共享在所有因素中被提及最多，受到专家学者、政府部门和社会大众的一致批评。中国政法大学校长马怀德说："政府部门信息化程度无法满足当下社会治理的新形势，部门之间信息不联网、数据不共享，增加了当事人的负担。"〔2〕"公安部负责人：出现各种'奇葩'证明的一个重要原因是，公民户籍、教育、就业、生育、医疗、婚姻等一些基本信息处于分散、割据的碎片化状态，不能实现部门间、地区间互通共享或共享程度不高。"〔3〕凯迪社区网友二可器的观点是，"根治'我妈是我妈'这些奇葩证明，需要的不是各部门'各扫门前雪'，而是政府系统的协调联动，将简政放权进行到底。同时，迅速调整行政理念和服务思维，跟上信息时代和"互联网+"的节奏，通过建立公共信息库实现信息共享，打通各部门间的信息壁垒，而不是让公民为落后、僵化的信息管理制度和服务效能承担后果。"〔4〕

（3）相关政策频出

2015 年以来，国务院及中央部委连续发布《推进"互联网+政务服务"开展信息惠民试点实施方案》《政务信息资源共享管理暂行办法》《国务院关于加快推进"互联网+政务服务"工作的指导意见》《"互联网+政务服务"技术体系建设指南》等一系列政策文件；公安部向社会公布了派出所能够出具的两大类证明，并明确指出亲属关系证明等 18 项证明应由哪些部门出具或者不应向个人出具〔5〕；民政部下发《民政部关于进一步规范（无）婚姻登记记录证明相关工作的通知》〔6〕。

在 2017 年，会议和政策层层深入、步步推进，让全体人民看到了中央层

---

〔1〕参见潮白："'无谓的证明'才是'奇葩证明'"，载《南方日报》2015 年 12 月 3 日，第 02 版。

〔2〕罗沙，白阳："我们能否告别'奇葩证明'"，载《人民日报》2016 年 1 月 29 日，第 011 版。

〔3〕白阳："规范权力清单　清扫不合理奇葩证明"，载《团结报》2015 年 6 月 20 日，第 004 版。

〔4〕唐彬："根治奇葩证明政府职能须回归服务"，载《东莞日报》2015 年 8 月 27 日，第 A02 版。

〔5〕参见白阳："规范权力清单　清扫不合理奇葩证明"，载《团结报》2015 年 6 月 20 日，第 004 版。

〔6〕参见张涛："不开奇葩证明，不应止于厘责"，载《中国社会报》2015 年 8 月 31 日，第 008 版。

面解决问题的决心和魄力。2017 年 6 月 22 日，国务院办公厅印发《全国深化简政放权放管结合优化服务改革电视电话会议重点任务分工方案》，明确指出"23. 持续开展'减证便民'行动，今年务必要有大的突破。凡没有法律法规依据的一律取消，能通过个人现有证照来证明的一律取消，能采取申请人书面承诺方式解决的一律取消，能通过网络核验的一律取消。对必要的证明要加强互认共享，减少不必要的重复举证……25. 加快推行'互联网+政务服务'，推动政府部门在协同联动、流程再造、系统整合等方面进行改革，提升线上线下一体化政务服务能力。"[1]

密集的政策推动政府部门间信息共享在实践中快速发展，"网上办事大厅"建设如火如荼，各地各部门采取不同的方式推进跨部门信息共享工作，解决民众办事难的问题。

1.1.2 研究意义

当前，政府部门、专家学者和社会大众一致认为"信息无法共享是办事难和奇葩证明的根本原因"；同时，相关政策频出，把"信息共享"作为解决问题的重要手段。但是道路并非一帆风顺，从"信息共享" 2002 年第一次出现在政策《国家信息化领导小组关于我国电子政务建设指导意见》中，至今已经有 14 年历史，足见实施共享的难度巨大。

学者研究表明，影响政府部门间信息共享的因素众多，查先进认为共享障碍来自"行政体制、管理模式、信息技术及其标准化、信息安全与保障、法制建设"等诸多方面。[2]笔者通过构建合作博弈模型，发现"信息供需双方无法通过个体理性检验，公民没通过无交叉补贴原则，在大联盟中享受了交叉补贴，体现出'电子政务红利'……因此需要采取特别的应对策略，第一种策略是通过上级部门将信息共享纳入职能部门的绩效考评，通过行政力量的监督达成共享；第二种策略是由联盟获益者公民个人，通过支付一定的费用来弥补信息供需方因参与联盟而增加的付出"[3]。由于用户付费策略在

---

[1] "国务院办公厅关于印发全国深化简政放权放管结合优化服务改革电视电话会议重点任务分工方案的通知"，载 http://www.gov.cn/zhengce/content/2017-06/30/content_5207000.htm.

[2] 参见查先进："电子政务信息共享的障碍及对策研究"，载《江西社会科学》2006 年第 7 期。

[3] 龙怡、李国秋："'互联网+政务'视域下 G2C 电子政务中信息共享的合作博弈研究"，载《情报科学》2017 年第 5 期。

我国缺乏法律及政策环境的支持，因此绩效考核策略就成为主要的突破口。

　　绩效考核策略需要对考核对象进行客观量化。根据周黎安的研究，中国地方官员的"晋升锦标赛治理模式"与中国高速经济增长及其各种特有问题存在内在关联[1]；显然"晋升锦标赛"能启动源于 GDP 可量化的特征。如果信息共享无法明确量化，不能成为政府绩效考核的内容，"锦标赛"便无法启动，地方政府官员将缺乏将工作持续推进并落实的动力。因此，测量政府信息共享成为落实各项"互联网+政务服务"政策的关键点。

　　从新闻事件中的民众诉求，到政策设计里的政府回应，可以清晰看到当前政府信息共享的目标是"数据多跑路，群众少跑腿"[2]，因此考核量化信息共享的关键点在于是否能实现"群众少跑腿"，这正是信息共享的效益所在。

　　本书的研究意义是响应公民办事需要政府信息共享的急迫需求，构造一个评价政府部门间信息共享效益水平的工具，用于辅助政府部门对不同方式实现的信息共享进行统一客观的评价及绩效考核，从而推动公民办事中持续深入的信息共享。

　　从理论角度看，政府部门间信息共享是政府信息资源管理的重要组成部分，信息共享的计量也属于信息计量的范畴，因此，本书的选题也具有理论研究价值。

1.2 基本概念界定

　　由于政府信息共享属于政府工作的范畴，因此研究立足信息管理学科背景，尽量采用法律法规及政策文件中的概念定义，将理论与实践对接。

1.2.1 信息和数据

（1）信息的定义

迄今，科学文献中围绕信息定义所出现的流行说法已在百种以上，常见

---

〔1〕　参见周黎安："中国地方官员的晋升锦标赛模式研究"，载《经济研究》2007 年第 7 期。

〔2〕　参见"数据多跑路 群众少跑腿"，载 http://www.gov.cn/xinwen/2017-07/27/content_5213599. htm.

的定义有：信息就是信息，既不是物质也不是能量；信息是用来消除不确定性的东西；信息是集合的变异度（Variety）；信息是事物之间的差异，而不是事物本身；信息是一种场，是客观实在不可分的一部分；信息是系统的复杂度；信息是负熵；信息是事物相互作用的表现形式，可以归结为力；信息是物质的普遍属性；信息是物质和能量在时间和空间中分布的不均匀性……[1]

美国数学家香农（Claude Elwood Shannon）于 1948 年发表了《通信的数学理论》，他用公式 $H = -K \sum_{i=1}^{n} p_i log p_i$ 作为信息、选择和不确定性的度量，称之为概率集的熵。[2]自此，香农成为公认的信息论的创始人，他提出的信息定义——"用以消除随机不确定性的东西"得到科学界的广泛认同。

在信息管理学科领域，马费成和宋恩梅认为"在最为一般的意义上，亦即没有任何约束条件，我们可以将信息定义为事物存在的方式和运动状态的表现形式。"[3]

本书采用香农定义作为信息的定义，因为在任何政务服务工作中，无论是证明"我妈是我妈"，还是证明"无犯罪记录"，材料的作用都是消除某种"不确定性"，而政府信息共享的目的，就是消除这些不确定性。

（2）数据的定义[4]

数据（Data）是载荷或记录信息的按照一定规则排列组合的物理符号。它可以是数字、文字、图像，也可以是声音或计算机代码。

信息管理学认为：Information 是一个连续体的概念，由事实（Fact）—数据（Data）—信息（Information）—知识（Knowledge）——智能（Intelligence）五个要素构成"信息链"（Information Chain）。"数据"是事实的数字化、编码化、序列化、结构化；"信息"是数据在信息媒介上的映射。

在本书中，因为与实践接轨，"数据多跑路"政策意义下的数据与信息在现实语境下并无明显不同，两者同义。

---

〔1〕 参见钟义信：《信息科学原理》，北京邮电大学出版社 2013 年版，第 58~59 页。

〔2〕 See Shannon C. E. "A Mathematical Theory of Communication", *Bell System Technical Journal*, 27 (1948), p. 393.

〔3〕 马费成、宋恩梅编著：《信息管理学基础》，武汉大学出版社 2011 年版，第 5、10 页。

〔4〕 参见马费成、宋恩梅编著：《信息管理学基础》，武汉大学出版社 2011 年版，第 5、10 页。

1.2.2 政府信息和政务信息资源

根据 2008 年颁布的《中华人民共和国政府信息公开条例》（以下简称《政府信息公开条例》），"政府信息，是指行政机关在履行职责过程中制作或者获取的，以一定形式记录、保存的信息。"[1]

根据 2016 年颁布的《政务信息资源共享管理暂行办法》，"政务信息资源，是指政务部门在履行职责过程中制作或获取的，以一定形式记录、保存的文件、资料、图表和数据等各类信息资源，包括政务部门直接或通过第三方依法采集的、依法授权管理的和因履行职责需要依托政务信息系统形成的信息资源等。"[2]

从公开条例到共享办法，可以看到从"政府信息"到"政务信息资源"的概念演化，后者主要为政府信息增加了"资源"属性，并说明了来源。从本文的研究出发，认为两者的内涵和外延基本相同，即"政府信息"等同于"政务信息资源"。

1.2.3 政府信息共享、政府数据交换、政府信息公开、政府数据开放、电子政务

（1）政府信息共享

根据《政务信息资源共享管理暂行办法》，"本办法用于规范政务部门间政务信息资源共享工作，包括因履行职责需要使用其他政务部门政务信息资源和为其他政务部门提供政务信息资源的行为。"[3]

（2）政府数据交换

根据 2015 年颁布的《促进大数据发展行动纲要》，"大力推动政府部门数

---

〔1〕 "中华人民共和国政府信息公开条例（国务院令第 492 号）"，载 http://www.gov.cn/zhengce/2007-04/24/content_2602477.htm.

〔2〕 "国务院关于印发政务信息资源共享管理暂行办法的通知"，载 http://www.gov.cn/zhengce/content/2016-09/19/content_5109486.htm.

〔3〕 "国务院关于印发政务信息资源共享管理暂行办法的通知"，载 http://www.gov.cn/zhengce/content/2016-09/19/content_5109486.htm.

据共享。加强顶层设计和统筹规划，明确各部门数据共享的范围边界和使用方式，厘清各部门数据管理及共享的义务和权利，依托政府数据统一共享交换平台，大力推进国家人口基础信息库、法人单位信息资源库、自然资源和空间地理基础信息库等国家基础数据资源，以及金税、金关、金财、金审、金盾、金宏、金保、金土、金农、金水、金质等信息系统跨部门、跨区域共享。加快各地区、各部门、各有关企事业单位及社会组织信用信息系统的互联互通和信息共享，丰富面向公众的信用信息服务，提高政府服务和监管水平。结合信息惠民工程实施和智慧城市建设，推动中央部门与地方政府条块结合、联合试点，实现公共服务的多方数据共享、制度对接和协同配合。"[1]

由此可见，在我国的政策语境下，信息共享和数据交换都通过"政府数据统一共享交换平台"来实现，两者含义基本一致，因此在本书中"政府信息共享"等同于"政府数据交换"。

（3）政府信息公开

政府信息公开是指政府主动或被动地将其掌握的政府信息予以公开。[2]根据《政府信息公开条例》，"公民、法人或者其他组织还可以根据自身生产、生活、科研等特殊需要，向国务院部门、地方各级人民政府及县级以上地方人民政府部门申请获取相关政府信息……行政机关应当将主动公开的政府信息，通过政府公报、政府网站、新闻发布会以及报刊、广播、电视等便于公众知晓的方式公开。"[3]

由此可见，政府信息公开是政府和公民、法人之间的数据单向传递过程，与政府部门之间的信息共享存在参与主体的差异。

（4）政府数据开放（政府开放数据）

我国尚未制定政府数据开放方面的专门法律，根据国际开放知识组织提供的数据开放手册，"开放数据是一类可以被任何人免费使用、再利用、再分

---

[1] "国务院关于印发促进大数据发展行动纲要的通知"，载 http://www.gov.cn/zhengce/content/2015-09/05/content_10137.htm，最后访问日期：2019 年 10 月 3 日。

[2] 参见应松年、陈天本："政府信息公开法律制度研究"，载《国家行政学院学报》2002 年第4 期。

[3]《中华人民共和国政府信息公开条例（国务院令第 492 号）》，载 http://www.gov.cn/zhengce/2007-04/24/content_2602477.htm。

发的数据——在其限制上，顶多是要求署名和使用类似的协议再分发。"[1]从这个定义出发，政府数据开放，即政府数据向任何人免费使用、再利用、再分发。

由此可见，政府数据开放与政府信息公开在参与主体上基本一致，但政府数据开放并不包含"依申请"被动开放部分，与政府部门之间的信息共享存在明显不同。

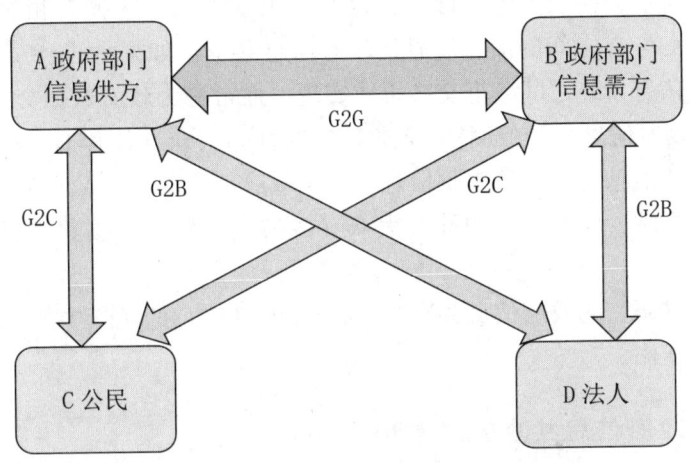

图 1.1　政府、公民、法人信息流通关系图

（5）电子政务

电子政务是一个不断发展变化的概念，根据《联合国 2016 年电子政务调查报告》，"各国必须将可持续发展目标与国情结合，积极引导社会各界和经济主体贯彻落实可持续发展目标，促进政策和机构的协同，提高政府透明度，推进更具包容性的社会参与，保障公平和有效的公共服务供给，特别是为弱势群体提供便捷的公共服务。信息通信技术和电子政务正是实现这些目标的重要工具。"[2]

从服务对象看，电子政务主要包括几个方面：政府内电子政务（G2G）、

---

〔1〕 "什么是开放数据？"，载 http://opendatahandbook.org/guide/zh_CN/what-is-open-data/.

〔2〕 联合国经济与社会事务部：《联合国 2016 年电子政务调查报告》（中文版），国家行政学院电子政务研究中心 2016 年版，第 iii 页。

政府对企业电子政务（G2B）、政府对公民电子政务（G2C）。[1]因此，信息共享可以看作电子政务的一个中间环节。但是，必须看到，在 G2B 和 G2C 电子政务中，如果需要来自其它部门的证明材料，就会出现 G2G 信息共享环节，而办事难和奇葩证明等现象最终也归咎于 G2C 政务活动中的 G2G 信息共享无法实现，因此不能孤立地讨论 G2G 电子政务中的信息共享，而需要在 G2B 和 G2C 的应用场景中分析 G2G 信息共享。

如图 1 所示，在三类电子政务活动中，出现了与上述概念相对应的信息流通方式：A 与 B 之间的信息流通是政府信息共享；如果 A 与 B 之间的信息流通以多个信息系统之间数据交换方式实现，通常称为政府数据交换；A（或 B）依据《政府信息公开条例》，向非特定的社会大众（C 和 D）提供信息或者依据大众的信息公开申请提供信息，就是政府信息公开；A（或 B）通过政府数据开放网站，向非特定的社会大众（C 和 D）提供数据集，就是政府数据开放。

因此本书研究的政府信息共享，特指 G2B 和 G2C 的场景中的 G2G 政府部门间的共享工作。

1.2.4 政府信息共享的成本和效益

政府信息共享是"互联网+政务服务"系列政策的重要构成部分，其部署落实过程中必然存在成本和效益。采用成本效益法做分析，主要是验证具体项目的可行性和合理性。

王荫皆认为，"政府信息资源共享计划的成本主要包括：（1）前期准备工作；（2）系统选型所需投资；（3）硬件的投资；（4）软件的投资；（5）网络的投资；（6）相关技术和管理的培训投资；（7）咨询投资；（8）系统测试投资；（9）项目系统转换投资；（10）系统安装投资；（11）系统运行投资；（12）系统管理投资；（13）技术支持投资；（14）内部维护投资；（15）机会成本；（16）隐含成本等。"[2]

由于信息供需双方存在地域、职能、层级等多方面的差异，因此存在多种可能的信息共享路径。以热点新闻"证明我妈是我妈"为例，其实质是需

---

〔1〕 参见杨世运："电子政务的发展与对策"，载《中国科技论坛》2001 年第 4 期。

〔2〕 王荫皆："政府信息资源共享成本—效益分析"，湘潭大学 2007 年硕士学位论文。

要在江西的街道派出所和北京旅游局之间实现信息共享，属于"跨地域跨部门跨层级"的信息共享，需要"跨地域横向共享平台+跨部门横向共享平台+部门内跨层级纵向共享平台"才能实现。其可能的路径有多条，以通过政府机构数量为依据，最短的三条路径都需要经过 7 个政府部门，这样复杂的共享路径，目前并未贯通。[1]因此基于共享路径的信息共享成本测算存在一事一议的特点，无法实现对任意 G2G 共享的通用测量。

因此，本研究将重点研究政府信息共享的效益，作为评估政府信息共享的工具。基于本研究的立论基础，从民众诉求和政策设计出发，信息共享的目标是缓解民众办事难的问题，因此采用民众视角定义政府信息共享的效益，即政府信息共享给民众带来的效益。

1.2.5 政府信息共享的需求驱动特性

相对于其他类型的信息共享，政府信息共享有一个特别的属性，即需求驱动。这个特性源于政府信息共享的合规性——在特定应用场景下的政府信息共享，由于政府行为受到法律法规约束，是一个共享范围的"上限和下限"均被明确限定的行为，即信息需方按照法律法规要求证明材料，信息共享的范围和程度明确清晰。

"需求驱动"使政府信息共享行为区别于文献、科研信息、企业信息的共享，也使其共享效益的测量和评价具备特殊性。第一，信息资源共享问题最早出现在图情领域，以研究文献信息共享、馆际互借等问题为出发点，由于知晓是共享的前提，因此图书馆界所公认的共享策略首先是各成员单位建设并开放信息资源目录，其他单位根据目录来判断是否需要提出共享需求，最终依据某种形式的合同完成共享行为。如中国高等教育文献保障系统（CALIS）的"联机合作编目和书刊联合目录"[2]就是馆藏资源建设的重要工作内容之一，因此文献共享属于"供给驱动"模式。第二，在科研数据共享中，如果信息供方不主动提供信息目录或全文，需方无法产生共享需求，因此也是"供给驱动"的。第三，在企业信息共享领域（通常研究供应链上的

---

〔1〕 参见龙怡、李国秋："信息惠民政策下的政府信息生态链研究——基于 G2C 电子政务中信息共享需求分析"，载《电子政务》2017 年第 2 期。

〔2〕 参见肖希明、李卓卓：《信息资源共享系统绩效评估研究》，学习出版社 2013 年版，第 5 页。

信息共享行为），可共享的信息主要包括订单状况、库存数据、产品说明目录和需求预测[1]，但是应该共享到什么程度，并没有明确的界定。第四，就G2C 场景下的 G2G 信息共享而言，据前期研究发现，信息需方依法行事，对于本部门办事所需材料的来源是非常清楚明确的，并不依赖于信息供方向外公布的"信息资源目录"；反之，信息供方并不知晓哪些部门需要本部门的信息，因此在清理本部门的信息资源过程中，如果依然完全采用建设信息资源目录的传统思路，有可能存在人力物力的浪费，并导致效率低下。所以，有必要在评价政府信息共享效益中采取新方法、新思路。

更进一步分析，由于政府信息共享工作的合规性，决定了在任意一项政务服务事项中，需要的材料性质具有"可测量"特性——在这些材料中，哪些以共享方式提供，哪些靠民众"跑腿提供"，靠民众"到哪里跑腿提供"，都在相关的办事指南中一目了然，这使得本研究的实施具有可行性。同时，合规性和可测量性也为评价政府信息共享设定了一个理想的状态，即全部办事材料均用共享方式提供，相当于在办事过程中"零纸质证明"。由于不需要纸质证明，就可以彻底取消传递纸质证明的"跑腿"，最终实现"数据跑路"的全程网办效果。

1.3 研究方案

政府信息共享存在于 G2G、G2B 和 G2C 政务工作中，理论上对政府信息共享效益的评估也应该包含这三个方面。但是，考虑到研究的针对性和可行性，本书只针对 G2C 场景下的信息共享效益进行测量和评价。原因是：第一，在 G2G 业务中的信息共享属于政府部门的内部业务，虽广泛存在但具体情况不为外界所知，且这类共享也不是政策设计的目标，因此无需考核其效益；第二，在 G2B 法人办事中，由于法人单位实力较强，且各级政府为推动社会经济发展而特别重视对法人服务，因此有动力推动法人办事中的信息共享，所以研究必要性较低。第三，"办事难、奇葩证明"现象主要集中在个人办事领域，公民个体面对公权力缺乏话语权，需要通过效益评估来推动共享。因此本书主要研究公民个人办事过程中的政府部门间信息共享活动，量化评价

---

[1] 参见钟哲辉："供应链信息共享模型及其优化研究"，西南交通大学 2010 年博士论文。

其效益水平，进而进行同级、同业务部门的比较，推动信息共享进程。

1.3.1 研究范围

研究范围包括两部分，一是本地全貌，二是全国办事项目抽样对比。

首先，为了描画我国公民个人办事中信息共享效益的全貌，本书选择上海市个人办事项目集合作为研究范围。通过登陆上海市政府网站上的市级和区级"网上政务大厅"及街道级网站，对上海市个人办事项目进行数据采集、梳理、分析，明确办理每个事项所需每份材料的来源情况。办事项目主要存在于市级、区县级和街道（乡镇）三个行政层级。选择此类数据的理由是：①该数据集是一个"全样本"，覆盖了公民个人的全部办事项目，无遗漏，可以全面反映在公民办事中的政府信息共享需求情况，进而在已知需求的基础上，进行实际共享效益实现程度的测评；②这些数据是完全公开的，《国务院关于加快推进"互联网+政务服务"工作的指导意见》明确提出"各省（区、市）人民政府、国务院各部门要依据法定职能全面梳理行政机关、公共企事业单位直接面向社会公众提供的具体办事服务事项，编制政务服务事项目录，2017 年底前通过本级政府门户网站集中公开发布，并实时更新、动态管理。实行政务服务事项编码管理，规范事项名称、条件、材料、流程、时限等，逐步做到'同一事项、同一标准、同一编码'"，而上海市已经完成了这项工作。

其次，政府信息共享效益评价的目的在于推动共享，而推动的前提是比较。通过选择代表性的事项，计算全国各省的信息共享效益情况。这样做有两方面原因：①采集全国各地的全部个人办事项目工作量太大，无法实现，而且各地的项目大同小异，没有必要重复采集；②选择最有代表性的办事项目，能体现研究的针对性，对十个项目采集全国各省的办事情况，具有可行性；③电子政务及政务服务的绩效评估层出不穷，测算出来的各省的共享指数可以与已有的测评进行相关分析，验证政府信息共享作为中间环节对整体电子政务绩效的贡献情况。

1.3.2 研究思路

本研究遵循"发现问题、分析问题、解决问题、实证应用、验证评价模型"的基本思路。

第一，发现问题，从"办事难、奇葩证明"等现象出发，发现"政府信息共享难"问题。

第二，分析问题。分别分析理论中和实践中采用的各种信息共享效益评估方法，发现这些方法存在的不足。

第三，解决问题。首先对办事流程进行解析，将办事过程中的"材料获取"和"跑腿办事"抽象为同一关系，以此构建政府信息共享效益评价模型。

第四，实证应用。采集数据，对构建出的效益模型进行实证计算，展现政府信息共享效益水平的全貌。

第五，验证评价模型。在全国范围内进行政府信息共享效益评价，将结果与其他电子政务评价进行对比验证。

1.3.3 研究方法

总体采用定性与定量相结合、理论分析与实证研究相互支撑的研究方法。

（1）理论研究

采用文献调研、文献分析法和比较研究法，比较分析中外信息共享评价的理论和在实践中采用的政府信息共享政策。

（2）实证研究

①采用网上调研法、内容分析法等，对上海市公民办事项目的数据进行逐条分析，抽取信息共享客体数据。

②采用统计分析方法，计算信息共享效益水平，并采用相关分析，验证本文评价与其他评价结果的一致性。

1.4 研究的创新

1.4.1 学术思想上的创新

学术思想上的创新之处主要包括四个方面：

（1）将信息论的通信模型与公共管理的"整体政府"理论相结合，在流程分析的基础上，借助经济学思路，为抽象的"政府信息共享"提供了可量化的效益评估模型。

（2）依据政府信息共享方式多样化的特点，对政府信息共享效益采用了基于结果而非过程的评估模式，针对信息需方（办事机构）进行评价。

（3）采用全客观数据对政府信息共享效益进行评估，使评估具有在现实中大范围操作的可能性。

（4）对证件证明类信息载体的属性进行深入分析，提出其演进方向。

1.4.2 学术观点上的创新

在学术观点上的创新之处体现在七个方面：

（1）政府信息共享效益指数（Index of Government Information Sharing Benefit，GISEI）以信息论和"整体政府"理论作为理论基础，可以对抽象的政府信息共享进行客观评价。

（2）采用基于结果的评估模式可以最大化地兼容政府办事中具体共享路径的多样性，因此信息共享效益指数的应用范围有很大的弹性，可以从单一办事项目到任意规模的政府机构。

（3）政府信息共享是解决办事难的关键问题，利用信息共享效益评价模型描述信息共享水平，可以为政府部门提供绩效评估工具，持续推进信息共享工作。

（4）通过对上海市593项G2C事项进行全样本分析，发现公民办事项目具有多维属性，存在多种分类方式，导致项目名称和内容处于变动中，对项目优化产生阻碍。

（5）通过对上海市G2C事项中的823项材料进行全样本分析，发现办事材料（证件证明）具有多维特性和动态更新特性，以此提出基于证件全生命周期管理的数字证件管理方式，取代纸质材料。

（6）从GISEI框架出发，创造性地提出了公民"多证合一"、用数字档案作为办事材料的设想。

（7）政府部门间信息共享效益水平，与电子政务的发展水平体现出一致性。

1.4.3 研究方法上的特色和创新

在研究方法上的特色和创新主要表现在两个方面：

（1）将经济学视角下的"成本效益分析"，依据评估对象的特殊性，在理论框架支撑下进行拆解，仅评价可客观量化的效益部分。

（2）采用全样本而非抽样调查的方法，分析研究对象的全貌，从而得出具有整体属性的结论。

国内外政府信息共享效益评价的文献综述

从学术源流分析，"政府信息共享效益评价"是"政府信息共享评价"的组成部分，因此也是"信息资源共享评价"领域在政务信息类别上的分支；从应用角度分析，"政府信息共享效益评价"属于政府绩效考核范畴。由于本书研究目的在于探讨可行的推动信息共享进程的评估工具，因此在文献综述阶段，不仅分析"政府信息共享效益评价"的历史文献，还拓展分析空间，研读"信息资源共享评价"的文献，重点讨论"政府信息共享评价"的研究成果。下面依次对我国和国外的政府信息共享效益评价研究进行综述。

2.1 国内政府信息共享效益评价的理论研究述评

下文分别对"政府信息共享效益""政府信息共享评价"进行分析，由于"政府信息共享评价"研究文献较为丰富，因此采用文献计量和重点文献分析两种方式进行介绍。

2.1.1 国内政府信息共享效益研究分析

国内政府信息共享效益研究数量少，以理论研究为主，实证研究主要讨论具体共享项目的合理性。

截至 2018 年 4 月 1 日，在中国知网数据库中，题名中含"（信息+数据）and（共享+交换）and（效益+收益）and（政府+政务）"的文章仅 5 篇；题名中含"（信息+数据）and（共享+交换）and（效益+收益）"的文章为 74 篇。为避免遗漏，对全部 74 篇文章进行人工筛选，可得"供应链共享效益"文献 27 篇，"文献共享效益"文献 17 篇，"政府信息共享效益"文献 10 篇，其余文献 20 篇。"政府信息共享效益"研究成果包括期刊文章 5 篇，报纸文章 4 篇和硕士论文 1 篇，研究数量少，且 80% 的文章发表于 2010 年以前，说明针对政府信息共享效益的研究受制于时代发展的局限，尚未完全展开。这个时代局限在于，在"证明我妈是我妈"等奇葩证明新闻出现之前，政府信息共享的研究主要在探讨"是否要共享"的理性选择阶段，而随着新闻效应的扩大和相关政策的出台，研究重点转向"如何共享"，此时对共享的评估才成为需要和可能。下面分析政府信息共享效益的研究内容。

王荫皆的硕士论文，较为系统地对政府信息共享的成本效益进行研究，认为"对政府信息资源共享成本效益的评价较竞争性商业投资要复杂得多，其复杂性在于多种指标的量化相当不易，而所谓的'定性'分析又极易形成'公说公有理、婆说婆有理，而最终谁官大谁有理'的混乱局面"。因此，他致力于构建可量化的评价指标体系，详细分析了政府信息共享的 16 项成本和 15 项收益，并针对某省会城市的政府信息资源共享平台项目进行实证评估。实证评估对成本项目采用了实地调研的政府项目的客观数据。效益项目中的直接财务效益是"参考已拥有的相同政府信息资源共享计划的政府收益情况和本政府的实际情况预测出可定量计算的效益数值"，具有一定的客观性；战略效益和外部影响效益均采用层次分析法和德尔斐法，借助专家意见确定指标权重，并由专家评分给出无量纲效用值。最终评价结果为该信息共享项目的效益费用比为 3.2357，效益费用比大于 1，所以计划是可以接受的。[1]

王芳分别对政府信息垄断、共享与公开状态下政府信息资源管理的成本与收益进行分析，从理论上证明了信息公开与共享时的收益成本比大于信息垄断状态时的收益成本比。研究提出政府信息资源管理的成本包括信息收集、加工与处理、传递、存储、服务提供的成本，政府信息资源管理的收益包括经济收益与社会收益两个部分，不能完全量化。[2]

王正兴等人将国际上对政府信息的散发模式概括为小循环模式和大循环模式。小循环模式实行"用户支付"的政策；大循环模式实行"政府支付"的政策。研究认为小循环模式很难通过收费回收数据制作和散发费用，而且

---

〔1〕 参见王荫皆："政府信息资源共享成本—效益分析"，湘潭大学 2007 年硕士学位论文。

〔2〕 参见王芳："政府信息公开与共享的成本收益分析"，载《南开管理评论》2005 年第 5 期。

具有容易垄断、不公平竞争等缺陷，政府数据难以充分利用。[1]

朱晓峰等人针对实施微政务信息公开服务中的收益共享问题，构建了公平关切视角下微政务信息公开供给者（以政府为代表）与微政务信息公开使用者（以公众为代表）的收益共享契约模型。测量中大部分数据来源于"2015 年人民日报政务指数微博影响力报告"，其中政务微博的收益采用排名前十的微博总分处理而来；微博的建设成本是通过询函获得，公众参与成本通过微博运营状态指标量化；采用建模后系统仿真的方式得出结论。[2]

几篇报纸文章，分别介绍了在应急管理[3]、劳动保障[4]、气象数据服务及国土资源管理[5]等领域采用信息共享手段和政策带来的成效。其中，气象科学数据共享平台建设成效斐然，平台建设的参与者、国家气象信息中心气象资料室副主任、高级工程师王国复说平台建设目标是"要满足国家和社会发展对气象科学数据的共享需求"[6]。

2.1.2 国内政府信息共享评价研究的文献计量分析

文献计量显示，政府信息共享评价研究数量少，核心研究团队单一，研究尚未大规模展开。

截至 2017 年 8 月 5 日，在中国知网数据库中，题名中含"（信息+数据）and（共享+交换）and（评估+效率+绩效+指数+系数+评价+测评+测度）and（政府+政务）"的文章仅 17 篇。经查验，有部分文章并没有出现"政府"或"政务"主题词，但研究内容指向特定类型政府信息的共享；如文章"地

---

〔1〕 参见王正兴、刘闯："政府信息资源共享两种模式及其效益比较"，载《中国基础科学》2005 年第 5 期。

〔2〕 参见朱晓峰等："基于公平关切的微政务信息公开收益共享契约研究"，载《现代情报》2017 年第 1 期。

〔3〕 参见王孝波、苗鹏："'互联网+应急力量'指挥管理模式效益初显"，载《中国国防报》2017 年 6 月 7 日，第 001 版。

〔4〕 参见于爱云："全市劳动保障信息化建设惠及百姓"，载《金昌日报》2008 年 7 月 30 日，第 002 版。

〔5〕 参见辛锦棠："乐安：国土、检察联手预防土地收益流失"，载《中国国土资源报》2010 年 7 月 15 日，第 006 版。

〔6〕 参见王素琴："打破'数字壁垒'开启共享之窗"，载《中国气象报》2009 年 3 月 19 日，第 003 版。

理数据共享效应的评价方法与应用"提出了一种面向用户的地理数据共享评价策略，应属于政府信息共享评价研究的范畴。因此，采用人工过滤方法，将中国知网数据库中题名中含"（信息+数据）and（共享+交换）and（评估+效率+绩效+指数+系数+评价+测评+测度）"的357篇文章一一研读，从中筛选出60篇以各类政务信息为研究对象的评估研究。

依据共享主体的不同，这些文章分别研究了6类政府信息共享评估，分别是政府部门间、政府部门内、政府企业间、政府公民间、政府事业单位间和政府社会间信息共享，如图2.1所示，可见政府部门间信息共享是评估研究的主要对象，其次是政府和企业间信息共享。

这些文章最早发表于2002年，各年度的发文数量如图2.2所示，可见发文出现了2007年和2015年两个高潮，但是从绝对数量看，成果数量较少，研究尚未广泛展开。

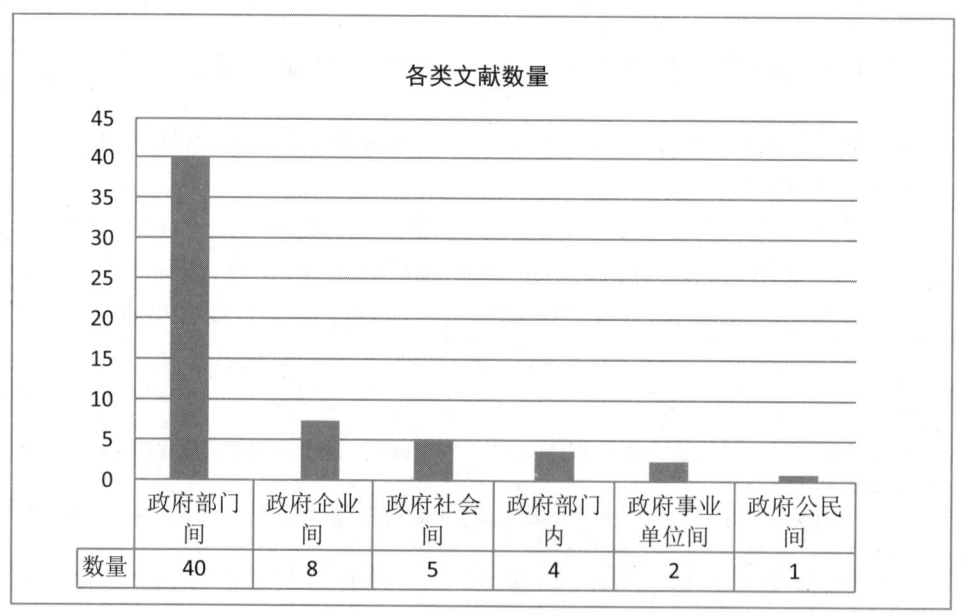

图2.1 分主题文献数量统计图

从文献类型分布看，约65%的文献为报纸文章，数量远远大于期刊论文、学位论文和会议论文的总和，可见政府实务部门对信息共享评估的关注度较学术界更高。从文献来源看，文章分布在52种不同的来源上，其中《中国环境报》和《中国税务报》均发文 3 篇，《证券日报》、《中国交通报》、《情报杂志》和《情报科学》皆发文 2 篇，显示出环境、税务、证券、交通、质量类信息共享受到较为集中的关注，情报学界对于该主题的关注度也相对较高。

从作者来看，杨兴凯和王延章团队发文 3 篇，是本研究领域的唯一的核心作者群体。此外除高杰（中国环境报记者）和徐风（中国质量报记者）两位记者发文为 2 篇外，其余作者均发文 1 篇。

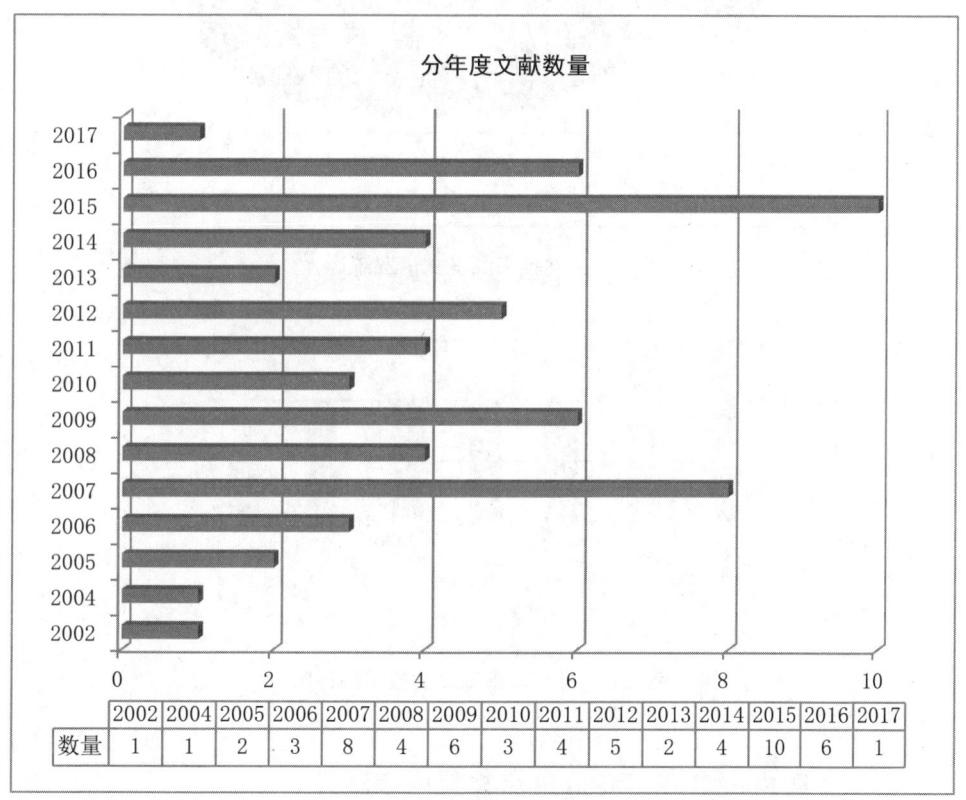

图 2.2 分年度文献数量统计图

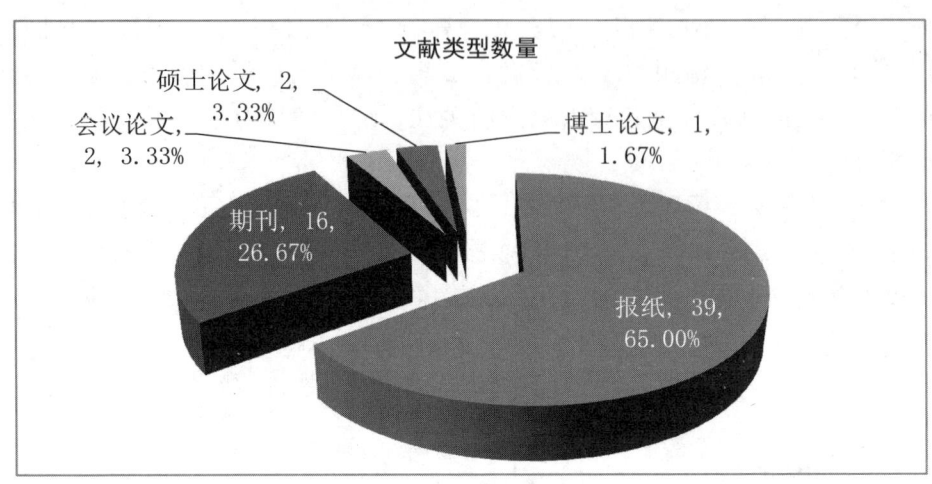

图 2.3　文献类型分布图

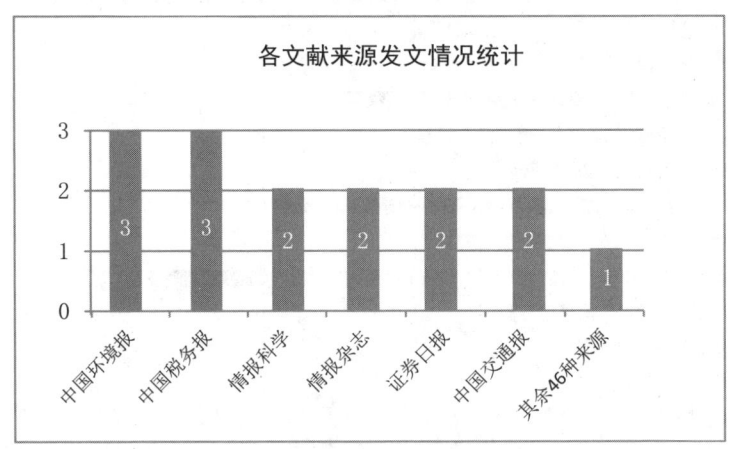

图 2.4　各文献来源发文数量统计图

2.1.3 国内信息共享评价重点文献内容述评

从政府信息、文献信息、企业信息和科研信息四个方面，分析信息共享评价的重点文献，对本研究提供借鉴。

（1）政府信息共享评价

基于政府信息共享的对象的差异，可以看到政府部门间信息共享研究最为集中。这些研究通常将理论建构和实证研究结合在一起，首先设计完善的指标体系，然后针对一个具体的信息共享系统，评价系统设计的可行性和运行效率，构建出没有出现跨系统的通用性评估模型。

政府公民间信息共享，以常冰的硕士论文为代表。此文探讨了农村档案信息共享问题，希望运用各种可行的有效形式将涉及农业、农村、农民的档案信息送到农民的身边，最终使广大农民能够不出村就实现利用档案信息的目标。[1]

政府部门内信息共享，主要通过建立某个业务信息系统来实现，这些报纸文章主要介绍了这类信息系统的建设情况和成效，涉及药品监督、环境监测、交通运管、检验检疫等多个方面。

政府和事业单位间信息共享，主要针对教育主管部门和学校之间的共享问题，如作为全国《教育管理信息化标准》应用示范区，哈尔滨建立起"全市统一的教育管理综合业务网上平台，包括全市 4000 余所各级各类学校，130 余万学生、10 万名教师的信息，以及学校管理等各方面的详细信息。"[2]

政府和企业间信息共享，主要集中在征信领域，涉及税务部门、环境监管部门和银行之间共享企业信用信息，实现差异化的信贷政策。徐艺文介绍了美国以商业征信公司为主体形成的社会征信体系和欧洲以中央银行建立的消费信贷登记系统为主体形成的社会征信体系，并分析了我国当前使用的征信系统运行的效益和问题。[3]

政府社会间信息共享涉及社会各界对政府信息的需求，其中企业信用信息受到较多关注，较有代表性的研究为孙军对全国企业信用信息公示系统的功能、成功经验和不足的分析。[4]

政府部门间信息共享研究的重点在于指标体系的构建，这些构建体现出研究者的学科背景和学术视角。杨兴凯的博士论文对政府信息共享能力进行

---

〔1〕 参见常冰："哈尔滨市 X 区农村档案信息共享水平评价的研究"，哈尔滨工程大学 2012 年硕士学位论文。

〔2〕 王宁、初霞："教育管理网上平台实现信息共享"，载《哈尔滨日报》2006 年 11 月 11 日，第 002 版。

〔3〕 参见徐艺文、杨成："国内外信用信息公开与共享的特征分析与效益评价"，载《经济论坛》2006 年第 17 期。

〔4〕 参见孙军："'职责'导向的政府信息共享实践——全国企业信用信息公示系统的成功经验与完善"，载《档案学研究》2016 年第 3 期。

测度，在文献分析研究与实地调查访谈基础上提出指标体系；采用层次分析法（AHP）进行指标筛选，获得了包含 4 个一级指标（政府信息特征、政府组织的投入与保障、政府组织间关系、政府组织的信息化水平）和 15 个二级指标的评价体系；进而采用 AHP 来确定各层指标的权重；用模糊综合评价法进行测算；以专家评分为指标赋值，对某政府部门的政府信息共享能力进行了实证研究。[1]

顾明玉的硕士论文对交通科技信息资源共享进行评价，依据研究对象特点、研究理论的指导、前人研究经验的总结，构建了包含 3 个一级指标（资源、服务、效益）、15 个二级指标和 33 个三级指标的评价体系，采用 AHP 确定指标权重，用模糊综合评价模型进行评价；所有指标中，定性和定量指标数量接近。[2]

何振等人在设定电子政务信息资源的准公共物品性的基础上，提出"共建共享的总成本＝提供者成本＋用户成本＋外在成本"，"共建共享的总收益＝提供者收益＋用户收益＋外在收益"；并通过曲线分析，提出有效共建共享的实现条件"一是净收益非负，即共建共享的总收益大于共建共享的总成本；二是净收益最大化"；最后从"提高共建共享总收益和降低共建共享总成本"思路提出共享效率改善的措施。[3]

张慧明等人针对网络环境下政府信息资源共享能力，依据历史文献，构建了包含 3 个一级指标（基础条件、系统建设水平、组织因素）和 10 个二级指标的评价体系，采用模糊综合评价模型，对江苏省一市级政府进行实证评价。[4]

丁锦希等人从 4 个宏观要素（实施区域、应用领域、应用功能、实施机构）和 4 个微观要素（平台使用率、案件移送率、移送成功率、立案监督率）

---

〔1〕 参见杨兴凯："政府组织间信息共享信任机制与测度方法研究"，大连理工大学 2011 年博士学位论文。

〔2〕 参见顾明玉："交通科技信息资源共享的综合评价研究"，武汉理工大学 2014 年硕士学位论文。

〔3〕 参见何振、周伟："电子政务信息资源共建共享的经济特性及其效率分析"，载《情报杂志》2005 年第 4 期。

〔4〕 参见张慧明、周德群："网络环境下政府信息资源共享能力评价研究"，载《情报科学》2008 年第 4 期。

出发，对行刑联动信息共享平台进行分析评价。[1]

施友连依据省级政务信息工作 4 要素（建设基础设施、制定规划和制度、内容建设、保障条件），设定了 3 个一级指标（省级政务信息资源总量指标、省级政务信息网站应用指标、省级政务信息工作总体结构指标）；进而对福建省 89 个省级政府部门的内外网网站进行评估，计算出 4 个表征政务信息资源共建共享的指标（信息资源共建率、信息资源内部共享率、信息资源内部共建共享比率、政务信息资源共享指数），全部指标均为客观量化指标。[2]

黄丽等人针对地理数据共享效应，设计了 6 个一级因子（共享范围、共享质量、社会效益、经济效益、数据安全性、共享服务），下设 15 个二级因子。这些因子主要体现了信息共享的结果，包括社会效益和经济效益指标，也包括共享过程中的数据安全性、共享服务等指标。[3]

张宇参照企业供应链构建的电子公共服务供应链信息共享评价体系，包括 4 个一级指标（供应链构建程度、信息共享平台建设程度、信息共享内容多元化程度、信息共享效率）和 17 个二级指标，采用 AHP 计算指标权重，并用模糊评判法对南京市高淳区政务中心进行实证评估。[4]

（2）文献信息资源共享评价

在信息资源共享评价领域，文献信息资源共享的研究较为成熟，主要有信息经济学派和业务分析学派。

马费成和裴雷团队是信息经济学派的代表，在 2003 年~2004 年期间，为文献信息资源共享研究提出了基于经典经济学的研究框架，主要采用博弈论、成本效益分析方法，对信息共享成本、用户数量、共享收费及效率改进等问题进行研究[5]，以书刊为例分析了信息共享的经济效率，对于馆际互借这一

〔1〕 参见丁锦希等："我国行刑联动信息共享平台运行绩效量化评价——基于对上海市食品药品行政执法的实证研究"，载《中国卫生法制》2012 年第 2 期。

〔2〕 参见施友连："中国信息化趋势报告（二十一）我国省级政务信息资源共建共享测评与建议"，载《中国信息界》2004 年第 16 期。

〔3〕 参见黄丽等："地理数据共享效应的评价方法与应用"，载《地球信息科学学报》2011 年第 5 期。

〔4〕 参见张宇："电子公共服务供应链信息共享程度评价研究——以南京市高淳区政务中心为例"，载《河南科技大学学报（社会科学版）》2014 年第 5 期。

〔5〕 参见马费成、裴雷："信息资源共享及其效率分析"，载《情报科学》2004 年第 1 期。

主要应用场景，提出"在网络环境下，只要信息资源具有数字形态，就可以方便地通过网络传递，机会成本几乎为零，馆际合作和共享的主要障碍被彻底消除，全方位的信息资源共享成为可能"[1]。同样，李纲团队也采用了经济学研究思路，对抽象的信息资源建立共享模型，对馆际互借、联机检索、网络检索等实践进行成本效益分析。[2]信息经济学派对文献信息共享活动的本质进行了深入的学理性分析，引导了大量的后续研究。

肖希明和李卓卓团队是业务分析学派的代表，按照信息资源共享系统的输入、运作、输出和环境，分别对信息资源共享系统绩效评估内容进行梳理，结合专家意见，构建了包含6个一级指标（资源、成员、服务和利用、投入和支出、管理和流程、外部效益）和23个二级指标的绩效评估指标体系，用AHP确定指标权重；并用指标体系对中国高等教育文献保障体系（CALIS）实施了绩效评估，采用学者评价、系统运行数据和系统管理者自评相结合为二级指标赋值，最后计算出总评分[3]。该研究对于信息共享系统的过程和结果进行了全面分析，其科学性和完善性得到学界的广泛认同。

孙健夫团队的研究综合了信息经济学派和业务分析学派的特点，以"信息资源共建共享的投资效益评估研究"为主题发表了多篇期刊论文及3篇硕士论文，在文献信息资源共享效益评估领域具有显著的代表性和较大的影响力。[4]其表现形式为，在成本效益的经济学分析基本框架中嵌入业务项目结果。其中陈兰杰将文献信息共享效益分为社会效益、经济效益和生态效益三个部分，包括14个二级指标，对每一个指标的测算方法进行了分析说明，主要是测算共享前后各项数据的变化率，如"单个信息机构收入水平变化系数"测算公式为"（投资后信息机构收入-投资前信息机构收入）/投资前信息机构收入"。[5]

---

〔1〕 马费成："信息资源共享的经济效率——以书刊为例的分析"，载《中国图书馆学报》2003年第4期。

〔2〕 参见李纲等："论信息资源共享及其效率"，载《中国图书馆学报》2001年第3期。

〔3〕 参见肖希明、李卓卓：《信息资源共享系统绩效评估研究》，学习出版社2013年版。

〔4〕 参见孙健夫等：《信息资源共建共享投资评估研究》，人民出版社2013年版。

〔5〕 参见陈兰杰等："基于生态效益的信息资源共建共享"，载《商业研究》2009年第8期；陈兰杰、侯鹏娟："信息资源共建共享投资效益评估指标体系研究"，载《情报杂志》2008年第11期。

（3）企业信息共享评价

企业信息共享评价主要针对供应链上的企业之间，主要采用系统仿真方法、层次分析法、模糊评判法等方式进行。

唐毅等人设计了农产品供应链信息共享程度评价指标，包括 5 个一级指标（IT 能力、硬件设施、共享信息、共享信息状态和管理因素）和 15 个二级指标，采用基于粗糙集和 AHP 法求解权重。[1]

高晓萍对大型超市供应链联盟的信息共享度进行评价，经信度效度检验后，获得包括 4 个一级指标（信息共享感知、信息共享资源、伙伴间关系、伙伴间特性）、9 个二级指标和 25 个三级指标的评价体系，采用 AHP 法，借助专家打分确定指标权重；最后采用模糊评判法，对行业专家进行问卷调查，将指标体系应用于评价北京华联综合超市，结论认为其共享度为 "一般。"[2]

秦萍萍基于企业信息生态系统框架对知识共享进行评价，构建了包括 5 个一级指标（知识共享内容、人力资源水平、知识共享能力、知识共享态度、知识共享环境）和 23 个二级指标的评估体系，采用 AHP 法将专家意见计算出权重；最后实证应用于深圳蓝凌软件股份有限公司，用模糊综合评价法处理问卷结果，结论认为该公司知识共享水平表现为良。[3]

袁林娜研究供应链中的制造商与供应商间的信息共享程度，从历史文献中梳理出包括 5 个一级指标（供应商、制造商硬件设施、制造商信息化水平、制造商信息共享努力程度、制造商共享信息效果）和 20 个二级指标的评价指标体系；对江铃汽车股份有限公司进行实证研究，采用 AHP 结合模糊综合评价法，以行业专家意见计算权重和指标评分来得出结论，认为该公司信息共享程度为 "一般"；最后还采用样本数据训练 BP 神经网络，得出相似的结论。[4]

---

〔1〕 参见唐毅等："基于粗糙集 AHP 农产品供应链信息共享评价指标体系研究"，载《中南林业科技大学学报》2016 年第 6 期。

〔2〕 参见高晓萍："大型超市供应链联盟的信息共享度评价研究"，东北大学 2012 年硕士学位论文。

〔3〕 参见秦萍萍："基于企业信息生态系统的知识共享评价指标体系研究"，天津师范大学 2012 年硕士学位论文。

〔4〕 参见袁林娜："制造商与供应商信息共享程度评价研究"，南昌大学 2010 年硕士学位论文。

（4）科研信息共享评价

在科研信息共享领域，评价主要针对已有的共享平台、共享网站进行。

司莉等选取了 8 个科学数据共享平台和基础科学数据共享网作为评估对象，主要通过访问科学数据共享中心网站、咨询网站服务人员及阅读平台相关文献来获取评估所需要的数据，构建了包含 4 个一级指标（运行管理、数据资源、平台功能、服务效能及影响）、11 个二级指标和 26 个三级指标的指标体系；依据专家问卷调查，采用 AHP 法确定指标权重并对指标赋值，最终得出评价结果；研究发现共享平台存在"政策法规尚不完善、缺少数据描述与组织的标准或规范、数据可获取性低"等问题。[1]

宋立荣团队针对科技信息共享中的信息质量评价进行了较为丰富的研究，发现"评价指标过多过乱、指标适用对象模糊、指标准确性、可操作性和可获取性不高；指标设计不尽合理，存在指标重复、对指标含义的阐释不清的现象；大数指标多通过主观评价获得数值，缺乏客观性；评价的针对性不强"等问题，提出"基于元数据"的评价方法。[2]该团队还采用 IQM 成熟度（IQMM）评价方法及其评价步骤，对国家农作物种质资源平台进行评价分析，该指标体系含一级指标 4 个［管理、资源、技术、人（机构）］，二级指标由关键过程域（Key Process Areas，KPA）根据不同共享机构的裁剪、取舍而得，三级指标是对 KPA 细化、分解成若干可以理解的问题进行定性描述，最后通过问卷由专家评分；研究表明，专家主观判断、价值取向对 IQM 成熟度最终评分影响较大。[3]

2.2 国外政府信息共享效益评价的理论研究述评

分别对"政府信息共享效益""政府信息共享评价"的国外文献进行分析，还参考借鉴各类信息共享评价的研究成果。

---

〔1〕 参见司莉等："我国科学数据共享平台绩效评估实证研究"，载《图书馆理论与实践》2014年第 9 期。

〔2〕 参见宋立荣："我国科技信息资源共享中信息质量评价思考"，载《中国基础科学》2010 年第 3 期。

〔3〕 参见宋立荣、周国民："信息质量管理成熟度评价方法在科技信息资源共享建设中的应用"，载《科研信息化技术与应用》2012 年第 2 期。

2.2.1 国外政府信息共享效益研究分析

国外政府信息共享效益研究数量少，理论研究和实证研究各半，实证研究主要讨论已有共享项目的效益实现情况。

截至 2018 年 4 月 5 日，在 Web of Science 核心合集数据库中，以检索式"TI＝（information or data）and（shar * or exchang *）and（effective * or benefi * or achievement *）"，可获得文献 140 篇。为避免遗漏，对全部文章进行人工筛选分类，除去 18 篇与主题不相关的文献外，可得"健康信息"类文献 39 篇，"供应链及企业信息"类文献 26 篇，"科研信息"类文献 17 篇，"政府信息"类文献 10 篇，"个人信息"类文献 8 篇，其他文献 22 篇。"政府信息共享效益"研究成果数量少，主要原因是以美国为首的西方国家，大多从法律层面保障了民众办事场景下的政府信息共享，该领域不再具备广泛的研究价值。

截至 2018 年 4 月 5 日，在 ProQuest 学位论文数据库中，以检索式"ti：（information or data）and ti：（sharing or share or shared or exchanging or exchange or exchanged）and ti：（benefit or effectiveness or achievement）"可获得学位论文 2 篇，分别研究健康信息共享和企业内虚拟组织信息共享问题。

国外政府信息共享效益研究主要包括政府部门间（6 篇）和政府机构与外部机构信息共享（4 篇）两类，其中后者共享信息的对象是医疗机构，因此共享内容依然是健康信息。

Svein Olnes 等人分析了区块链技术对政府流程创新和转型的影响。研究认为已有文献夸大了区块链的应用价值，现实需要从需求驱动的角度为管理流程的变革效力。基于关键评估，研究提出了区块链在电子政务中的潜在益处，并对其在遵守社会需求和公共价值方面进行架构和应用进行了展望。[1]

Yang，Tung-Mou 等人研究表明跨边界信息共享，能使政府机构更有效地提供公共服务。通过在台湾选定"政府在线服务"案例作为研究对象，研究采用半结构式访谈了 23 名政府官员，对结果进行基于编码技术的归纳，结果显示：政府机构通过信息质量、系统质量、服务质量三个方面来感知跨边界信息共享的有效性。其中信息质量体现在信息源、时间属性、内容属性三个

---

〔1〕　See Svein Ølnes et al，"Blockchain in government：Benefits and implications of distributed ledger technology for information sharing"，*Government Information Quarterly*，34（2017），pp. 355-364.

方面，包括 11 个指标；系统质量体现在可靠性、功能和操作三个方面，涵盖 8 个指标；服务质量包括交流、反馈和可信三方面。最终三个框架要素共同决定了公共服务系统的效用，该过程没有进行实证测量。[1]

Alfred Coleman 采用案例研究方法，用半结构化方式访谈了 9 位传统领导人（酋长、部落议员、负责人各三名），以了解传统领导者的作用和职能，以及 ICT 工具的使用情况。调查显示，传统领导者履行的职能重在领导居民和保护、维持传统文化，工作中不使用计算机。因此研究认为可以构建一个非洲传统治理 ICT 框架，帮助他们实现工作流程的自动化、分享信息，促进有效的治理，还能提供一个存储所有土著知识、规则和程序的数据库以供下一代使用。[2]

J Ramon Gil-Garcia 等人利用六个公共部门信息共享项目的数据，揭示了一些管理和文化障碍对信息共享效益的影响。研究从 13 个方面分析信息共享效益：减少重复数据采集、减少重复数据处理、一致的用户/项目信息、更高质量的信息、更可理解的信息、协作更好的项目/服务、更平等的项目决策、改进的问责、更广泛的专业网络、更有效的服务、成本利用更有效率、更灵敏响应的服务和共享信息基础设施。[3]

Sharon S. Dawes 提出与跨部门政府信息共享相关的技术、组织、政治三类收益。其中技术类包括精简信息管理流程和促进信息基础设施建设；组织类包括支持问题解决和扩展专业网络；政治类包括支持本地的行动、改进公共问责和促进项目及服务的协作。研究同时分析了跨部门政府信息共享的三类风险。研究调研了纽约州 53 个部门的 254 位管理者，回复者中 80% 都认为信息共享具有中等以上的效用。研究最后提出需要行政和立法来帮助各部门决

---

〔1〕 See Yang Tung-Mou, Wu Yi-Jung, "Exploring the effectiveness of cross-boundary information sharing in the public sector: the perspective of government agencies", *Information Research*, 20 (2015), pp.481-504.

〔2〕 See Coleman A, "Harnessing Information and Communication Technology (ICT) Framework into African Traditional Governance for Effective Communication", *Indian Journal of Traditional Knowledge*, 14 (2015), pp.76-81.

〔3〕 See J. Ramon Gil-Garcia et al, "Collaborative e-Government: impediments and benefits of information-sharing projects in the public sector", *European Journal of Information Systems*, 16 (2007), pp.121-133.

定何时共享信息，还必须创设标准和服务以便共享获得成功。[1]

Nicolas Droste 等人的研究较为全面地分析了政府机构与医疗机构之间共享信息的案例，研究回顾了 8 篇文献，分析通过在机构间共享急诊信息记录来减少与酒精相关及夜生活时的暴力事件的有效性和可行性。潜在的数据共享合作伙伴涉及警察、地方议会、售酒执照管理和场地管理机构。研究从地点、整体设计及方法论、目标及研究问题、参加者及样本、测量及分析、干预类型、相关性发现及结果、局限这八个方面对以往研究进行内容分析，结果 7/8 的研究表明干预后殴打和急诊就诊人数大幅减少，可能的负面影响很少。研究建议数据共享系统应该包括急救、警察和救护车三方数据源，在考虑场地容量、受教育程度、人口水平波动和暴力事件的季节性变化的情况下，使用随机对照试验评估干预效果，最终进行有效干预。[2]

2.2.2 国外信息共享评价研究的文献计量分析

国外文献计量显示，政府信息共享评价研究数量少；针对上位类主题"信息共享评价"计量结果显示，医疗健康信息共享是国外信息共享评价领域的研究焦点，其次是供应链上信息共享和科研数据共享。

（1）期刊文献检索策略说明

截至 2017 年 7 月 19 日，在 Web of Science 核心合集数据库中，以检索式"TI =（information or data）and（shar * or exchang *）and（evaluat * or assess * or measur * or index or apprais * or examin *）"，可获得文献 299 篇。在检索过程中，没有添加关键词政府或政务（government），原因有两方面：一是为了不漏检题名中不含"政府"但内容指向特定类型政府信息共享的文献；二是可从对各类信息共享的评价研究中，借鉴针对政府信息共享的评价方法。

通过研读文献标题和摘要，对文献进行人工过滤，删除了四类不符合研究主题的文献和重复文献共 215 篇，最终符合研究主题的文章共 84 篇。第一类，由于使用英文单词截词符 * 而带来的非本主题文献，主要是单词

---

〔1〕 See Sharon S. Dawes, "Interagency Information Sharing: Expected Benefits, Manageable Risks", *Journal of Policy Analysis & Management*, 15 (1996), pp. 377-394.

〔2〕 See Duval N. M. "Towards Fair and Effective Environmental Enforcement: Coordinating Investigations and Information Exchange in Parallel Proceedings", *Harv. envtl. l. rev*, 16 (1992), pp. 535-573.

"share"，由于存在 sharing、shared、shares 等多种形式，因此采用了截词形式 "shar＊"，因此含鲨鱼（shark）或 sharp 的文章会出现在结果中，如文章 "Shark finning in eastern Indonesia：assessing the sustainability of a data-poor fishery"，显然不符合研究主题；第二类，在特定研究领域中，信息共享（information sharing）的含义与本研究不同，并非指向两个实体（个人、企事业单位、政府机构）之间通过纸质媒体或电子媒体传递信息；如文章 "Semantic similarity measurement between gene ontology terms based on exclusively inherited shared information" 中，"shared information" 是指在人的基因中共享祖先留下来的信息，不符合本研究主题；第三类，由于词语未按 "information sharing" 或 "shared information" 方式组配而导致的错检文献，如文章 "On the conditional probability for assessing time dependence of association in shared frailty models with bivariate current status data"，虽然出现了 3 个目标检索词，但是其含义中没有 "信息共享"，而是 "用数据评估共享脆弱模型中的关联时间依赖性"，不符合本研究主题；第四类，文章出现了 "信息共享" 概念，但研究方向与本研究的主题存在偏差，这些文章的着眼点主要包括两个方面，一是利用 "共享数据" 去 "评估特定问题"，而非 "评估数据共享"，二是评估某类信息共享技术，而非共享本身。

（2）学位论文检索策略说明

截至 2017 年 7 月 6 日，在 ProQuest 学位论文数据库中，以检索式 "ti：(information or data) and ti：(sharing or share or shared or exchanging or exchange or exchanged) and ti：(assess or assessment or assessing or measure or measurement or measuring or index or evaluate or evaluating or evaluation or appraise or appraising or appraisement or examine or examining or examination)" 检索可获得学位论文 17 篇。采用此检索策略的原因是，该数据库的高级检索不支持截词符，因此将常用的表示评价、评估的五个动词的原形、动名词形式和名词形式全部列出。在检索过程中，同样没有添加关键词政务或政府，原因同检索期刊论文相同。通过研读论文摘要进行人工过滤，在 11 篇学位论文中，有 1 篇论文研究的是神经系统中的信息交换，与主题不相关，另有 10 篇与本研究相关。

（3）信息共享评价研究的外文期刊文献计量

从共享内容角度看，这84篇文章针对医疗健康、企业信息、科研信息、通用、网络数据、地理空间、教育和服务、图书、执法司法、资源和生物、信用信息。如图2.5所示，超过53%的文章研究医疗健康信息共享，因此是共享评估研究的焦点，其次是供应链上的企业经营信息共享和科研领域的科研实验信息共享。

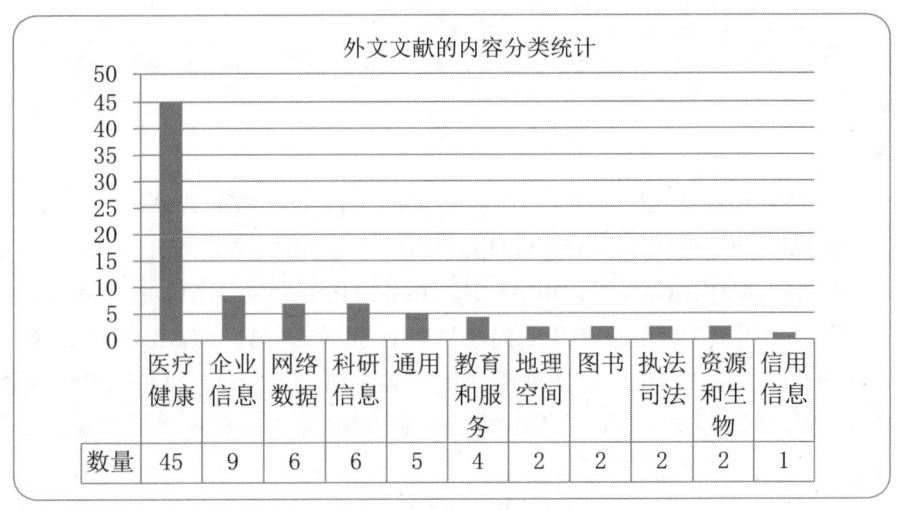

图2.5 分信息内容分布图

这些文章最早发表于1985年，各年度的发文数量如图2.6所示，可见发文出现了2007年和2013年两个高潮。2007年出现研究高潮源于美国医疗信息系统（Health Information Exchange，HIE）从当年开始进入全面应用阶段。2013年的发文高潮源于企业、科研、图书、网络、执法等多个研究主题的发文，但从2013年开始一直保持高位的发文量，仍然是由医疗信息共享主题贡献的。总体上看，研究成果的绝对数量较少，研究空间依然存在。

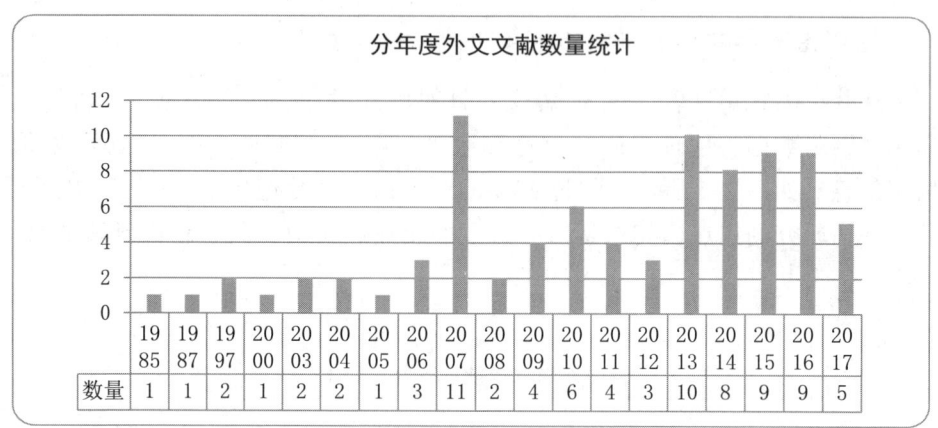

图 2.6　分年度文献分布图

从文献来源看，文章分布在 67 种不同的来源上，情况如图 2.7 所示。其中 JOURNAL OF BIOMEDICAL INFORMATICS 以 8 篇发文量居于首位，JOURNAL OF THE AMERICAN MEDICAL INFORMATICS ASSOCIATION 发文 5 篇居其次，BMC HEALTH SERVICES RESEARCH 发文 3 篇，COMPUTERS & INDUSTRIAL ENGINEERING 等四种期刊皆发文 2 篇，其余 60 种期刊发文 1 篇；由于研究内容聚焦医疗健康信息共享，因此生物医疗信息计量类刊物成为发文重镇。

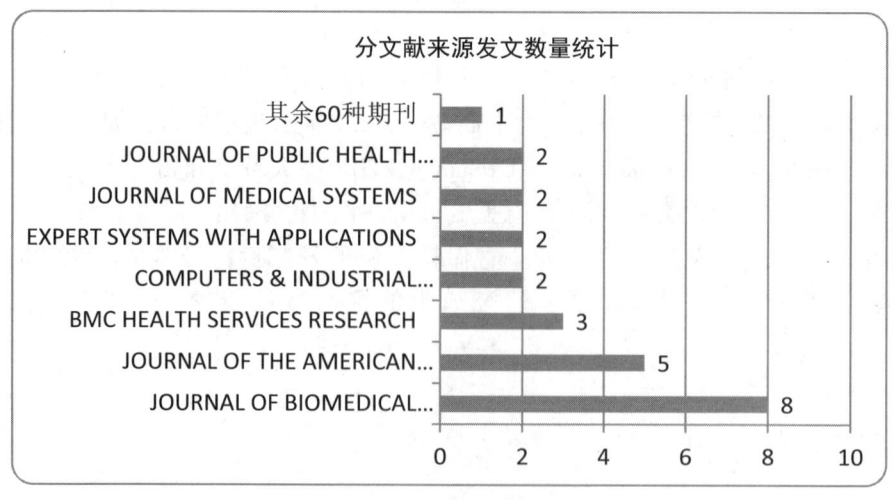

图 2.7　文献来源分布图

　　从作者来看，84 篇文章由 302 位作者完成，平均每篇文章作者数超过 3位，情况如图 2.8 所示。作者群体中也出现了几个核心作者团队：发文量最高的 Kaushal，Rainu 发表了 5 篇论文，但均为合著且并非第一作者，但体现出其所在研究团队在本领域非常活跃，团队成员包括 Kern，L M、Abramson，E L、Ash，J S 和 Johnson，K B 等人，研究内容覆盖 HIE 发展的各阶段，既包括前期的评价框架探讨，也有系统动力学的理论构建，还有针对特定疾病和某个区域共享情况评价的实证研究；Vest，JR 作为第一作者发文 3 篇，其中与 Jasperson，J 合作发文 2 篇，是本研究领域的核心作者团队，该团队和Kaushal，Rainu 有交集；Shapiro，J S 的研究团队也发文 3 篇，同样与 Kaushal Rainu 有交集；此外，由 Hu，P J H 领衔，Zeng，D、Chen，H C、Larson，C、Chang，W 等人组成的团队发文 2 篇，研究传染病信息共享系统；分别由Hripcsak，G 和领衔的 2 个研究团队，各发文 2 篇；这几个研究团队的研究主题均为健康信息交换问题。因此，本领域存在核心作者群，但总体发文量并不高，还有较大的发展空间。

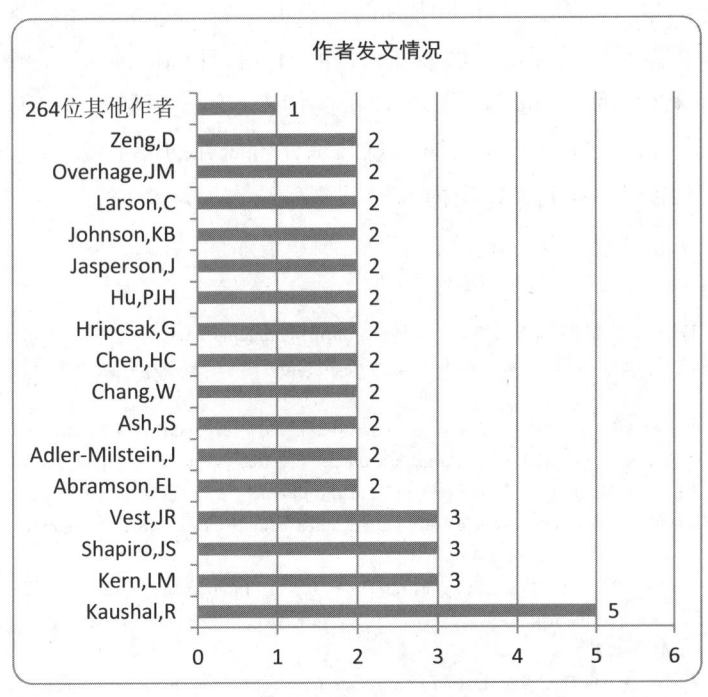

图 2.8　作者分布图

2.2.3 国外信息共享评价重点文献内容述评

在以往的研究中，大量的研究将"信息共享"看作一个"Yes or No"的判断，为数不多的研究能将信息共享看作一个有不同程度差异的过程，因此评价研究主要体现出三阶段特征：第一阶段是事前评判，主要是分析评判信息共享行为的影响因素；第二阶段是事中评判，重在全方位分析测量信息共享系统本身的运行情况；第三阶段是事中及事后评判，聚焦于信息共享与特定目标绩效的关联情况，即评价信息共享作为手段时对目标绩效的作用。

从评价对象出发，在健康信息共享领域，由于实践的不断推进，研究主要集中在第二、三阶段；在其他领域，由于共享实践处于散发状态，因此研究主要集中在第一、二阶段。下面分评价对象进行述评。

（1）健康信息共享评价

在当前的技术环境下，几乎所有的信息共享都通过信息系统来实现，因此围绕共享信息系统的评价，从系统运行前的可行性分析，到运行中的功能状态，直至运行产生的实际成效，都是评价的切入点，这种趋势在健康信息共享领域得到充分体现。2007 年是健康信息共享评价研究的分水岭，在 2007 年前，研究对象是某种具体疾病或特定内容的共享系统，如烧伤信息[1]、法医验尸信息[2]、癌症信息[3]、传染病信息[4]、化验单信息[5]等。2007 年后，

---

〔1〕 See Feller I., Jones C. A., "The National Burn Information Exchange: The use of a national burn registry to evaluate and address the burn problem", *Surgical Clinics of North America*, 67 (1987), pp. 167-189.

〔2〕 See Hanzlick R., "The Centers for Disease Control and Prevention's Medical Examiner/Coroner Information Sharing Program (MecISP)", *Journal of Forensic Science*, 42 (1997), pp. 531-532.

〔3〕 See ELLIS P. M. et al, "Cancer patients and the internet: a randomized controlled trial (RCT) evaluating an intervention to facilitate physician and patient information exchange from the internet (I)", *Journal of Clinical Oncology*, 2004, 22 (2004), p. 6139.

〔4〕 See Hu P. J. H. et al, "Evaluating an Infectious Disease Information Sharing and Analysis System", in Intelligence and Security Informatics eds., ISI 2005, *Lecture Notes in Computer Science*, Springer Berlin Heidelberg Press, pp. 412-417.

〔5〕 See Gates, Kayla D., "Evaluation of a system for electronic exchange of laboratory information: A pre-implementation study", *Memorial University of Newfoundland (Canada)*, 2004, pp. 62-67.

研究就随着美国医疗信息交换系统的实施，逐渐从评价 HIE 系统构建运行的可行性和运作过程本身的效率，向系统利用和产出方向深入。

第一，系统建设初期的评价。

系统初建期的评价研究，由于没有实践的数据积累，往往较为宏观，体现为构建评价框架、探讨评价方法、分析政策环境等，包含了可行性分析的内容。Joan S. Ash 提出用定性方法评价 HIE，围绕 HIE 的利益相关者，提出了一系列重要问题[1]。Jason S. Shapiro 提出通过实验室诊断报告、抗生素耐药菌的监测等 6 个医院应用项目数据的变化，来评价 HIE 系统的应用价值，客观实用。[2]Lisa M. Kern 等介绍了纽约州成立"健康信息技术评价的协作"团体（The Health Information Technology Evaluation Collaborative）来从事评估工作，并确保评估结果应用到共享系统中的做法。[3]Janet M. Marchibroda 分别讨论了联邦和州两级政府针对 HIE 的政策，提出评估结果将影响政策制定及国家对项目的资助。[4]

成本效益分析法是系统建设前可行性分析的必要组成部分。George Hripcsak 等（2007）总结了一次专家会议的结论，充分研究了 HIE 系统的构成和活动，以及实施的成本和效益，认为实施 HIE 包括直接成本（硬件、软件、训练、人员）和风险与负面效应（数据不准确造成的误差、对错误的病人返回数据、对数据的缺乏安全感、停机时间和生产力的损失、患者隐私权的损失等），同时也能带来医疗质量改进（填补已知和未知的知识缺陷、使用人口疾病的临床数据、灾难管理）、医疗效率的改进（方便的转诊、减少浪费检索信息、减少邮件和电话），产生利润（销售数据、广告收入）和其他的好处（提高医务工作满意度、病人满意、促进电子病历和标准的采用、健康护

---

〔1〕 See Ash J. S. , Guappone K. P, "Qualitative evaluation of health information exchange efforts", *Journal of biomedical informatics*, 40（2007）, pp. 33-39.

〔2〕 See Shapiro J. S. , "Evaluating public health uses of health information exchange", *Journal of biomedical informatics*, 40（2007）, pp. 46-49.

〔3〕 See Kern L. M. , Kaushal R. , "Health information technology and health information exchange in New York State: new initiatives in implementation and evaluation", *Journal of biomedical informatics*, 40（2007）, pp. 17-20.

〔4〕 See Marchibroda J. M. , "Health information exchange policy and evaluation", *Journal of biomedical informatics*, 40（2007）, pp. 11-16.

理协调业务增加、IT 基础设施的改进）等。[1]成本效益分析法存在的问题是成本通常可以统计，但效益量化却颇费周章。

第二，系统运行中期的评价。

随着 HIE 系统的持续使用，对系统本身进行评价的方法日渐流行，这些方法基本可以通用于各类信息系统的评价，主要包括系统的使用频率、使用流程、采用的标准和技术、使用行为、用户满意等要素。由 Brian E. Dixon 等人提出的评价框架，包括实施、技术、政策、数据和价值五个方面，每个方面的评分细则都做了说明，且通过问卷调查，得到了 HIE 运营主体的肯定。[2]Alexandra T. Strauss 等人分析了医务人员（HIE 系统最终用户）的需求情况，通过半结构化访谈、直接观察和电子数据分析，发现有约 85% 的医生认为 HIE 对改善医疗服务有积极作用。另外，HIE 还存在易访问性差和信息可视化水平低等技术使用障碍。研究表明，如果在适当的时间向正确的用户提供特定病人的临床信息，HIE 系统很可能会增加使用率和有效性。[3]Joshua Vogel 等人聚焦分布式电子病例共享系统的安全性，该系统允许马萨诸塞州公共卫生部（MDPH）对电子健康记录启动自定义查询，但数据仍然在本地防火墙的保护之下，系统具有查询前检查和结果发布前审核的功能。[4]Joshua R. Vest 和 Jon（Sean）Jasperson 基于专业人员使用 HIE 的日志文件开发了一种新的方法来描述 HIE 的运作，将所有会话分为五类 HIE 用法（最小使用量、重复搜索、临床信息、混合信息和人口信息）；发现大多数用户以最小的方式参与系统；医生使用率最低，临床信息使用率最高的是护士；这种基于客观数据的方法比以往研究中采用/不采用的简单分类更有助于评估系统绩效。[5]Joshua

---

[1] See Hripcsak G. et al, "The United Hospital Fund meeting on evaluating health information exchange", *Journal of biomedical informatics*, 40 (2007), pp. 3–10.

[2] See Dixon B. E. et al, "A framework for evaluating the costs, effort, and value of nationwide health information exchange", *Journal of the American Medical Informatics Association*, 17 (2010), pp. 295–301.

[3] See Strauss A. T. et al, "A user needs assessment to inform health information exchange design and implementation", *BMC medical informatics and decision making*, 15 (2015), p. 81.

[4] See Vogel J. et al, "MDPHnet: secure, distributed sharing of electronic health record data for public health surveillance, evaluation, and planning", *American journal of public health*, 104 (2014), pp. 2265–2270.

[5] See Vest J. R., Jasperson J. S. "How are health professionals using health information exchange systems? Measuring usage for evaluation and system improvement", *Journal of medical systems*, 36 (2012), pp. 3195–3204.

R. Vest 和 T. R. Miller 采用了最终用户满意度来衡量 HIE 系统的效用，在排除医院公私类型、规模、地区等外部特征的基础上，发现应用 HIE 与患者和护士沟通良好的状态正相关，却没有显著影响患者与医生的沟通质量。[1]

第三，系统运行后期的评价。

随着 HIE 的广泛使用，研究开始聚焦 HIE 系统的应用成效和未来发展，出现了大量由数据支撑的实证研究。这类研究将信息共享视为达到特定目标的一个手段，将手段和目标进行关联，做出评价。Barbara L. Massoudi 等人将计算出关于 6 种常见疾病和健康问题（阿司匹林治疗、检测血压、胆固醇筛查、戒烟、体重指数和糖尿病）的临床质量措施报告（clinical quality measures，CQMs）作为 HIEs 的产出。[2] Dori A. Cross 等人从 HIE 的利益相关者出发，通过半结构化的访谈了解 17 个具有代表性的提供资助的组织对于 HIE 的价值、理想状态、参与方式等问题的意见。结果认为需要由国家主导开展具体行动，辅以国家的政策努力，大大增加资助者的参与。[3] Hendrickson B. K. 团队考察了亚利桑那州免疫系统的完整性，通过对比三个来源的个人免疫信息，发现国家登记处的信息完整性为 71.8%，医院电子健康记录为 81.9%，个人记录为 87.8%，而 2017 个疫苗接种管理机构仅 65% 同时向 3 个来源提交信息，因此认为免疫信息的完整性有一定程度的缺陷。[4]

此外，针对细分群体的深入研究也不断出现，这些研究不同于前 HIE 时期的研究，那时研究的系统本身是仅采集某类疾病信息的专业信息系统，而近期的研究是在全局系统中选取某个群体或地区切面进行评价，细分方式包括病种、地区、机构等。Dawn M. Klein 团队的研究从美国"老兵"群体切入，美国退伍军人事务部（United States Department of Veterans Affairs，VA）通过培训 620 个患者（主要是老年人、白种人和越战老兵）使用特定门户访

---

〔1〕 See Vest J. R., Miller T. R, "The association between health information exchange and measures of patient satisfaction", *Appl Clin Inform*, 2（2011），pp. 447-459.

〔2〕 See Massoudi B. L. et al, "Using health information exchanges to calculate clinical quality measures: A study of barriers and facilitators", *Healthcare. Elsevier*, 4（2016），pp. 104-108.

〔3〕 See Cross D. A. et al, "Assessing payer perspectives on health information exchange", *Journal of the American Medical Informatics Association*, 23（2015），pp. 297-303.

〔4〕 See Hendrickson B. K. et al, "Evaluation of immunization data completeness within a large community health care system exchanging data with a state immunization information system", *Journal of Public Health Management and Practice*, 21（2015），pp. 288-295.

问他们的电子健康记录数据，以促进信息交流，目标是改善农村退伍军人的护理连续性，成效显著。[1]Zachary M. Grinspan 团队聚焦的是癫痫病人在各医院之间获取交叉诊疗的情况，发现儿童交叉诊疗情况较成年人显著，认为HIE 应致力于将碎片化的诊疗记录整合起来。[2]Janet Reis 等人用网上问卷调查了 84 个医务人员对爱达荷州卫生数据交换的虚拟健康记录（VHR）的可用性和对临床和行政管理的影响，结果表明，用软件可用性的测量量表（SUMI）进行评测，VHR 的可用性得到了普遍积极评价。[3]Erika L. Abramson 的团队通过问卷调查，了解纽约州养老院对电子病例（EHR）和 HIE 的采纳情况，发现尽管存在缺乏 IT 投资等障碍，接受调查的养老院中 54.4%采用了HIE，18%采用了 EHR。[4]J Mac McCullough 团队关注小诊所和社区服务中心对 HIE 的采纳，从两个州的 16 个地点采访了 24 家供应商、管理人员和办公室人员，他们确定的障碍来自区域、组织和组织内部三个方面。[5]

上述研究中评价的 HIE 都是在医疗卫生系统内部共享健康信息，但也有研究分析了在更广泛的环境中共享医疗信息的项目。Curtis Florence 团队用成本效益分析法，评估了英国 Cardiff 市的卫生、警察和地方政府之间建立伙伴关系共享信息，达到减少暴力伤害的效用，结果显示每一英镑用于方案的投入累积产生 82 英镑的社会福利，相对于没有实施信息共享的城市，节省了大量成本。[6]

〔1〕 See Klein D. M. et al, "The Veteran-Initiated Electronic Care Coordination: A Multisite Initiative to Promote and Evaluate Consumer-Mediated Health Information Exchange", *Telemedicine and e-Health*, 23 (2017), pp. 264-272.

〔2〕 See Grinspan Z. M. et al, "People with epilepsy who use multiple hospitals: prevalence and associated factors assessed via a health information exchange", *Epilepsia*, 55 (2014), pp. 734-745.

〔3〕 See Reis J. et al, "Assessment of the usability and impact of the Idaho Health Data Exchange (IHDE)", *Journal of medical systems*, 40 (2016), p. 102.

〔4〕 See Abramson E. L. et al, "A statewide assessment of electronic health record adoption and health information exchange among nursing homes", *Health services research*, 49 (2014), pp. 361-372.

〔5〕 See Mac McCullough J. et al, "Electronic health information exchange in underserved settings: examining initiatives in small physician practices & community health centers", *BMC health services research*, 14 (2014), p. 415.

〔6〕 See Florence C. et al, "An economic evaluation of anonymised information sharing in a partnership between health services, police and local government for preventing violence-related injury", *Injury prevention*, 20 (2014), pp. 108-114.

（2）企业信息共享评价

企业信息共享主要包括两方面，一是企业内部的共享，一是企业之间的共享，后者也称为"供应链"信息共享。

①企业内部信息共享评价

Brian E. Mennecke 研究了组织内部信息共享的绩效，观察到信息共享和满意度之间存在 U 形曲线的相关关系。[1] Stephen B. Salter 团队在智利和澳大利亚两个不同的社会文化背景下研究了人们分享"坏消息"的意愿，发现在集体主义文化下，主管在场有利于信息共享；在个人主义社会，取消主管更能实现最大的信息共享。[2]

②供应链信息共享评价

在供应链信息共享评价研究中，信息共享是作为实现供应链上的某些绩效的工具而存在，因此评价通常体现为相关性评价。

Morgane M. C. Fritz 立足汽车和电子工业，通过文献综述、调查和访谈，提出了一套非常全面完善的具有 36 个要素的供应链的可持续性评估方案。这个方案反映了公司和其他利益相关者（如非政府组织、研究人员）的差异，作者希望那个公司能向社会传递这些要素的相关信息以实现可持续的企业治理。[3]

Kulangara, Nisha Paul 等人的研究重在买家和供应商之间的信任、关系及信息共享与公司创新能力之间的关系。通过对 357 名美国高管进行调查，并构造结构方程模型分析数据，结果显示，信息共享和正式的社会化活动增加了买家对其主要供应商的信任，非正式的社会化活动直接影响创新能力，信

〔1〕 See Mennecke B. E. , "Using group support systems to discover hidden profiles: An examination of the influence of group size and meeting structures on information sharing and decision quality", *International Journal of Human-Computer Studies*, 47（1997），pp. 387-405.

〔2〕 See Salter S. B. et al, "Otra empanada en la parilla: Examining the role of culture and information sharing in Chile and Australia", *Journal of International Financial Management & Accounting*, 19（2008），pp. 57-72.

〔3〕 See Fritz M. M. C. et al, "Selected sustainability aspects for supply chain data exchange: Towards a supply chain-wide sustainability assessment", *Journal of Cleaner Production*, 141（2017），pp. 587-607.

息共享显著影响信任和创新。[1]

Mansour Rached 等研究了包括供应商、仓库、零售商和顾客的串行供应链上信息共享的效益，研究的信息是供应商—仓库交货期、仓库—零售商交货期和顾客需求；研究通过随机数据来做仿真分析发现，首先零售商是顾客需求共享的主要受益者，其次仓库是供应商—仓库交货期共享的主要受益者，同时分享不同类型的信息时收益不累积，沟通信息的失真对分享的收益影响重大；研究强调，在收益不平衡的情况下，有必要建立供应链各环节之间的激励合作机制。[2]

Ming-Min Yu 等人设计了 8 个信息共享方案，通过仿真模型对供应链绩效进行分析；用库存持有成本、缺货成本和制造商订单成本、分销商和零售商的订单填充率、客户服务水平和订单周期时间表征供应链绩效；信息共享方案包括库存、产能和需求三类信息的组合；采用交叉效率 DEA 方法来估算信息共享方案的效率；结果表明，需求信息共享的方案是最有效的，其次是产能+需求以及全面信息；如果只共享产能或库存信息将干扰制造商的生产，引起误解，放大牛鞭效应。[3]

Seung-Jin Ryu 等评估了两种不同类型的信息共享方法的供应链绩效；两种方法分别是计划需求转移法（PDTM）和预测需求分配方法（FDDM）；研究用系统仿真模型，以吞吐量、库存水平、服务水平为绩效分析了这两种方法的供应链性能；通过电子行业的实际数据验证，证实 FDDM 在降低库存上较 PDTM 有明显优势。[4]

Bao Xiao-wen 在其博士论文中构建了一个衡量供应链信息共享总体水平的指标，该指标体系主要从内容、空间、时间三个维度对信息共享进行量化分析，每个维度包括两个指标，其中内容维度包括共享信息的类型、详细程

〔1〕 See Kulangara N. P. et al, "Examining the impact of socialization and information sharing and the mediating effect of trust on innovation capability", *International Journal of Operations & Production Management*, 36（2016），pp. 1601-1624.

〔2〕 See Rached M. et al, "Assessing the value of information sharing and its impact on the performance of the various partners in supply chains", *Computers & Industrial Engineering*, 88（2015），pp. 237-253.

〔3〕 See Yu Ming-Min et al, "Evaluating the cross-efficiency of information sharing in supply chains", *Expert Systems with Applications*, 37（2010），pp. 2891-2897.

〔4〕 See Ryu S. J. et al, "A study on evaluation of demand information-sharing methods in supply chain", *International Journal of Production Economics*, 12（2009），pp. 162-175.

度，空间维度包括供应链的宽度、距离，时间维度包括频率、共享及时性。结果显示这种测量手段能使企业全面和定量地诊断其信息共享活动，公司 IT 基础设施、公司规模等与信息共享水平正相关，信息共享水平也与公司整体效能正相关。[1]

(3) 网络信息共享评价

研究网络信息共享，主要集中在对社交网站及在线百科上信息共享行为的研究，重点在于探寻信息共享行为的影响因素；网络信息共享的主体是个人，因而研究在社会学、心理学等学科的理论框架下进行。

Namho Chung 等从社会心理学文献中引入依恋理论解析在线成员如何交换他们的信息，将依恋分为基于身份的依恋和基于联系的依恋；通过 502 份在线调查问卷，了解韩国社交网络成员的情况，采用结构方程模型（SEM）处理数据；研究发现网络外部性、社会互动、乐于助人、自我形象表达都显著影响两类依恋，而基于身份的依恋对信息共享的影响更大。[2]

Andrew J. Flanagin 等运用社会认同理论及自我分类理论，探讨团体认同对参与线上评估行为的影响；通过随机赋予两组人群以"高"或"低"的团体级别，并分别给予相似或不同的团体成员背景构成，再考察两组的在线行为；结果表明，团体认同会正向影响贡献信息的动机，进而影响信息贡献行为；类似的人提供的信息更可信，也更可能表明他们将根据这些信息行事。[3]

French 和 Read 探索社交领域对 SNS 用户共享信息深度的影响，通过分别对美国和韩国的一所大学的学生进行访谈，了解他们在不同的社会领域下对同一事件的信息提供的差异；结果显示，出于自身形象管理的考虑，用户在 SNS 发布信息时，会根据社会领域调整所发布信息的深度，因此建议社交媒

[1] See Bao Xiao-Wen,"Measuring Information-Sharing Behavior: The Case of Supply Chains in Operational Contexts. ", *McGill University (Canada)*, 2009.

[2] See Chung N. et al, "Examining information sharing in social networking communities: Applying theories of social capital and attachment", *Telematics and Informatics*, 33 (2016), pp.77-91.

[3] See Flanagin A. J. et al, "Connecting with the user-generated Web: how group identification impacts online information sharing and evaluation", *Information, Communication & Society*, 17 (2014), pp.683-694.

体给予用户更多分类管理好友的权限和功能。[1]

(4) 科研信息共享评价

科研信息共享问题与网络信息共享相似,共享主体是个人;但由于科研工作受到国家基金资助政策的引导、期刊出版方的规则约束以及科研单位内部制度的直接管理,因此,研究存在两个视角,一是基于个人的行为视角,一是基于管理的组织视角。

Olfson 等在科研人员没有与同事分享数据动机的现状下,提出一个衡量科研人员共享数据水平的 S-指数,作为发表论文和申请科研经费时的一种衡量手段,从而使研究人员产生分享数据的动机,形成科学领域里更多的合作。[2]

Van 和 Whitmire 在研究中定义了"数据共享",并提出一个评估数据是否共享和共享有效性的协议;运用这个协议评估了 NSF 在俄勒冈州立大学资助的 25 个项目和 123 篇期刊文章;结果显示在大多数情况下没有进行数据共享,已共享的数据也会由于访问、文档和格式化等问题而导致不可用;他们在研究基础上,为数据生产者、期刊出版商、数据存储库和资助机构提出促进数据共享的建议。[3]

Li Si 团队对中国八个主要的科学数据共享平台进行绩效评价,反映了科学数据共享在中国的现实发展;研究建立了科学数据共享平台性能评价指标体系,采用层次分析法确定指标权重,用专家打分法对各指标进行打分计算出结果;结果显示,各平台性能评估排名前三的是数据共享基础设施、地球系统科学的基础科学数据共享中心及国家人口与健康科学数据共享平台;研究认为在政策法规、数据描述和组织标准、数据可用性和服务中存在问题。[4]

---

[1] See French A. M., Read A., "My mom's on Facebook: an evaluation of information sharing depth in social networking", *Behaviour & Information Technology*, 32 (2013), pp. 1049-1059.

[2] See Olfson M. et al, "Incentivizing Data Sharing and Collaboration in Medical Research-The S-Index", *Jama Psychiatry*, 74 (2017), p. 5.

[3] See Van Tuyl S., Whitmire A. L., "Water, water, everywhere: defining and assessing data sharing in academia", *PloS one*, 11 (2016).

[4] See Sil L. et al, "An empirical study on the performance evaluation of scientific data sharing platforms in China", *Library hi tech*, 33 (2015), pp. 211-229.

Fari 和 Ocholla 采用定量和定性研究方法调查了尼日利亚和南非一些大学的学者之间的信息和知识共享；对两国 382 名学术人员进行抽样调查，调查显示，学者们都熟悉信息和知识共享，并以不同方式参与知识共享；研究建议提供充足的信息和通信技术资源，改进研究管理、研究支持和分享意识。[1]

（5） 通用信息共享评价

Xiao 等研究探讨信息共享、信息使用对团队决策的影响；研究设计了两个新产品开发项目，要求参与者选择停止或继续，对于产品信息采用不均匀提供的方式，考察决策产出；结果显示，团队功能多样性是影响隐藏状况的主要因素，此时信息共享对决策产出的促进作用减弱，最终证明是信息的使用，而不是信息共享，促使决策者产出最佳决策结果。[2]

Kuah 等研究了衡量知识共享的方法，设定知识共享的投入要素为知识工人的数量、知识管理系统的年度投资、培训和教育项目的年度支出和知识共享交流会数量；知识共享产出要素为知识管理系统的使用者数、合作及特殊团队数、员工间交流通信数；采用一种基于数据包络分析（DEA）的混合模型来分析从 23 个机构获得的问卷调查数据，结合蚁群系统（ACS）的启发式混合仿真以提高结果的准确性和可靠性。[3]

Henningsen 等为组织内信息共享问题设计了一个"选择助理教授"的场景，给随机形成的三组人群分别提供不同组合的信息，即隐藏的、模棱两可的、明确的三种情况，分别考察信息和规范对集体决策的影响；结果表明，清晰与模糊背景下，群体更能做出卓越的决策更多依赖于未被共享的信息，同时，在模糊背景下，感知的社会影响最为显著。[4]

---

〔1〕 See Fari S. A., Ocholla D., "Comparative assessment of information and knowledge sharing among academics in selected universities in Nigeria and South Africa", *South African Journal of Libraries and Information Science*, 81 (2015), pp. 41-52.

〔2〕 See Xiao Y. et al, "Does information sharing always improve team decision making? An examination of the hidden profile condition in new product development", *Journal of Business Research*, 2016, 69 (2), pp. 587-595.

〔3〕 See Kuah C. T. et al, "Knowledge sharing assessment: An ant colony system based data envelopment analysis approach", *Expert Systems with Applications*, 40 (2013), pp. 3137-3144.

〔4〕 See Henningsen D. D., Henningsen M. L. M. "Examining social influence in information-sharing contexts", *Small Group Research*, 34 (2003), pp. 391-412.

（6）司法执法信息共享评价

由于9·11事件，学者们针对司法执法信息共享评价问题，进行了持续深入的研究，多篇博士论文涉及这一主题。

Bransford 的博士论文研究了影响执法机构间共享信息的原因，结果显示警察的经验、与社区警务关联、任务复杂、外部影响的程度，都与警察对共享信息的支持正相关。[1]

Ernetst 的博士论文探讨了使用佛罗里达州的 FINDER 系统（在 121 个警察机构间共享底层信息的信息系统）的成本和效益，用使用者的成功来表征共享系统的效用。[2]

Drew 在其博士论文中用问卷调查了来自 45 个执法机构的 335 名工作人员，探寻联邦、市、县各级政府机构对于 5 个信息系统的使用情况，他依据"技术–组织–环境"理论框架（Technology–Organization–Environment，TOE）构建了信息共享使用影响因素集；结果显示，联邦一级机构对于系统使用更加频繁，各种因素中仅感知利益显著影响了信息共享系统的使用；而且，机构使用共享系统与其进行情报生产和接收情报之间没有显著的关系。[3]这从侧面表明部分信息系统并不能满足使用者的信息需求。

Zaworski 在其博士论文中探讨了自动化的信息共享在基层执法人员的效能提升中的作用，依据"任务技术匹配理论（Task Technology Fit，TTF）"，将信息共享分解为多个具体指标："数据的详细水平、数据的本地性、数据的可获得性、数据来源多样性、多来源数据可比性、信息系统可靠性、系统问题、数据充裕性"。他选择了应用"区域司法信息自动系统"和未采用该系统的两个地区作为对比，采用访谈方式和问卷调查进行研究，结果显示，信息共享系统能显著影响警员的工作效率和绩效水平，计算机培训情况也显著影响警

---

〔1〕 See Bransford, Scott Driskill, "An examination of factors affecting information sharing among law enforcement agencies", *The University of Southern Mississippi*, 2012.

〔2〕 See Ernest D., Scott J. R., "Factors influencing user –level success in police information sharing: An examination of Florida's FINDER system", *University of Central Florida*, 2006.

〔3〕 See Drew, Jack, "Sensitive but unclassified: Examining the use of electronic information sharing systems by law enforcement agencies in the United States", *Michigan State University*, 2015.

员对信息系统有用性的评价。[1]

Chermak 等对国家执法信息共享基础设施的使用进行了评价，主要通过问卷调查了两类人群，分别是参加国家培训的联邦、地方和部落的各级执法部门官员（state，local，and tribal，SLT）和融合中心成员（fusion centers，FCs），了解各机构在建立情报能力方面所做的工作，并评估了各机构之间信息共享的状况；结果表明，两类机构的情报能力在基本政策和程序方面取得了重大进展，FCs 占据了网络空间中与联邦执法和地方执法机构都接近的位置，逐渐成为一个在中央到地方之间的实现信息和情报"上传"和"下达"关键网络节点。[2]

Kovalchik 等提出了评价犯罪信息共享的手段，以加利福尼亚南部性犯罪者信息的系统共享情况为例进行实证研究，考察了区域司法信息自动发布系统（ONS）中登记在案的性犯罪者的情况，从四个重点事件（传讯、现场调查、历史犯罪案件和逮捕情况）的信息出发与未犯罪的对照组相比，发现有 ONS 记录性犯罪者有 75% 的可能在其他多个部门涉案，有 34% 的可能会多次犯案；研究揭示了有关性犯罪者的信息共享与刑事案件发生频率、时间以及参与机构间的联系。[3]

（7）其他信息共享评价

针对图书、地理信息、信用信息、生物信息等共享的评价研究较少，评估方法有效结合了特定信息的属性。

Harvey 和 Tulloch 通过考察第二代空间数据基础设施（SDI）的共享情况，发现存在四种不同类型的地方政府数据共享安排，分别是开放商店、中心辐射、协议的联盟和委托的联盟，这些类型反映了体制、政治和经济因素上的差异，如果地方政府不能协调机制，基于客户服务的第二代 SDI 的有效性将受到严重限制。其中中心辐射模型是一种数据共享或分配的集中模式，"中

---

〔1〕 See Zaworski, Martin J., "Assessing an automated, information -sharing technology in the post '9~11' era: Do local law enforcement officers think it meets their needs?", *Florida International University*, 2004.

〔2〕 See Chermake S. et al, "Law enforcement's information sharing infrastructure: A national assessment", *Police quarterly*, 16（2013），pp. 211-244.

〔3〕 See Kovalchik S. A. et al, "Developing Outcome Measures for Criminal Justice Information Sharing: A Study of a Multi-Jurisdictional Officer Notification System for Policing Sex Offenders in Southern California", *American journal of criminal justice*, 42（2017），pp. 275-291.

心"是一个大数据的生产者以及协调器和分配器，其他两个机构之间的数据共享常常会通过中央社，中心节点除了促进数据共享，还提供更多的技术援助促进信赖，但是这种"理想模式"也存在权力滥用的巨大风险。[1]

Giuliani 和 Castelletti 针对跨区域水资源调配是否信息共享提出了一个新的决策分析框架，基于多个决策者，采用智能系统建模来分析不同层次的合作和信息交换的效率，以赞比西河流域的水资源调配为例进行基于 agent 的优化；通过对比三种情况（基于充分的信息交换的合作行为、交流信息但没有积极配合去获得全局最优解、完全个人主义不共享信息），发现通过完全信息交换获得的协调能使下游代理更好地适应上游行为，这种协调特别有利于提升环境效益。[2]

Mak 等探讨了用决策支持水平评估图书馆这种信息共享机构的新服务的方法；从埃默里大学、弗吉尼亚理工学院和诺特丹大学图书馆的实践出发，通过各种来源收集数据，以规划和评估新服务和用户满意度；结果显示，并没有评估数据对于决策支持程度的完美方法；每一种方法都有优势、成本和缺点；要采用资源共享从业者适用的评估工具，其中独创性、价值与用户体验被认为是图书馆的任何产品或服务的关键部分，这种思路可以用于馆际互借应用的评价。[3]

2.3 国内外政府信息共享评价研究综合述评

从研究内容看，国内外在政府信息共享效益评价领域存在明显不同。在我国为数不多的研究中，并没有区分政府信息共享和政府信息公开的差异，部分研究探讨的是信息资源视角下的政府网站评估问题；针对政务服务中的政府信息共享评估，往往落脚到评估一个具体的共享系统，效益指标无法完全用客观数据测算。在国外的研究中，政府信息共享讨论的场景与我国完全

---

〔1〕 See Harvey F. , Tulloch D. , "Local-government data sharing: Evaluating the foundations of spatial data infrastructures", *International Journal of Geographical Information Science*, 20（2006）, pp. 743-768.

〔2〕 See Giuliani M. , Castelletti A. , "Assessing the value of cooperation and information exchange in large water resources systems by agent-based optimization", *Water Resources Research*, 49（2013）, pp. 3912-3926.

〔3〕 See Mk C. et al, "Does your data deliver for decision making? New directions for resource sharing assessment", *Interlending & Document Supply*, 41（2013）, pp. 104-112.

不同，研究者探讨的是如何促进政府部门的跨部门合作，共同完成复杂的业务，这主要是因为基本办事服务中的信息问题已经在较多的发达国家得到解决。从研究方法看，国内外的研究趋同，但国外研究中进行实证测算的比例较高，成本效益分析法使用的频率更高，体现出国外学者们对政府信息共享结果的关注度大于共享过程。

下面分别从评价的理论框架、评价场景、评价方法、评价模式和评价指标五个方面对国内外研究进行分析。

2.3.1 信息共享评价的理论框架

国内外针对信息共享进行的评估研究中，主要涉及了技术接受模型、技术适配模型等 5 个理论框架，这些框架从不同的角度出发，为具体评价指标的设定提供了初始依据。但是，更多的研究并没有遵循特定的理论框架，而是直接从历史研究和现实场景中梳理评估指标。

（1）技术接受模型（TAM）

Davis 于 1989 年提出 TAM 模型（Technology Acceptance Model），说明通过测量感知有用性（Perceived Usefulness）和感知易用性（Perceived Ease of Use），可以帮助判断人们对于信息技术的采纳或拒绝。[1]这个理论引发了潮水般的应用研究，成为研究新技术适用性的经典理论。从 TAM 模型出发，在当前的技术背景下，政府部门之间的信息共享行为，更多的归结到对"网上办事"的采纳。

（2）任务技术适配模型（TTF）

Goodhue 和 Thompson 于 1995 年提出 TTF 模型（Task Technology Fit），认为技术的特征和任务的特征决定了任务技术匹配度（TTF），TTF 和技术的使用，共同决定个人绩效的达成（individual performance）。[2]从该模型出发，要考察当前的"网上政务大厅"的功能技术，是否与政务服务的特征相匹配，

---

〔1〕 See Davis F. D. , "Perceived usefulness, perceived ease of use, and user acceptance of information technology", *MIS Quarterly*, 13（1989），pp. 319-340.

〔2〕 See Good hue D. L. , Thompson R. L. , "Task‐technology fit and individual performance", *MIS Quarterly*, 19（1995），pp. 213-236.

能否实现"信息多跑路，百姓少跑腿"的目标。

（3）创新扩散理论（DIT）

Everett M. Rogers 于 1962 年提出 DIT 理论（Diffusion of Innovations Theory），总结出创新事物在一个社会系统中扩散的基本规律，提出了著名的创新扩散 S-曲线理论，将创新扩散这一过程分为知晓、劝服、决定、确定四个阶段。[1]从该理论出发，政府部门通过"网上政务大厅"提供政务服务，也会经历一个从少到多、由浅入深的过程。

（4）技术-组织-环境模型（TOE）

Tornatzky 和 Fleischer 于 1990 年提出 TOE 模型（Technology Organization Environment），认为可以从技术因素、组织因素和环境因素三个方面出发，判断是否采纳某种技术。[2]从该理论出发，在政府部门间信息共享放在"互联网+、大数据"发展如火如荼、各类政策层出不穷的环境下，采用"网上政务大厅"成为一种必然趋势。

（5）成本效益分析模型（CBA）

法国经济学家 Jules Dupuit 于 1848 年提出 CBA（Cost Benefit Analysis），该框架成为政策分析领域的常用工具。CBA "提供一种方法，以便于在各种替代方案中选择那些能够以最节俭的方式取得某个给定结果的方案。"[3]成本效益分析法是一种基础理论方法，不仅具有实际可操作性，还往往成为其他理论（如 TAM）的出发点。从该理论出发，通常有两种研究路径：一是测算各种信息共享方案的成本效益，"信息共享"有多种可能路径，在效益一致（减少群众跑腿）的情况下，各级政府需要选择最节省成本的路径；二是对某待建信息共享项目进行经济合理性评估，如果效益大于成本就实施，否则不予实施。

---

[1]　Everett M. Rogers, *Diffusion of Innovations*, New York: The Free Press of Glencoe Press, 1962

[2]　See Tounatzky L. G., Fleischer M., *The Processes of technological innovation*, Lexing Books Press, 1990, pp. 143-167.

[3]　［美］莱文、麦克尤恩:《成本决定效益》，金志农、孙长青、史昱译，中国林业出版社 2006 年版，第1页。

2.3.2 信息共享评价的场景

在国内外针对信息共享评价的研究中，包括两类场景：一是明确场景，二是通用场景。

实证研究通常有具体的场景，即信息共享的主体、共享内容、共享路径是明确的，如医疗信息交换系统、地理信息共享平台等。针对具体场景的评价存在一个难以避免的困境，即评价体系不可迁移到别的场景，如果评价对象是一个群体，这种评价具有树立"标杆"鞭策后进的作用；当评价对象只是一个具体系统应用时，评价体系就失去了"以评促建"的功能。

理论研究从学理入手，往往借助某个理论框架进行，探求适用于多种场景下的实践，如采用经济学理论框架进行评价。通用场景下的评价面临的最大问题是难以进行实证研究，难以弥合各种不同共享场景的差异。

本文所进行的政府信息共享评价研究，是基于公民办事场景，该场景涵盖了 G2C 政务服务的各种情况，具有较大的通用性；但是如 1.2.4 所述，政府信息共享具有"需求驱动"的特性，这使测量具有可操作性。

2.3.3 信息共享评价的方法

评价方法主要来自于两个方面：一是基于经济学思路的成本效益分析法；二是基于系统运行参数的业务分析方法。

在经济学思路下，研究将信息资源作为信息产品，通常使用成本效益分析法，构建成本和收益函数，分析如何实现效用最大化、最优的共享数量或共享服务价格。经济学研究思路存在难以实证测量的问题，一方面信息共享通常是各类信息系统功能的一部分，成本未单列；另一方面共享的收益包括节省民众办事的"跑腿成本"，以及减少权力寻租，这些项目都难以精确计算。当然，各国的学者往往采用替代手段结合其他理论进行测量，如可以用问卷调查"个人绩效"这种主观意见来代替"收益"。

在业务分析思路下，研究者常采用层次分析法和模糊综合评价法，利用专家意见和历史文献梳理出信息共享活动中涉及的各类指标；借助专家判断各项指标的相对重要性，用层次分析法计算指标权重；最后采用模糊综合评价法统计专家评分或客观业务数据得出评价结果；问卷调查法应用于指标筛选、权重确定、评分等主要环节中。业务分析方法存在适用范围小、主观性强和成本高三个问题：首先，由于实践中存在多种信息共享模式和路径，难以用一套指标来解析各类共享过程；其次，在指标确定、指标权重和具体评分环节中大量采用专家意见，导致专家主观偏好对于结果产生显著影响，因此结果的说服力受到影响；再次，由于组织专家评估需要一定流程，涉及较为复杂的内容，因此评估需要借助专业人员完成，且难以在日常工作中进行，应用成本较高。

当然，两种方法在实际测评中经常嵌套使用：在业务分析思路下，常包含信息共享效益类指标；在经济学思路下，难以用金钱直接测量的效益通常用业务数据来表征。

2.3.4 信息共享评价的模式

基于评价模式的差异，政府信息共享评价研究主要有两个视角，一是过程评价模式，二是结果评价模式。在构建具体评价指标时，研究者通常采用其中一种模式，有时将两种模式结合在一起。

通常情况下，经济学方法支持结果评价模式，即评价共享前后绩效的差异和实现共享的成本，把千差万别的共享路径视为"系统黑箱"，忽略具体共享过程。结果评价模式对于过程复杂的评价场景具有很强的适用性，应用的关键在于寻找适用的描述结果的指标。

过程评价模式常用于业务分析思路，其优势在于可以通过解析共享系统的构成，发现系统运行的问题，从而推动系统优化。但是过程评价模式严重依赖具体环境，一旦场景变化，系统功能随之改变，则评价指标需要进行相应的调整。

从政府信息共享应用场景看，由于共享路径千差万别，内容涉及政府管理的方方面面，因此不适合采用过程评价模式，而应采用结果评价模式。

2.3.5 政府信息共享评价的指标

将国内外政府信息共享评价研究中所采用的评价指标，按照最后一级指标进行汇总，判断其主客观性和测量方式，指标来源文献用脚注号标注，如表2.1所示。

　　主客观性判断标准在于该指标是否表征主体的主观感受，是否存在主体差异对指标评分的影响。测量方式包括三种：第一种是问卷，调查信息共享主体；第二种是实测，采集信息共享的客观指标；第三种是直评，即调查者根据自身设定的评判标准给指标赋值。对于内容不唯一的指标，采用拆分方法，变为独立指标，如"信息资源的质量与数量"拆分为"信息资源的质量、信息资源的数量"两个指标。根据指标内容，将指标分为四类：关于信息资源（记为1）、关于系统运行（记为2）、关于共享成效（记为3）、关于组织管理（记为4）。

表 2.1　政府信息共享评价指标汇总表

指标名称	指标特征	测量方式	采用的文献	分类
信息资源的质量	主观	问卷	文献1、4	1
信息资源的数量	客观	问卷、实测	文献1、2、4	1
信息标准化程度	主观	问卷	文献1、4	1
信息资源适于共享的程度	主观	问卷	文献1	1
信息资源的互补程度	主观	问卷	文献1	1
客户基本信息	客观	问卷	文献8	1
自身处理能力信息	客观	问卷	文献8	1
任务处理进度信息	客观	问卷	文献8	1
财务、人资信息	客观	问卷	文献8	1
客户反馈意见	客观	问卷	文献8	1
信息资源时效性	客观	问卷、实测	文献2、8	1
信息资源节约性	主观	问卷	文献8	1
信息资源有效性	主观	问卷	文献8	1
资源结构和布局	主观	问卷	文献2	1
信息资源描述完整率	客观	实测	文献2、7	1
信息资源正确率	客观	实测	文献2	1
信息资源主题标引比率	客观	实测	文献2	1
信息资源分类比率	客观	实测	文献2	1

续表

指标名称	指标特征	测量方式	采用的文献	分类
信息资源易存取性	主观	问卷	文献2	1
信息资源安全性	主观	问卷	文献2	1
数据数学精度	客观	实测	文献7	1
数据属性精度	客观	实测	文献7	1
数据逻辑一致性	客观	实测	文献7	1
数据适用性	主观	直评	文献7	1
政务信息服务	客观	实测	文献6	1
行业数据服务	客观	实测	文献6	1
数据的详细水平	客观	问卷	文献11	1
数据的本地性	客观	问卷	文献11	1
数据的可获得性	客观	问卷	文献11	1
数据来源多样性	客观	问卷	文献11	1
多来源数据可比性	客观	问卷	文献11	1
数据充裕性	主观	问卷	文献11	1
网络基础设施建设的完善性	主观	问卷	文献1	2
信息共享系统的建设水平	主观	问卷	文献1	2
门户网站建设	客观	问卷	文献8	2
办公自动化	客观	问卷	文献8	2
数据库权限	客观	问卷	文献8	2
信息共享渠道	客观	问卷	文献8	2
检索效果	客观	实测	文献2	2
资源传递服务时间	客观	实测	文献2	2
检索系统响应时间	客观	实测	文献2	2
咨询服务响应时间	客观	实测	文献2	2
信息共享平台使用率	客观	实测	文献5	2
共享的保障系统建设	主观	问卷	文献4	2

续表

指标名称	指标特征	测量方式	采用的文献	分类
适时发布反馈系统建设	主观	问卷	文献 4	2
服务指引系统建设	主观	问卷	文献 4	2
部门网站开通率	客观	实测	文献 6	2
在线数据库个数	客观	实测	文献 6	2
网站建设质量	客观	实测	文献 6	2
感受到的威胁	主观	问卷	文献 10	2
信息系统可靠性	主观	问卷	文献 11	2
共享程度	客观	实测	文献 2、7	3
科技管理信息服务量	客观	实测	文献 2	3
公共科技信息服务量	客观	实测	文献 2	3
机构用户增长率	客观	实测	文献 2	3
个人用户增长率	客观	实测	文献 2	3
服务方式	主观	问卷	文献 2	3
访问量增长率	客观	实测	文献 2	3
资源使用量增长率	客观	实测	文献 2	3
咨询服务量增长率	客观	实测	文献 2	3
用户参与情况	主观	问卷	文献 2	3
功能使用满意度	主观	问卷	文献 2	3
资源质量满意度	主观	问卷	文献 2	3
资源传递服务满意度	主观	问卷	文献 2	3
咨询反馈满意度	主观	问卷	文献 2	3
直接经济收益增长率	客观	实测	文献 2、7	3
科研投资节约情况	客观	实测	文献 2	3
科技成果转化效益	客观	实测	文献 2	3
提高工作效率	主观	问卷	文献 2、7	3
规范管理流程	主观	问卷	文献 2	3

指标名称	指标特征	测量方式	采用的文献	分类
支持科学决策	主观	问卷	文献2	3
方便科研业务办理	主观	问卷	文献2	3
方便科研信息获取	主观	问卷	文献2	3
促进科技成果推广	主观	问卷	文献2	3
促进科研交流	主观	问卷	文献2	3
案件移送率	客观	实测	文献5	3
案件移送成功率	客观	实测	文献5	3
立案监督率	客观	实测	文献5	3
用户影响力	主观	直评	文献7	3
社会影响力	主观	直评	文献7	3
技术支持能力	主观	直评	文献7	3
服务质量满意度	主观	直评	文献7	3
信息资源共建率	客观	实测	文献6	3
信息资源内部共享率	客观	实测	文献6	3
信息资源内部共建共享比率	客观	实测	文献6	3
信息资源对外共享（服务）率	客观	实测	文献6	3
信息资源共建共享（服务）比率JP	客观	实测	文献6	3
感知收益	主观	问卷	文献10	3
感知损失	主观	问卷	文献10	3
有效性	主观	问卷	文献11	3
工作绩效	主观	问卷	文献11	3
个人生产力	主观	问卷	文献11	3
逮捕量	客观	问卷	文献11	3
案情明确量	客观	问卷	文献11	3
协助调查	客观	问卷	文献11	3
在押犯关联	客观	问卷	文献11	3

指标名称	指标特征	测量方式	采用的文献	分类
领导的支持度	主观	问卷	文献 1、4、10	4
成员的支持度	主观	问卷	文献 1	4
工作人员的数量	客观	问卷	文献 1、4	4
工作人员的素质	主观	问卷	文献 1、4	4
资金投入量	客观	问卷	文献 1、4	4
激励机制的完善性和有效性	主观	问卷	文献 1	4
法律法规的完善性和有效性	主观	问卷	文献 1、7	4
共享及合作意愿	主观	问卷	文献 1	4
联系与协作程度/协作模式稳定性	主观	问卷	文献 1、8	4
利益分配的合理性	主观	问卷	文献 1、4	4
信息共享战略规划的合理性	主观	问卷	文献 1	4
节点成员理智性	主观	问卷	文献 8	4
信息传递流畅性	主观	问卷	文献 8	4
整体结构合理性	主观	问卷	文献 8	4
保密手续	主观	直评	文献 7	4
组织间的信任程度	主观	问卷	文献 4	4
组织准备度	主观	问卷	文献 10	4
正式连接结构	主观	问卷	文献 10	4
机构规模	客观	实测	文献 10	4
强制压力	主观	问卷	文献 10	4
模仿	主观	问卷	文献 10	4
规范压力	主观	问卷	文献 10	4

上表显示：

（1）从类别看，共享成效类指标最多，达 45 个，信息资源类指标有 32 个，系统运行类指标有 19 个，组织管理类指标 22 个。

（2）从指标重复度看，仅 2 个指标（信息资源的数量、领导的支持）同时出现在 3 篇文献中，有 13 个指标（信息资源描述完整率、信息资源的质量、信息标准化程度、信息资源时效性、法律法规的完善性和有效性、利益分配的合理性、提高工作效率等）同时出现在 2 篇文献中，其余 103 个指标都独立出现，证明学者研究政府信息共享的视角存在很大的差异。

（3）从指标内容看，各类指标从不同的学科层面展现了政府信息共享的特征。但是这些指标存在两个问题：一是指标本身意义不明确，如"信息标准化程度"；二是指标之间存在明显的上下位关系，如"信息资源的质量"，从信息组织的角度，就可以分解为"信息资源描述完整率、信息资源正确率、信息资源主题标引比率、信息资源分类比率"等指标。

（4）从指标的主客观属性看，两类指标数量各占一半；在信息资源类指标中，客观指标数量是主观指标的两倍，说明研究者更倾向于用客观方式描述信息资源；在系统运行类指标中，客观指标比主观指标多 5 个，说明对信息系统的认识也倾向于客观标准；在共享效益类指标中，主客观指标数量接近，体现出信息共享兼具社会效益和经济效益等多重效益的特点；在组织管理类指标中，主观指标占 86.36%，客观指标仅 3 个（机构规模、工作人员的数量、资金投入量），这些主观指标凸显出学者们对于信息共享机制的关注。

（5）从指标的测量方式看，主观指标中 89.83% 采用问卷调查方式获取数据，其余采用直评方式赋值；客观指标中 66.10% 采用实测方式获取数据，其余仍采用问卷调查，这体现出研究者采集真实数据存在一定困难；从理想状态看，客观指标应该 100% 用实测方式获取，而主观指标用问卷调查方式优于研究者直评。

（6）从指标的通用性看，信息资源类、系统运行类和组织管理类指标都具有一定程度的跨信息类别的通用性；但共享成效指标则体现出较大的差异性，不同的信息类别所带来的共享效益千差万别，如刑事信息共享的效益指标包括逮捕量、协助调查、在押犯关联等，而交通科技信息共享效益则包括科研投资节约情况、科技成果转化效益等；个别指标如"信息资源内部共享率、信息资源内部共建共享比率、信息资源对外共享（服务）率"，几乎适用于任意信息共享场景，也能实现跨系统的共享比较，有较大的推广空间。

2.3.6 以往政府信息共享评价研究中存在的问题

通过国内外文献综述，发现以往政府信息共享的评价研究在理论框架、评价方法、评价指标等方面存在问题：

（1）研究的理论框架较为局限。以往研究的理论主要集中在"技术接受""技术扩散"等视角。在我国电子商务遥遥领先的背景下，属于电子政务重要环节的政府信息共享更多的是机制问题，而非技术问题；而且，政府信息共享是政府机构行为，遵循行政管理逻辑，并非个人选择问题，因此基于个人信息行为的理论适用性不强。因此运用已有的理论框架在政府信息共享评价中略显不足。采用经济学框架的"政府信息共享效益研究"通常不以评估为目标，因此研究容易局限于理论探讨，实证研究较少。

（2）已有的共享评价存在场景依赖，评价指标构建时一事一议特征明显。大量进行实证研究的评价针对特定信息类型或某个具体的共享平台，因此评价指标针对性强，通用性差，并没有适合 G2C 场景下政府信息共享的指标；在政务服务领域，存在千差万别的共享路径，各种便捷办事方式层出不穷，已有的评价不能胜任跨系统跨平台的通用评价。

（3）评价方法存在困境。基于成本效益分析方法的评价面临直接成本和经济效益的数据难以获取、社会效益等指标难以精确测量的困难；业务分析思路下的 AHP、模糊综合评价法等方法科学成熟，但是评价过程中的"指标选择、权限确定、指标赋值"环节都依靠专家，主观性较大，且适用范围小、成本高。

国内外政府信息共享政策和实践现状分析

　　下文分别通过文献计量和重点政策内容分析两种方式，由面到点，对政府信息共享相关政策进行分析。

3.1 国内政府信息共享政策的文献计量分析

　　文献计量显示，"信息共享"在政府管理中得到全面和广泛的应用，已成为一种观念和共识。

　　截至 2017 年 5 月 1 日，在中国政府网中，在全文中含"信息共享"的公文有 347 篇，全文中含"信息资源共享"的公文有 212 篇，经去重后，共有 486 篇涉及信息共享的公文，内容涵盖了政府管理的各个方面。通过采集全部含信息共享内容的公文（以下简称"共享类公文"）列表，分别从政策发布时间、发布类型和主题对公文进行计量分析。

　　依据公文发布的时间，可以看出共享类公文发布数量随着时间大致呈上升趋势，2015 年达到峰值 87 篇，平均每年发布 25.58 篇；共享类公文占总数的比例也呈上升趋势，与发文数呈现同步变化的态势，同样在 2015 年达到峰值 39.73%，具体情况如图 3.1 所示。由此可见，信息共享在政府管理中得到越来越广泛的应用，并逐渐成为一种观念。

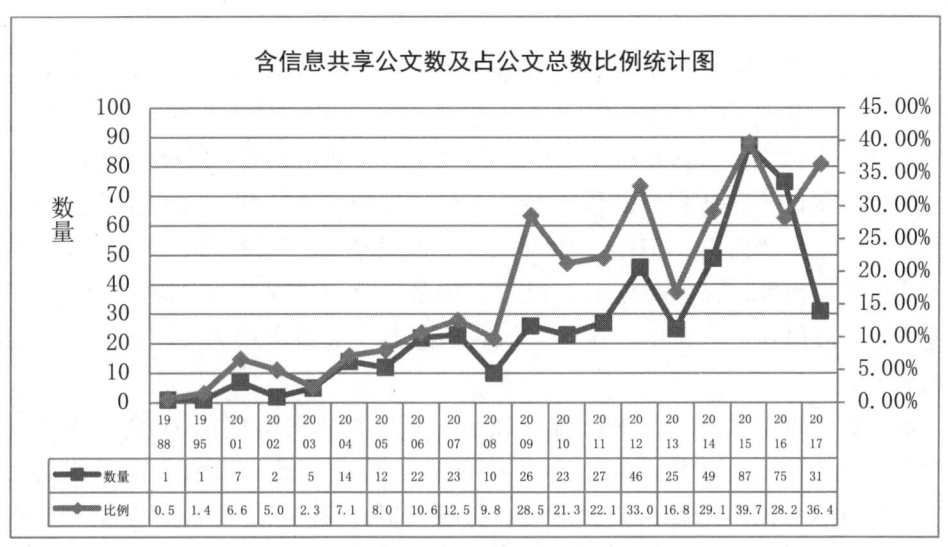

图 3.1　各年度含信息共享的公文数量统计图

　　共享类公文的公文类型情况如图 3.2 所示，国办发和国发的文件占大部分，两类之和达到 85%，其余文件类型明显较少，从多到少依次为国令、国办函和国函。按共享类公文在各种类型公文中所占的比例，从高到低依次为国办发、国发、国令、国办函、国函，显示国务院印发和国务院办公厅印发的文件对信息共享提及频率更高。

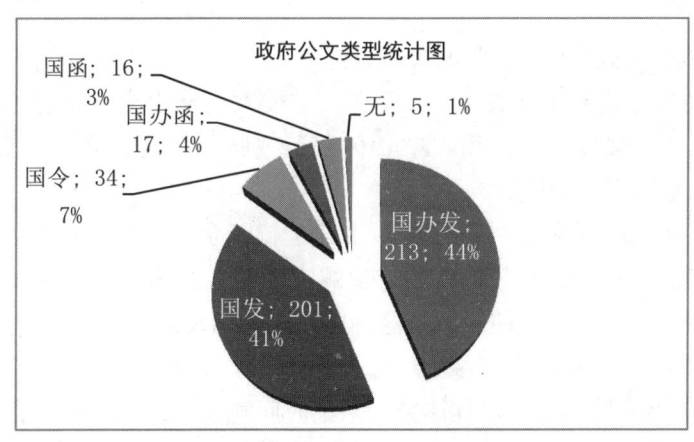

图 3.2　含信息共享的公文类型统计图

　　根据一级主题对公文进行统计显示，共享类公文出现在 20 个一级主题中，占公文分类一级主题总数（22）的 90.91%，仅"对外事务、港澳台侨工作"两个主题未涵盖；共享类公文在各类主题中所占的比例也存在差异，占比超过 10% 的主题从高到低依次是：人口与计划生育、妇女儿童工作，市场监管、安全生产监管，卫生、体育，国民经济管理、国有资产监管，科技、教育，综合政务，民族、宗教，民政、扶贫、救灾，财政、金融、审计，城乡建设、环境保护，显示在这些领域对信息共享的需求较为突出；具体情况见表 3.1。

　　根据二级主题对公文进行统计显示，共享类公文出现在 81 个二级主题中，占公文分类二级主题总数（120）的 67.5%；在二级主题中，共享类公文占比超过 30% 的主题依次是：财政、金融、审计/社会信用体系建设，财政、金融、审计/保险，市场监管、安全生产监管/食品药品监管，综合政务/电子政务，科技、教育/知识产权，工业、交通/信息产业（含电信），市场监管、安全生产监管/质量监督，综合政务/应急管理，人口与计划生育、妇女儿童工作/妇女儿童，民政、扶贫、救灾/其他，科技、教育/其他，人口与计划生育、妇女儿童工作/人口与计划生育，具体情况见表 3.2。在"社会信用体系建设"主题的公文中 100% 出现信息共享内容，在"电子政务"主题的公文中 43.48% 出现信息共享，而且这两类政策涉及多个行业，因此值得重点分析。

　　在文献计量过程中，需要说明的有：

　　（1）公文总数统计方法为：分年在公文搜索引擎中全文字段搜索"国"，理由是中央政府文件中必然出现"国务院""我国"等词汇，因此以"国"为关键词搜索可穷尽全库。

　　（2）按主题统计时，对部分相似主题进行了合并，如"民政、扶贫、救灾/减灾救灾"和"民政、扶贫、救灾/减灾救济"合并为"民政、扶贫、救灾/减灾救灾"，选择前者的原因是这种主题名称出现时间较新。

　　（3）对公文文件类型、一级主题、二级主题所覆盖公文总数进行统计的时间为 2017 年 5 月 4 日，比具体公文采集时间晚 3 天，因而统计存在误差。

表 3.1　含信息共享的公文的一级主题统计情况

主题	数量	公文总数	比例
国民经济管理、国有资产监管	54	280	19.29%
商贸、海关、旅游	54	558	9.68%
科技、教育	47	257	18.29%
城乡建设、环境保护	46	432	10.65%
市场监管、安全生产监管	45	186	24.19%
综合政务	42	286	14.69%
卫生、体育	40	170	23.53%
财政、金融、审计	36	320	11.25%
工业、交通	32	355	9.01%
民政、扶贫、救灾	27	211	12.80%
劳动、人事、监察	18	222	8.11%
农业、林业、水利	12	344	3.49%
国土资源、能源	8	198	4.04%
人口与计划生育、妇女儿童工作	6	19	31.58%
文化、广电、新闻出版	6	121	4.96%
国务院组织机构	5	295	1.69%
公安、安全、司法	4	168	2.38%
民族、宗教	2	14	14.29%
国防	1	42	2.38%
其他	1	15	6.67%

表 3.2　含信息共享公文的二级主题统计情况

二级主题	数量	公文总数	比例
国民经济管理、国有资产监管/宏观经济	25	89	28.09%
卫生、体育/卫生	24	86	27.91%
城乡建设、环境保护/环境监测、保护与治理	24	111	21.62%

续表

二级主题	数量	公文总数	比例
科技、教育/教育	19	127	14.96%
综合政务/其他	18	177	10.17%
商贸、海关、旅游/对外经贸合作	18	191	9.42%
市场监管、安全生产监管/食品药品监管	14	31	45.16%
卫生、体育/医药管理	14	47	29.79%
市场监管、安全生产监管/工商	14	52	26.92%
科技、教育/科技	14	93	15.05%
商贸、海关、旅游/其他	13	55	23.64%
国民经济管理、国有资产监管/经济体制改革	13	59	22.03%
城乡建设、环境保护/气象、水文、测绘、地震	12	49	24.49%
科技、教育/知识产权	11	27	40.74%
工业、交通/信息产业（含电信）	11	28	39.29%
综合政务/电子政务	10	23	43.48%
综合政务/应急管理	10	29	34.48%
民政、扶贫、救灾/其他	9	28	32.14%
劳动、人事、监察/社会保障	9	45	20.00%
财政、金融、审计/社会信用体系建设	8	8	100.00%
市场监管、安全生产监管/质量监督	8	22	36.36%
商贸、海关、旅游/国内贸易（含供销）	8	53	15.09%
民政、扶贫、救灾/优抚安置	7	25	28.00%
国土资源、能源/其他	7	29	24.14%
财政、金融、审计/证券	7	34	20.59%
劳动、人事、监察/劳动就业	7	34	20.59%
国民经济管理、国有资产监管/其他	7	36	19.44%
商贸、海关、旅游/旅游	7	37	18.92%
财政、金融、审计/银行	7	42	16.67%

续表

二级主题	数量	公文总数	比例
工业、交通/其他	7	46	15.22%
财政、金融、审计/保险	6	13	46.15%
民政、扶贫、救灾/减灾救灾	6	23	26.09%
国民经济管理、国有资产监管/统计	6	32	18.75%
市场监管、安全生产监管/安全生产监管	6	59	10.17%
文化、广电、新闻出版/文化	5	43	11.63%
农业、林业、水利/农业、畜牧业、渔业	5	205	2.44%
商贸、海关、旅游/检验、检疫	4	14	28.57%
工业、交通/公路	4	22	18.18%
城乡建设、环境保护/节能与资源综合利用	4	31	12.90%
工业、交通/机械制造与重工业	4	39	10.26%
财政、金融、审计/财政	4	74	5.41%
农业、林业、水利/水利	4	81	4.94%
商贸、海关、旅游/海关	4	208	1.92%
人口与计划生育、妇女儿童工作/妇女儿童	3	9	33.33%
科技、教育/其他	3	10	30.00%
人口与计划生育、妇女儿童工作/人口与计划生育	3	10	30.00%
民政、扶贫、救灾/扶贫	3	16	18.75%
财政、金融、审计/其他	3	36	8.33%
公安、安全、司法/公安	3	124	2.42%
城乡建设、环境保护/城市规划	3	158	1.90%
民族、宗教/民族事务	2	9	22.22%
市场监管、安全生产监管/其他	2	17	11.76%
综合政务/政务督查	2	18	11.11%
工业、交通/水运	2	24	8.33%
国民经济管理、国有资产监管/国有资产监管	2	30	6.67%

续表

二级主题	数量	公文总数	比例
农业、林业、水利/林业	2	44	4.55%
城乡建设、环境保护/城乡建设（含住房）	2	67	2.99%
国务院组织机构/国务院组成部门	2	68	2.94%
国务院组织机构/其他	2	110	1.82%
工业、交通/国防工业	1	4	25.00%
卫生、体育/其他	1	4	25.00%
综合政务/保密工作	1	4	25.00%
市场监管、安全生产监管/标准	1	5	20.00%
国民经济管理、国有资产监管/重大建设项目	1	6	16.67%
工业、交通/化工	1	12	8.33%
民政、扶贫、救灾/社会福利	1	13	7.69%
农业、林业、水利/其他	1	14	7.14%
文化、广电、新闻出版/广播、电影、电视	1	14	7.14%
工业、交通/航天、航空	1	15	6.67%
其他	1	15	6.67%
财政、金融、审计/审计	1	16	6.25%
城乡建设、环境保护/其他	1	16	6.25%
劳动、人事、监察/纠正行业不正之风	1	19	5.26%
国土资源、能源/海洋	1	33	3.03%
劳动、人事、监察/其他	1	33	3.03%
卫生、体育/体育	1	33	3.03%
公安、安全、司法/司法	1	34	2.94%
国防/国防建设	1	39	2.56%
国务院组织机构/国务院直属机构	1	43	2.33%
民政、扶贫、救灾/行政区划与地名	1	98	1.02%
工业、交通/民航	1	124	0.81%

3.2 国内信息共享政策现状分析

国内信息共享政策主要集中在"社会信用体系建设"和"电子政务"两个主题，因此从共享主体、共享内容、共享方式、共享结果、共享评价五个方面对这些政策进行深度分析。

3.2.1 社会信用体系建设政策中的信息共享

在"财政、金融、审计/社会信用体系建设"主题下，中央政府通过八个系列政策，在我国构建了全社会范围内建设信用体系的框架和实施细则，政策的基本情况见表3.3，政策中关于信息共享的解读见表3.4。

表3.3 社会信用体系政策列表

编号	内容	发文字号	成文日期	网站发布日期
C01	国务院办公厅转发发展改革委等部门关于加强中小企业信用担保体系建设意见的通知	国办发〔2006〕90号	2006年11月23日	2008年3月28日
C02	国务院办公厅关于社会信用体系建设的若干意见	国办发〔2007〕17号	2007年3月23日	2008年3月28日
C03	国务院关于同意调整社会信用体系建设部际联席会议职责和成员单位的批复	国函〔2012〕88号	2012年7月17日	2012年7月26日
C04	国务院关于印发社会信用体系建设规划纲要（2014-2020年）的通知	国发〔2014〕21号	2014年6月14日	2014年6月27日
C05	国务院关于批转发展改革委等部门法人和其他组织统一社会信用代码制度建设总体方案的通知	国发〔2015〕33号	2015年6月11日	2015年6月17日
C06	国务院关于建立完善守信联合激励和失信联合惩戒制度加快推进社会诚信建设的指导意见	国发〔2016〕33号	2016年5月30日	2016年6月12日
C07	国务院关于加强政务诚信建设的指导意见	国发〔2016〕76号	2016年12月22日	2016年12月30日

续表

编号	内容	发文字号	成文日期	网站发布日期
C08	国务院办公厅关于加强个人诚信体系建设的指导意见	国办发〔2016〕98号	2016年12月23日	2016年12月30日

表3.4 社会信用体系政策的信息共享情况解读

政策编号	共享主体	共享内容	共享方式	共享目的	共享评估
C01〔1〕	政府—担保机构	企业信用信息与担保业务信息	政府向担保机构开放信息查询	缓解中小企业融资难、担保难等问题	担保机构的信用评级制度
C02〔2〕	政府—征信机构	个人，企业信用信息	加快信贷征信体系建设，建立金融业统一征信平台	打击失信行为，防范和化解金融风险，保护群众权益，推进政府管理和服务	未提及
C03〔3〕	由发展改革委、人民银行牵头的35个单位之间	社会信用体系建设工作的有关问题	开会	建立社会信用体系建设部际联席会议制度	无

---

〔1〕 参见国务院办公厅："国务院办公厅转发发展改革委等部门关于加强中小企业信用担保体系建设意见的通知"，载 http://www.gov.cn/zhuanti/2015-06/13/content_287905.htm，最后访问日期：2019年10月3日。

〔2〕 参见国务院办公厅："国务院办公厅关于社会信用体系建设的若干意见"，载 http://www.gov.cn/zhuanti/2015-06/13/content_287905.html，最后访问日期：2019年10月3日。

〔3〕 参见国务院："国务院关于同意调整社会信用体系建设部际联席会议职责和成员单位的批复"，载 http://www.gov.cn/zhengce/content/2012-07/16/content_1809.htm，最后访问日期：2019年10月3日。

政策编号	共享主体	共享内容	共享方式	共享目的	共享评估
C04〔1〕	各级政府—社会	全社会各领域信用信息	行业信用信息系统、地方信用信息系统、征信系统、金融业统一征信平台	社会信用体系比较完善，守信激励和失信惩戒机制全面发挥作用。	把社会信用体系建设工作作为目标责任考核和政绩考核的重要内容
C05〔2〕	各政府部门之间	法人和其他组织统一社会信用代码	全国统一信用信息共享交换平台	便于同一主体信息比对，提高行政效率，信息共享和业务协同	最迟不得晚于 2020 年现有机构代码向统一代码转换
C06〔3〕	各级政府—社会	个人和企业公共信用信息	全国信用信息共享平台、各地方信用信息共享平台	守信联合激励和失信联合惩戒	国家发展改革委督促检查任务落实情况并报告国务院
C07〔4〕	各级政府—社会	各人民政府和公务员政务失信记录	全国信用信息共享平台和各地方信用信息共享平台、依托"信用中国"网站公开	守信激励与失信惩戒	上级对下级，人大对政府，社会和第三方机构评估，国家发展改革委督促检查

---

〔1〕　参见国务院："国务院关于印发社会信用体系建设规划纲要（2014-2020 年）的通知"，载 http://www.gov.cn/zhengce/content/2014-06/27/content_8913.htm，最后访问日期：2019 年 10 月 3 日。

〔2〕　参见国务院："国务院关于批转发展改革委等部门法人和其他组织统一社会信用代码制度建设总体方案的通知"，载 http://www.gov.cn/zhengce/content/2015-06/17/content_9858.htm，最后访问日期：2019 年 10 月 3 日。

〔3〕　参见国务院："国务院关于建立完善守信联合激励和失信联合惩戒制度加快推进社会诚信建设的指导意见"，载 http://www.gov.cn/zhengce/content/2016-06/12/content_5081222.htm，最后访问日期：2019 年 10 月 3 日。

〔4〕　参见国务院："国务院关于加强政务诚信建设的指导意见"，载 http://www.gov.cn/zhengce/content/2016-12/30/content_5154820.htm，最后访问日期：2019 年 10 月 3 日。

续表

政策编号	共享主体	共享内容	共享方式	共享目的	共享评估
C08[1]	政府机构之间，政府和社会组织之间	个人公共信用信息	全国信用信息共享平台，"信用中国"网站	各级政府部门将信用信息查询嵌入审批、监管工作流程中，确保"应查必查""奖惩到位"	国家发展改革委会同有关部门负责统筹协调、跟踪了解、督促检查

（1）共享主体

信用信息共享的主体包括全部个人和组织，也呈现出局部共享向全局共享的态势。首先，共享主体是政府部门和担保机构，文件C01指出要向担保机构共享中小企业信息，以提高融资效率。然后，共享主体升级为政府部门和征信机构，文件C02通过与征信机构合作，服务于整个金融领域。进一步，文件C03和C05将共享主体拓展为政府部门之间，通过建立部际联席会议制度和推广统一社会信用代码，使信用体系建设获得组织支持和实施的基础。最后，文件C04、C06、C07，将共享主体推进到政府机构和全社会之间，形成了完整的体系。

（2）共享内容

共享内容是个人和组织的信用信息。从发展脉络看，呈现出"中小企业信息——（企业+个人）信息——政务（政府机构和公务员）信息"的共享范围拓展态势。首先被纳入共享的是"中小企业信用信息"，文件C01指出："公开企业信用信息与担保业务信息的互联互通和资源共享"。接着，"社会信用体系"的提法出现，将企业和个人信用信息纳入共享范畴，文件C02指出"促进信用信息共享，整合信用服务资源，加快建设企业和个人信用服务体系"，文件C03、C04、C05、C06分别从领导机构、建设规划、共享代码和共享应用四个角度对信用体系建设的内涵进行说明和细化。进一步，政务信用信息共享支撑起政务诚信建设，文件C07规范了各级人民政府和公务员的信

---

〔1〕 参见国务院办公厅："国务院办公厅关于加强个人诚信体系建设的指导意见"，载 http://www.gov.cn/zhengce/content/2016-12/30/content_5154830.htm，最后访问日期：2019 年 10 月 3 日。

用信息共享。最后，落脚到个人公共信用信息，即"个人诚信体系建设"。共享内容的拓展符合从局部到整体，从被管理者到管理者，从企业到个人的政府管理思路。

（3）共享方式

从 2006 年到 2016 年，通过 11 年的发展，信用信息的共享方式呈现"从分散应用到平台应用，从金融行业平台到综合性平台，从地方平台到全国性平台，从封闭的政府系统到开放的网站体系"全面发展态势。首先，文件 C01 和 C02 都立足于金融领域，但是实现了从分散应用到平台应用的跨越。接着，文件 C04 将信用平台向纵、横两个方向复制，以建设多个行业平台和地方性平台为手段。文件 C05 是划时代的突破，通过赋予组织统一社会信用代码，解决了底层数据交换的难题，使全国"大一统"的信用信息共享平台成为可能。最后，文件 C07 将"信用中国"网站引入，使信用体系建设成果可以得到全社会的广泛应用。此时，产生了数据库归并的需求，"鼓励将金融信用信息基础数据库和个人征信机构采集的个人在市场经济活动中产生的严重失信记录，推送至全国信用信息共享平台，作为实施信用惩戒措施的参考"。

（4）共享目的

信用信息共享目的体现出从解决行业局部问题到提升政府治理整体效率的拓展。首先，文件 C01 中信息共享主要用于解决中小企业融资难，为担保公司提供必要信息。接着，文件 C02 为整个金融行业服务，希望"防范和化解金融风险，保护群众权益"。进一步，从文件 C04 开始，共享的目的随着共享主体拓展到全社会开始具有全局性，即"守信联合激励和失信联合惩戒"，信用信息使政府机构在行使职权过程中，可以差异化地对待行政当事人。

（5）共享评估

在所有的政策文本中，都是对政策内容进行监督和评价，并没有明确针对"信用信息共享"所做的评估。如文件 C01，着重于对担保机构评级；文件 C02 提出"将社会信用体系建设工作作为目标责任考核和政绩考核"。国家发展改革委作为社会信用体系建设部际联席会议制度的牵头单位，在文件 C07、C08 中均提出"国家发展改革委会同有关部门负责对本意见落实工作的统筹协调、跟踪了解、督促检查，确保各项工作平稳有序推进"，因此在未来的共享评估中承担重要责任。

3.2.2 电子政务政策中的信息共享

在"综合政务/电子政务"主题下，有 10 个系列政策涉及我国对电子政务及电子商务中的信息共享的规范，政策的基本情况见表3.5，政策中关于信息共享的解读见表3.6。由于文件 EG02 已经失效，故不再分析解读。

表 3.5　电子政务相关政策列表

编号	内容	发文字号	成文日期	网站发布日期
EG01	国务院办公厅关于做好中央政府门户网站内容保障工作的意见	国办发〔2005〕31 号	2005 年 6 月 2 日	2008 年 5 月 5 日
EG02	国务院办公厅关于加强政府网站建设和管理工作的意见	国办发〔2006〕104 号	2006 年 12 月 29 日	2008 年 3 月 28 日
EG03	国务院办公厅转发全国政务公开领导小组关于开展依托电子政务平台加强县级政府政务公开和政务服务试点工作意见的通知	国办函〔2011〕99 号	2011 年 9 月 13 日	2011 年 9 月 19 日
EG04	国务院关于大力发展电子商务加快培育经济新动力的意见	国发〔2015〕24 号	2015 年 5 月 4 日	2015 年 5 月 7 日
EG05	国务院办公厅关于促进跨境电子商务健康快速发展的指导意见	国办发〔2015〕46 号	2015 年 6 月 16 日	2015 年 6 月 20 日
EG06	国务院办公厅关于印发三网融合推广方案的通知	国办发〔2015〕65 号	2015 年 8 月 25 日	2015 年 9 月 4 日
EG07	国务院办公厅关于转发国家发展改革委等部门推进"互联网+政务服务"开展信息惠民试点实施方案的通知	国办发〔2016〕23 号	2016 年 4 月 14 日	2016 年 4 月 26 日

续表

编号	内容	发文字号	成文日期	网站发布日期
EG08	国务院关于印发政务信息资源共享管理暂行办法的通知	国发〔2016〕51 号	2016 年 9 月 5 日	2016 年 9 月 19 日
EG09	国务院关于加快推进"互联网+政务服务"工作的指导意见	国发〔2016〕55 号	2016 年 9 月 25 日	2016 年 9 月 29 日
EG010	国务院办公厅关于印发"互联网+政务服务"技术体系建设指南的通知	国办函〔2016〕108 号	2016 年 12 月 20 日	2017 年 1 月 12 日

表 3.6 电子政务政策的信息共享关系解读

政策编号	共享主体	共享内容	共享方式	共享目的	共享评估
EG01〔1〕	国务院办公厅—各地区、各部门	用于网站发布的政务信息资源	建设中央门户网站	中央政府门户网站及时更新并体现权威性、准确性、全面性和严肃性	建立中央政府门户网站内容保障的督查和考评机制
EG03〔2〕	全国 100 个试点县（市、区）的政府部门之间	政府服务信息资源	县级统一的电子政务平台	突出政务公开和政务服务实际效果	全国政务公开领导小组对试点工作进行评估总结，提出下一步在全国全面推行的意见

---

〔1〕 参见国务院办公厅："国务院办公厅关于做好中央政府门户网站内容保障工作的意见"，载 http://www.gov.cn/zhengce/content/2008-05/05/content_1165.htm，最后访问日期：2019 年 10 月 3 日。

〔2〕 参见国务院办公厅："国务院办公厅转发全国政务公开领导小组关于开展依托电子政务平台加强县级政府政务公开和政务服务试点工作意见的通知"，载 http://www.gov.cn/zhengce/content/2011-09/19/content_1105.htm，最后访问日期：2019 年 10 月 3 日。

续表

政策编号	共享主体	共享内容	共享方式	共享目的	共享评估
EG04[1]	部门间、区域间监管部门之间	电子商务产品监管相关信息	完善部门间、区域间监管信息共享和职能衔接机制	依法打击网络虚假宣传、制假售假、违法跨境销售、不正当竞争等，提升电子商务产品	无
EG05[2]	跨境支付的国内与国际监管部门之间	跨境支付信息	信息共享机制	推进跨境外汇支付业务试点，满足境内外企业及个人跨境电子支付需要	无
EG06[3]	广电和电信之间	现有信息基础设施	创新共建共享合作模式	推动实现网络资源的高效利用	无
EG07[4]	80个试点城市的跨部门、跨层级、跨行业的政府部门之间	政务服务信息资源	统一的数据共享交换平台、电子证照库	变"群众跑腿"为"信息跑路"，变"群众来回跑"为"部门协同办"，变被动服务为主动服务	建立健全效能评估和监督考核制度，开展绩效评估考核指标体系研究，以惠民效果和群众反响来检验考核信息惠民工作

---

[1] 参见国务院："国务院关于大力发展电子商务加快培育经济新动力的意见"，载 http://www.gov.cn/zhengce/content/2015-05-07/content_9707.htm，最后访问日期：2019年10月3日。

[2] 参见国务院办公厅："国务院办公厅关于促进跨境电子商务健康快速发展的指导意见"，载 http://www.gov.cn/zhengce/content/2015-06-20/content_9955.htm，最后访问日期：2019年10月3日。

[3] 参见国务院办公厅："国务院办公厅关于印发三网融合推广方案的通知"，载 http://www.gov.cn/zhengce/content/2015-09-04/content_10135.htm，最后访问日期：2019年10月3日。

[4] 参见国务院办公厅："国务院办公厅关于转发国家发展改革委等部门推进'互联网+政务服务'开展信息惠民试点实施方案的通知"，载 http://www.gov.cn/zhengce/content/2016-04-26/content_5068058.htm，最后访问日期：2019年10月3日。

续表

政策编号	共享主体	共享内容	共享方式	共享目的	共享评估
EG08〔1〕	政务部门间	政务信息资源	国家共享平台及全国共享平台体系	"以共享为原则，不共享为例外"，因履行职责需要使用共享信息的部门提出，对方无偿提供共享服务	各地方政府编制、维护地方政务信息资源目录，并负责监督考核目录更新。联席会议负责共享的统筹协调，建立共享工作评价机制，督促落实。国家发展改革委、国家网信办组织编制信息共享工作评价办法，每年评估，并公布评估报告和改进意见
EG09〔2〕	跨地区、跨层级、跨部门政府部门之间	政务信息资源	一体化网上政务服务平台	让企业和群众少跑腿、好办事、不添堵，共享"互联网+政务服务"发展成果	建立"互联网+政务服务"工作绩效考核制度，纳入政府绩效考核体系，加大考核权重，列入重点督查事项，定期通报并公开工作进展和成效

　　〔1〕　参见国务院："国务院关于印发政务信息资源共享管理暂行办法的通知"，载 http://www.gov.cn/zhengce/content/2016-09/19/content_5109486.htm，最后访问日期：2019 年 10 月 3 日。

　　〔2〕　参见国务院："国务院关于加快推进'互联网+政务服务'工作的指导意见"，载 http://www.gov.cn/zhengce/content/2016-09/29/content_5113369.htm，最后访问日期：2019 年 10 月 3 日。

续表

政策编号	共享主体	共享内容	共享方式	共享目的	共享评估
EG10[1]	跨地区、跨层级、跨部门政府部门之间	政务服务数据	政务服务数据共享平台	身份互信、证照互用、业务协同，实现就近办理、同城通办、异地可办	从政务服务的供给方和需求方两个维度，针对政务服务发布数据、内部填报数据和系统实时数据，在充分考虑实际政务服务推进情况的基础上，形成一套科学合理、具有高度导向性与前瞻性的综合指标评价体系与综合模块计算方法

（1）共享主体

电子政务类政策中信息共享的主体呈现出从行业到整体，从基层到全国的扩展态势。首先，文件 EG01 和 EG02 提出在中央政府网站建设中，需要各级政府向国务院共享信息资源。然后，文件 EG03 提出在县级范围内实现横向信息共享的试点。接下来，文件 EG04、EG05、EG06 分别从电子商务、跨境电商和网络基础设施三个方面提出共享，是该行业的监管部门之间的共享。最后，2016 年发布的"互联网+政务"系列政策和《政务信息资源共享管理暂行办法》（EG08，以下简称《办法》）这个专门性法规，将信息共享主体拓展到全部政府部门。

---

　　〔1〕　参见国务院办公厅："国务院办公厅关于印发'互联网+政务服务'技术体系建设指南的通知"，载 http://www.gov.cn/zhengce/content/2017-01/12/content_5159174.htm，最后访问日期：2019 年 10 月 3 日。

（2）共享内容

电子政务类政策中信息共享的内容从行业信息起步，逐步扩展到全国整体的政务信息资源。首先，文件 EG01、EG04、EG05、EG06 中共享的信息都是属于某个行业的信息。然后，文件 EG03 的共享内容扩展到覆盖各部门的政务信息资源，但局限在县级政府范围内，文件 EG07、EG09、EG10 逐渐将内容拓展到国家层级的政务服务信息资源，实现了这一大类信息资源的全国覆盖。最后，办法通过定义"政务信息资源"，将信息共享内容推及到资源总量。

（3）共享方式

电子政务类政策中信息共享方式体现出从应用系统到建设平台的路径。首先，文件 EG01、EG04、EG05、EG06 都是在特定行业内部门间共享，因此只需建立共享机制，将参与主体纳入应用系统即可。然后，从文件 EG03 开始，由于需要多个政府部门间共享，平台就成为必需。

（4）共享目的

电子政务类信息共享目的同样体现出从解决行业局部问题到提升政府治理整体效率的拓展。首先，文件 EG01 中信息共享用于解决中央门户网站的内容保障；文件 EG04、EG05 为电子商务行业的发展服务；文件 EG06 服务于网络接入行业，这些都是行业问题。从文件 EG03 开始，共享的目的拓展到县级层面的政务服务，开始具有全局性特征；随着文件 EG07~EG10 的颁布，"互联网+政务服务"已然成为政府治理的重大战略，影响深远。

（5）共享评价

在文件 EG01~EG06 中，并没有任何评价内容，有的评价仅针对政策规范管理的主要业务，并没有明确针对"信息共享"做评估。办法虽然是专门的法规，但仅对共享评估工作进行了分工，并没有制定具体评估方案：地方政府负责建设维护考核共享目录，联席会议负责协调和建立机制，发改委等部门负责实施评估。"互联网+政务服务"系列文件立足于政策的落实，尤其是10号文件对"互联网+政务服务"绩效评估做了详细的设计，这些评估中就涉及信息共享部分，对文件 EG10 的具体说明如下：

①文件提出对网上政务服务进行监督考核"采取'内外结合'的方法，将政府内部监督与第三方评估有机结合，推动监督考核工作的实施。"其中内部监督可以采用电子督察方式关注"时效异常、流程异常、内容异常、裁量（收费）异常、廉政风险点异常"。第三方评估，"从政务服务的供给方和需求方两个维度，针对政务服务发布数据、内部填报数据和系统实时数据，在充分考虑实际政务服务推进情况的基础上，形成一套科学合理、具有高度导向性与前瞻性的综合指标评价体系与综合模块计算方法"。文中提出的"省级政府网上政务服务评估参考指标体系"包含 5 个一级指标、17 个二级指标和 62 个三级指标，并没有出现"信息共享"类指标。但是，一级指标"在线办理深度 D"下的二级指标"在线办理程度 D1"实际评价的是因信息共享而实现的功能效用。

②文件中提出的网上政务服务办理深度四级标准如下："一级标准：无法提供网上办理，需到现场提交办理。二级标准：申请人仍需携带纸质材料和相关证件到现场提交办理，作出审批决定后，申请人可来现场领取结果，也可选择物流递送形式递送证书结果，整个办理过程应到现场不超过 2 次。三级标准：申请人需到现场核验原件材料、缴费后领取证书结果，整个办事过程应到大厅现场不超过 1 次。四级标准：该事项已经实现全程网办，申请人可以通过网络提交和补正相关申请信息和材料，提交的材料全部为已验证信息，受理通过后直接进入办理程序，申请人可网上查询办理状态、咨询问题，作出审批决定后，申请人可以通过网上缴费后物流递送证书结果。整个办事过程无需到现场办理。"——显然，在四级标准下，办事过程中所有需要的证件证明都可以用电子方式提交，在办事各环节之间实现了电子证照材料的共享。

③此外，文件中还有一个二级指标也指向共享——二级指标"服务整合度 D2"下的三级指标"电子证照转化度 D2-2"，评估方式为"政务服务的办理结果转化为电子证照的事项数与事项总数的占比"。该指标重在使网上办事的信息流实现闭环，让产生的结果自动进入可共享的"电子证照库"，便于以后的办事项目中采用。

3.2.3 我国的信息共享实践分析

下面分析典型案例"证明我妈是我妈"。该证明必须由户籍地公安机关才能办理，凡是涉及需要"亲子关系证明"的材料，尚无信息共享渠道。下面分别从现实情况、理论分析、政策设计三方面解析。

（1）现实情况

对于"亲子关系证明"，世界各国的通用做法是通过《出生医学证明》来作为证明材料，我国也采纳这种做法。但是，在现实办事中公民仍需要到户籍所在地办理证明材料，其原因是我国使用《出生医学证明》的时间短，无法覆盖全体人群。依据卫生部和公安部于 1995 年 11 月 6 日联合发布的《关于统一规范〈出生医学证明〉的通知》，"一、从 1996 年 1 月 1 日（边远地区 3 月 1 日）起，凡中华人民共和国境内出生的人口，统一使用依法制发的《出生医学证明》，其它有关出生人口的医学证明一律废止。……三、新生儿父母或监护人凭《出生医学证明》到新生儿常住地户口登记机关申报出生登记；户口登记机关凭《出生医学证明》办理出生登记手续，并保留《出生医学证明》副页作为新生儿进行出生登记的原始凭证。"[1]此法规表明，在 1996 年以前出生的公民，并没有获得全国统一的具有法律效力的《出生医学证明》，因此只能依靠户籍所在地公安部门通过原始的户籍登记信息来证明亲子关系。

（2）理论分析

据前期研究，依据信息共享跨部门、跨地区、跨层级、跨行业的四个维度，G2C 政务服务中存在 10 类信息共享。在出国旅游需要"证明我妈是我妈"的具体事件中，需要实现江西省某派出所与北京市旅游局之间的信息共享，要跨越三种政府边界（地域、部门、层级）。从理论上说，环节最少的共享路径有 3 条；但是，结合我国当前各类信息共享数据库和平台建设情况看，目前并没有现实可行的路径，只能到户籍部门跑腿办证[2]。

（3）政策设计[3]

随着"互联网+政务服务"系列文件出台，中央加快政策落实，依据《国

---

[1] "省卫生厅、公安厅转发卫生部、公安部关于统一规范出生医学证明的通知"，载 http://zwgk.gd.gov.cn/006940140/201501/t20150104_563091.html，最后访问日期：2019 年 10 月 3 日。

[2] 参见龙怡、李国秋："信息惠民政策下的政府信息生态链研究——基于 G2C 电子政务中信息共享需求分析"，载《电子政务》2017 年第 2 期。

[3] 参见"国务院办公厅关于印发'互联网+政务服务'技术体系建设指南的通知"，载 http://www.gov.cn/zhengce/content/2017-01/12/content_5159174.htm，最后访问日期：2019 年 10 月 3 日。

务院关于落实〈政府工作报告〉重点工作部门分工的意见（2017）》，2017 年要"加快国务院部门和地方政府信息系统互联互通，形成全国统一政务服务平台"，依靠政务服务平台实现跨地域跨部门跨层级信息共享受到民众期待。

《"互联网+政务服务"技术体系建设指南》（以下简称《指南》）指出："'互联网+政务服务'平台体系由国家级平台、省级平台、地市级平台三个层级组成，各层级之间通过政务服务数据共享平台进行资源目录注册、信息共享、业务协同、监督考核、统计分析等，实现政务服务事项就近能办、同城通办、异地可办。"

根据层级体系图（图 3.3），要依靠"全国统一政务服务平台"实现"证明我妈是我妈"，数据需要经历"A 市平台——A 省平台——国家级平台——B 省平台"的共享路径才能到达目的地。这个政策所设计的路径与美国基于社保卡系统（SSN）的共享路径（详见 3.3.2）相比，存在较大的差异，其效率和实现的可能性值得探究。

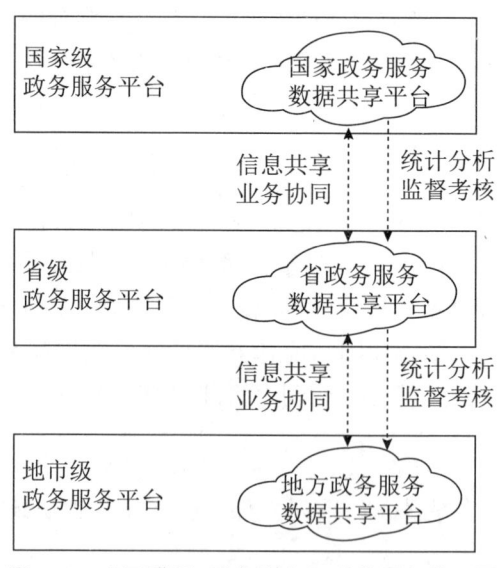

图 3.3 "互联网+政务服务"总体层级体系图

3.2.4 我国信息共享评价政策及实践小结

综上可见，在我国的政策体系中，仅《指南》提出了与信息共享相关的评价指标。但是，这个指标并不能完全实现"让数据多跑路，让群众少跑腿"的目标。因为即使所有的办事项目都达到四级标准，民众跑腿办事依然可能是一个必要环节，原因是办事所需的材料要事先准备，而获取这些材料的过程依然需要"跑腿"。可见当前我国政策设计中的信息共享评价方法，是一种不完全的"单部门优化"模式，无法直接评价办事部门与办事材料来源部门实现共享的程度。

从实践看，需要跨地域跨部门办理证明材料，正是民众办证的"痛点"，"全国一体化网上政务服务体系"的政策设计能否实现"三跨"信息共享还有待现实来检验。由于信息共享是一个逐渐深入、逐级推进的过程，因此需要有效的信息共享评价方法作为推进手段。

3.3 国外政府信息共享相关政策及实践分析

下面首先对电子政务领先国家和地区与政府信息共享相关的政策和实践进行介绍，然后再重点分析美国的信息共享相关法律法规和实践。

3.3.1 电子政务领先国家和地区政府信息共享政策介绍

2016 年联合国电子政务调查中，排名前十的国家（按排名从高到低）依次是：英国、澳大利亚、韩国、新加坡、芬兰、瑞典、荷兰、新西兰、丹麦、法国。由于芬兰、瑞典、荷兰、丹麦、法国同属欧盟，因此合并起来介绍。

（1）英国的《开放标准原则》

英国于 2015 年推出了《开放标准原则》（Open Standards principles）（第二版），指出从第一版 2012 年颁布之日起，"政府［中央政府部门、机构、非政府部门的公共机构（局）和其他机构］必须坚持开放标准，即软件互操作性、数据和文档符合政府规范。互操作性是指信息系统能支持业务流程，可交换数据、共享信息和知识。"[1]

---

〔1〕 "Cabinet Office of UK. Open Standards principles"，载 https://www.gov.uk/government/uploads/system/uploads/attachment_data/file/459075/OpenStandardsPrinciples2015.pdf，最后访问日期：2019 年 10 月 5 日。

（2）澳大利亚的《国家政府信息共享策略》

2009 年 8 月，澳大利亚政府信息管理办公室发布《国家政府信息共享策略》（National Government Information Sharing Strategy，NGISS），提出了 9 条信息共享的原则：提供领导、传递价值、协同行动、政务明确、建立保管准则、互操作性、使用基于标准的信息、促进信息再利用、确保隐私和安全。该政策的焦点首先是创立一个更好的合作方法和基础，以实现政府机构中跨层级和跨部门的信息共享；其次是提供智慧方式支持政府进行有效和有依据的决策[1][2]。

（3）韩国的《2008-2012 电子政务计划》

韩国《2008-2012 电子政务计划》以"整合电子政务系统，提供无缝的公共服务"为目标，以期使韩国的电子政务发展取得更大的进步。该计划的关键行动包括以下 4 个方面：①以客户为中心的服务，加强公众参与；②通过数字政府网络提供智能的行政服务；③实时的公共安全信息网络；④通过增强的隐私和安全，加强电子政务基础设施建设[3]。

（4）新加坡的《智慧国家 2025》

2014 年，新加坡政府公布了"智慧国家 2025"的 10 年计划，新加坡政府将构建"智慧国平台"，建设覆盖全岛数据收集、连接和分析的基础设施与操作系统，根据所获数据预测公民需求，提供更好的公共服务。新加坡资讯通信发展管理局提出："智慧国理念的核心可以用三个 C 来概括：连接（Connect）、收集（Collect）和理解（Comprehend）。'连接'的目标是提供一个安全、高速、经济且具有扩展性的全国通讯基础设施，'收集'则是指通过遍布全国的传感器网络获取更理想的实时数据，并对重要的传感器数据进行匿名化保护、管理以及适当进行分享。而'理解'的含义则是，通过收集来的数

---

〔1〕 See OAIC："Issues Paper 1：Towards an Australian Government Information Policy"，载 https://www.oaic.gov.au/information-policy/issues-papers/issues-paper-1-towards-an-australian-government-information-policy/，最后访问日期：2019 年 10 月 5 日。

〔2〕 参见陈萌："澳大利亚政府数据开放的政策法规保障及对我国的启示"，载《图书与情报》2017 年第 1 期。

〔3〕 参见姚国章："韩国电子政务发展规划与电子政务发展最佳实践"，载《电子政务》2009 年第 12 期。

据尤其是实时数据建立面向公众的有效共享机制，通过对数据户进行分析，以更好地预测民众的需求，提供更好的服务"。[1]

（5）欧盟的互操作框架及各国实践

2004 年，欧盟委员会下属项目发布欧洲互操作性框架（European Interoperability Framework，EIF），规定了以互操作性为中心的一整套标准和指南，为各成员国的电子政府建设提供了协调一致的顶层架构。EIF 以用户服务为中心，将互操作性分为组织结构、语义和技术三个维度，对每个维度的互操作性问题分别定位。2010 年，EIF2.0 发布，减轻了对成员国应用框架的要求，同时将政策、法律和管理层面纳入互操作性概念中。[2]

芬兰政府在建设数字社会进程中提供了大量服务，包括建立法律依据、提供信息技术、身份识别、信息安全及系统整合等服务。通过网络和数据共享服务，政府服务新流程变为"有关单位直接从原始单位索取数据"。对公民而言，不必去办理、携带、交验此证明。对提供数据的原始单位而言，只需要将提供的书面服务变成电子服务，简单到只提供数据接口即可。[3]

2007 年，丹麦政府发布了"2007-2010 年公共部门数字化战略"。该战略强调通过用户参与改善电子政务，通过组织改革和绩效评估提高政务效能，最后通过政府内部协同化解兼容性的问题。[4]

3.3.2 美国政府信息共享政策和实践

本部分主要针对美国进行详细分析，首先是因为在 2016 年联合国电子政务调查中美国名列前茅，更重要的是美国经济体量大、幅员辽阔、人口众多、地区差异明显，开展政务服务的环境条件与我国具有可比性，其经验对于我国具有较高的参考价值。

美国政府通过《政府文书消减法》明确了电子签名的法律效力；通过

---

〔1〕 张紫："新加坡打造'智慧国'电子政务排名全球首位"，载《计算机与网络》2015 年第 23 期。

〔2〕 参见张晓娟、张梦田："西方国家政府信息资源互操作性标准体系研究"，载《情报资料工作》2015 年第 3 期。

〔3〕 参见甘向阳："北欧数字社会中的政府角色"，载《计算机世界》，第 C03 版。

〔4〕 参见李斌，Jesper Schlæger："理念、政策、技术的有效互动——丹麦电子政务建设对中国电子政务发展的启示"，载《电子政务》2009 年第 6 期。

《电子政务法》为电子政务进行了全面的规划和设计；通过《联邦企业架构》实现了联邦政府部门间的信息共享和软件互操作；通过社保卡系统，使民众办事过程中的信息在政府机构间有序共享；借助政府文件异地传递服务，帮助民众获取必须的纸质证件材料。

（1）《政府文书消减法》（1998）

1998年10月21日，美国颁布《政府文书消减法》（Government Paperwork Elimination Act），其目的在于要求联邦政府机关尽可能全面地接受市民通过电子方式提交的电子申请，要求承认依照有关规则做出的电子签名及其他电子认证的效力。因此，该法也被称为电子政务的"电子签名基本法"[1]。

该法律指出："要求管理和预算办公室主任：①对信息技术的获取和利用提供指导和监督，包括用替代信息技术实现电子提交、维护，或替代纸做信息披露，以及采用和接受电子签名；②制定程序使行政机构使用和接受电子签名；③确保五年内，行政机构在实践中使用和接受电子签名，在维护、提交或披露信息时提供电子方式的选择以替代纸张；④制定程序允许私人雇主用电子方式存储和提交表格，这些表格是行政机构制定的且包含有关雇员的信息；⑤与国家电信和信息管理局合作，完成并向国会提交正在进行中的研究报告，内容是在文书工作减少、电子商务、个人隐私以及交易的安全和真实性中采用电子签名。法律确保电子记录和签名的可执行性和法律效力，对执行机构提供电子签名的信息给予保护，在国内税收法律管理中例外。"[2]

由于电子文件取代纸质文本是信息共享的主要方式，而对电子记录和签名的法律效力的保证，从政务流程上为信息共享提供了基础。

（2）《电子政务法》（2002）

2002年12月17日，时任美国总统布什签署了美国2002年《电子政务法》（E-Government Act of 2002），该法从多个角度对美国电子政务的方方面面进行了较为系统全面的规制，几乎涉及信息技术管理和规划的每一个方面，

---

[1] 参见吴旭："美国电子政务的立法实践及其对我国的启示"，广东外语外贸大学2015年硕士学位论文。

[2] 参见"Government Paperwork Elimination Act"，载 https://www.congress.gov/bill/105th-congress/senate-bill/2107，最后访问日期：2019年10月5日。

从危机管理到电子档案及查询索引都一一作了规定，该法还第一次拨专款（4年共 3.45 亿美元）支持《电子政务计划》[1]。

该法律的 TITLE 1（管理和预算办公室电子政务服务）中明确指出："建立美国财政电子政务基金支持项目以扩大政府活动的电子能力，包括：①使政府信息和服务更容易被公众获得；②使公众与政府更容易地进行事务处理；③使联邦机构在相互之间以及与州和地方政府进行的事务处理和信息共享中获益于 IT 技术。"不仅如此，在 TITLE3（信息安全）中也指出："要求（每个机构的）主任：①总结评估（信息安全）结果并向国会报告；②确保中央联邦信息安全事故中心的运作，要求每个机构行使对国家安全系统的控制，使中心在与国家安全系统的标准和准则上保持相一致，分享有关信息安全事件、威胁和脆弱性的信息。"[2]

因此，美国以法律形式明确了在电子政务中实现各级政府机构间的信息共享。

（3）《联邦企业架构》（2012）

1998 年 4 月，美国联邦首席信息官委员会（CIO Council）着手开发《联邦政府总体架构框架》（Federal Enterprise Architecture Framework，FEAF），旨在促进联邦政府各部门和其他政府实体之间的信息共享、互操作以及通用业务过程的共享开发[3]。随着十多年发展演进，《联邦企业架构的通用方法》（The Common Approach To Federal Enterprise Architecture）和《联邦企业架构》第二版（ Federal Enterprise Architecture Framework Version 2，FEAF v2）分别于 2012 年和 2013 年对外颁布，事实上已经成为美国政府电子政务的顶层设计，得到了广泛的实施。

《联邦企业架构的通用方法》说明："联邦法律和政策要求机构制定和维护整个机构的企业架构，从而整合战略驱动、业务需求和技术解决方案。通

---

〔1〕 参见吴旭："美国电子政务的立法实践及其对我国的启示"，广东外语外贸大学 2015 年硕士学位论文。

〔2〕 "E-Government Act of 2002 ", 载 https://www.congress.gov/bill/107th-congress/house-bill/2458? q=%7B%22search%22%3A%5B%22E-Government+Act%22%5D%7D&r=1，最后访问日期：2019 年 10 月 5 日。

〔3〕 参见王璟璇等："电子政务顶层设计：FEA 方法体系研究"，载《电子政务》2011 年第 8 期。

用方法在通过联邦机构之间规范和使用 EA，促进任务效能水平增加。这包括使用 EA 原则帮助机构消除浪费和重复，增加共享服务，缩小业绩差距，促进政府、工业和公民之间的接触。本文件的目标受众是联邦政府雇员和相关工业部门的雇员，他们计划、批准、执行和支持机构的项目。"[1]

《联邦企业架构》第二版描述了一套工具，帮助政府规划者实现通用方法，其核心就是综合参考模型（CRM）（如图 3.4），使得行政管理和预算局、联邦机构有一个共同的语言和框架来描述和分析投资。它由一组相互关联的"参考模型"组成，用于描述框架中的六个子体系结构域：策略、业务、数据、应用、基础设施、安全。其中，绩效参考模型（Performance Reference Model，PRM）将机构策略、内部业务组件和投资连接起来，提供一种测量投资对战略结果影响的手段。业务参考模型（Business Reference Model，BRM）通过共同的使命和支持服务领域的分类体系描述一个组织，而不是通过排烟管式的组织视图来描述，从而促进机构内和机构间的合作。数据参考模型（Data Reference Model，DRM）有助于发现存在于"地下室"中的现有数据集，并能理解数据的含义，如何访问数据，以及如何利用它来支持绩效产出。应用参考模型（Application Reference Model，ARM）对系统和应用程序相关的标准和技术进行归类，从而支持服务能力的传递，让机构共享和共用通用的解决方案，获得规模经济效益。基础设施的参考模型（Infrastructure Reference Model，IRM）将网络/云计算相关标准和技术归类，用以支持语音、视频、数据以及移动服务组件和功能的传递。安全参考模型（Security Reference Model，SRM）提供了一种通用语言和方法，用于在联邦机构的业务和绩效目标下讨论安全和隐私问题。[2]

显然，通过 FEA 的规划，在联邦政府机构一级，已经能够确保信息共享的实现。

---

〔1〕 "The Common Approach to Federal Enterprise Architecture"，载 https://obamawhitehouse. arch-ives. gov/sites/default/files/omb/assets/egov_docs/common_approach_to_federal_ea. pdf，最后访问日期：2018 年 10 月 5 日。

〔2〕 参见 "Federal Enterprise Architecture Framework（Version 2）"，载 https://obamawhitehouse. arc-hives. gov/sites/default/files/omb/assets/egov_docs/fea_v2. pdf，最后访问日期：2018 年 10 月 5 日。

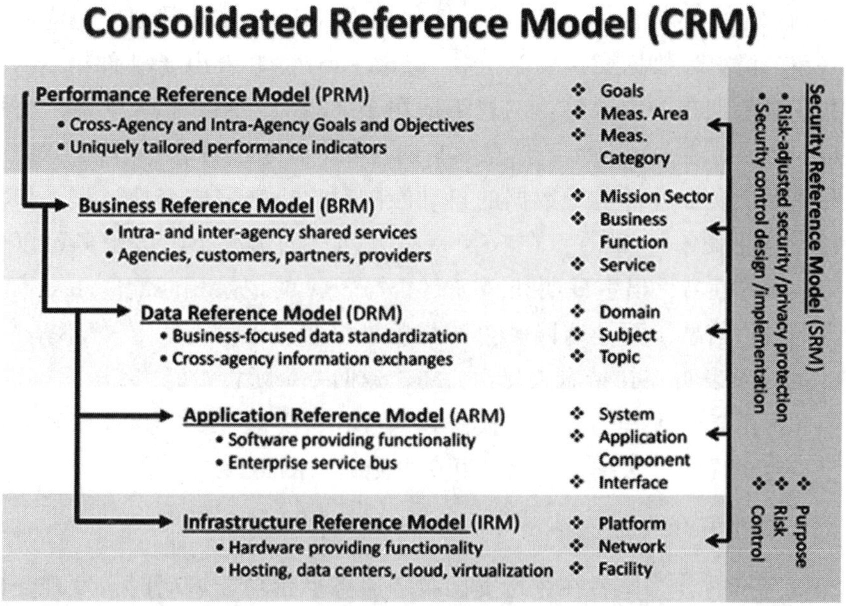

Consolidated Reference Model (CRM)

图 3.4 美国联邦信息系统综合参考模型

(4) 美国社保卡系统

美国社会保障号系统（SSN）不仅能实现社保的"全国通"，而且终身追踪和记载当事人的信用记录，成为银行和信托、警察、边检、人口统计，甚至是教育和选举机构倚赖的信息源[1]，从客观上承担了全国性顶层人口和信用信息共享平台的功能。

美国社会保障号系统由美国社会保障署（SSA）负责运营，SSA 的数据交换伙伴包括所有州、监狱（联邦、州和地方）、外国政府、私营部门和联邦机构（包括国会预算办公室、国家和社区服务公司、国防部、商务部、卫生和公民服务部、教育部、住房和城市发展部、国土安全部、内政部、司法部、国家劳动部、退伍军人事务部、财政部、联邦储备委员会、联邦贸易委员会、国家技术信息服务局、人事管理局、养老金福利保障公司、铁路退休董事会、选择服务系统、农业部、美国邮政服务）。而且，这个范围仍在扩大中：如果

---

〔1〕 参见赵晨："美国社会保障号码背后有'文章'——社会保障经办机构国际比较之三"，载《中国社会保障》2011 年第 3 期。

联邦（州、地方）机构、部落组织、私人实体对于与 SSA 数据交换或研究数据感兴趣，请填写数据交换要求表格（SSA-157）并发电子邮件给 SSA。但是对共享对象也有一定限制：信息不适用于非政府组织、私人实体、公司和企业从 SSA 寻求数据。SSA 的信息共享的主要方式是"计算机信息比对"，即通过与数据交换方进行电子数据的自动匹配对比，来完成交换过程。如社会保障号码验证服务（cbsv），在 SSN 持有人同意的情况下，该服务可以验证 SSN 持有人的姓名、出生日期和 SSN 是否与 SSA 的记录相匹配。cbsv 不提供一个人的身份信息，而是返回一个匹配验证结果，即"是"或"不是"；如果 SSA 的记录表明 SSN 持有人死亡，cbsv 返回一个死亡指标。[1]

因此，由于 SSN 作为信息交换平台的存在，美国公民办事，已经通过信息共享平台实现了"数据多跑路、群众少跑腿"的愿景。

（5）证书异地传递服务

2017 年 4 月，当笔者在进行美国政务服务平台功能调研时，发现美国存在一种向公民提供政府纸质文件的官方服务，通过一个商业网站，支付约 75 美金，成功地获得了苹果公司创始人乔布斯出生证明文件的纸质版副本，该文件来自乔布斯的出生地美国加利福尼亚州旧金山市旧金山县政府（San Francisco）。

根据 Vital Chek 公司的介绍，"自 1987 年以来，Vital Chek 提供了一项便捷的服务，让美国人容易并安全地获得由政府签署的出生、死亡、结婚和离婚记录的官方副本。作为美国和美国各地数百个政府机构的官方服务提供者，每年都能安全地提供数百万份生命中最重要的文件。"据介绍，这项服务由该公司首创，服务过程有严格的安全检查，且该公司是 LexisNexis 公司（美国领先的身份和证书验证识别服务商）的子公司，可以为人们全天候提供在线服务，省却在政府机构门口或打电话排队等候的时间，订购过程通常需要不到 10 分钟，通常可以在一周内收到证书；服务定价准则与政府机构对接，只需支付该文件的实际成本（付给政府机构的费用从 2 美元至 50 美元）加一个最

---

〔1〕 参见"The United States Social Security Administration. Data Exchange-Home"，载 https://www.ssa.gov/dataexchange/index.html，最后访问日期：2019 年 10 月 5 日。

小的从 2 美元到 16 美元加工与航运证书的费用[1]。

需要说明的是，这项服务原本是向申请者提供本人或家庭成员的相关文件，笔者显然不具有申请资格；但是，由于乔布斯是公众人物，笔者通过《乔布斯传》已经清楚知道他的家庭成员情况，因此进行在线申请过程中，能正确填写他的出生日期、父母姓名、年龄等信息；直至最后一步，网站要求申请者说明与文件所有者的关系，笔者填写的是粉丝（fans），最后竟然能够得到文件，应该归功于当地政府官员的开放心态。通过这个申请过程，可以验证 Vital Chek 公司确实具有提供政府文件副本的能力。此外，在线申请过程中也提供了隐私保护措施，申请者无需注册，公司也不保留申请者填写的信息，而是将这些可以验证身份的信息传递给保存证书的地方政府机构，最后由政府机构审核通过后再邮递文件。

从我国的国情出发，如果也能有可信任的公司提供类似的服务，那么证明"我妈是我妈"的成本就可以大大降低了，只需要用户从网上申请，由原户籍所在地派出所首先审核申请者资格，然后复制原始户籍记录信息并敲章，最后邮递给申请者即可。通过中介形式获取纸质证明，虽然不及电子方式快捷高效，但同样节省了交通成本，尤其是在异地办事情况下有资金和时间的大量节省，同时也消解了"吃卡拿要"式的寻租成本，在纸质证明条件下不失为一个服务创新。

3.3.3 电子政务领先国家和地区政策及实践小结

综上可见，在电子政务领先的国家和地区，主要是用法律形式确立了政府部门之间的信息共享的必要性，从实践层面提供了信息共享的平台，因此 G2C 场景下的信息共享问题已经得到解决，这正是国外相关研究较少的原因。

美国的经验尤其值得我国借鉴，在幅员辽阔、人口流动性巨大的情况下，通过全国统一的信息共享平台，可以实现难度最大的"跨地区跨部门跨层级"信息共享，为民众办事提供最大程度的便利。

---

[1] 参见 "VitalChek. Order Your Vital Records Online ︱ VitalChek"，载 https://www.vitalchek.com/content/whatwedo.aspx，最后访问日期：2019 年 10 月 5 日。

G2C场景下政府信息共享效益评价
模型的构建

本章完成从评价具体项目选择、评价理论基础说明、评价模型推演，到评价实例测算、评价政策效用的完整建构。首先对 G2C 场景下政府信息共享活动所有利益相关方的效益构成进行分析，讨论其可测量性；然后分析测算效益的理论基础，包括从一般到特殊的逻辑推理过程和社会背景分析；在此基础上构建测算模型并进行实例测算，最后说明测算模型的政府治理导向。

4.1 政府信息共享效益评价的具体项目选择

本研究采用在 G2C 场景下公民办事的跑腿费用，作为评价政府信息共享效益的具体项目。下面首先说明在信息共享工作中选择 G2C 场景的依据，再从 G2C 场景中分析各利益相关者的效益项，经过测量可行性分析，说明选择公民跑腿费用作为评价项目的理由。

4.1.1 G2C 政府信息共享场景的选择依据

政府信息共享存在于 G2G、G2B 和 G2C 三类政务工作中，做纯理论分析，则政府信息共享效益评估应该包含这三个方面才完整。但是，考虑到研究的针对性和可行性，本文只针对 G2C 场景下的信息共享效益进行测量和评价，原因分析如下：

（1）现实需要和政策目标都指向 G2C 场景下的信息共享问题

现实问题直指 G2C 场景中的信息共享难点。"人在证（征）途"图纸上密密麻麻地列举了公民在出生前、入学前、求学、就业、退养和去世 6 个阶段要办理的证件、证明共 103 个〔1〕；有人曾经对媒体公开报道的 28 起"奇葩证明"新闻进行了梳理，发现证明亲属关系的便有 11 起，涉及了 15 个单位，包括房产、土地、民政、公安、社保、计生、气象等部门〔2〕。因此"办事难、奇葩证明"现象主要集中在个人办事领域，公民个体面对基层公权力缺乏话语权，需要依赖上级政府部门通过效益评估对下级进行监督，从而推进信息共享。

中央已发布直接以推进 G2C 场景下信息共享为目标的政策。国务院办公厅 2016 年 4 月发布的《推进"互联网+政务服务"开展信息惠民试点实施方案》，由国家发展改革委、财政部、教育部、公安部、民政部、人力资源社会保障部、住房城乡建设部、国家卫生计生委、国务院法制办、国家标准委共同设计实施，这些部门均为涉及公民个人民生事务的部门。该政策目标是"为进一步推动部门间政务服务相互衔接，协同联动，打破信息孤岛，变'群众跑腿'为'信息跑路'，变'群众来回跑'为'部门协同办'，变被动服务为主动服务"〔3〕，直指 G2C 场景下的信息共享。必须看到，政策的落实需要各级主管部门精确掌握政策推进情况，必须借助客观科学的量化评估工具，上级才能对下级进行同级、同业务部门的比较，从而有效推动信息共享进程。

因此采用新方法评价 G2C 场景下的政府信息共享，从民众和政府层面看都具有必要性。

（2）地方政府有动力推进 G2B 场景下信息共享

首先，从逻辑推理看，G2B 场景下的信息共享问题难度低于 G2C 场景。在 G2B 场景下，由于法人单位总体实力较强，有更多的资源应对"办事难"。更重要的是，由于推动地方经济增长是地方政府的重要工作内容，而企业法人是推动地方 GDP 增长的直接力量，因此地方政府存在解决法人办事中的信息共享问题的动力，不需通过测评来推动。

---

〔1〕 参见马喜生："'人在证途'要办多少'证'？"，载《南方日报》2014 年 2 月 20 日，第 A04 版。

〔2〕 参见潮白："'无谓的证明'才是'奇葩证明'"，载《南方日报》2015 年 12 月 3 日，第 F02 版。

〔3〕 国务院办公厅："国务院办公厅关于转发国家发展改革委等部门推进'互联网+政务服务'开展信息惠民试点实施方案的通知"，载 http://www.gov.cn/zhengce/content/2016-04/26/content_5068058.htm，最后访问日期：2019 年 10 月 5 日。

其次，从现实情况看，G2B 场景下的信息共享问题已经获得稳步推进。"工商总局等十三部门达成一致意见，在'五证合一'基础上，将 19 项涉企证照事项进一步整合到营业执照上，在全国层面实行'二十四证合一'，证件合并意味着各发证机关的证件信息通过统一方式管理和使用，即"各省、各相关部门要完成数据共享平台建设和升级改造，打通部门信息壁垒，畅通数据传输渠道，在省级层面实现各部门、部门垂管系统与省级共享平台的完全对接，实现信息自动推送、导入、转换，做到'让信息多跑路、让群众少跑腿'，让数据交换'全程无障碍'"。[1]

因此采用新方法评价 G2B 场景下的政府信息共享，无论在法人层面还是政府层面，必要性较低。

（3）G2G 场景的信息共享已经获得政策法规的保障

G2G 场景下，由于政府部门自身业务需要而进行的信息共享，不存在评价的必要性和可行性。首先，G2G 信息共享属于政府部门内部业务，获得《政务信息资源共享管理暂行办法》的保障，"以共享为原则，不共享为例外。各政务部门形成的政务信息资源原则上应予共享，涉及国家秘密和安全的，按相关法律法规执行"[2]。因此 G2G 场景不是当前政府信息共享中的"痛点问题"所在，无需通过评价来推动共享。

其次，根据政策文件分析，信息共享已经广泛存在于政府工作中，但具体情况不为外界所知，因而外界也无从考核其效益。

综上可见，在政府信息共享存在的三类政府工作中，G2C 场景急需客观、有效的评估工具，推动信息共享进程。

4.1.2 G2C 场景下政府信息共享效益的构成

对 G2C 场景下政府信息共享参与各方的效益进行全面分析，各效益项目中仅民众跑腿费用具备客观、可测量、可比较的特性，可以作为政府绩效测评的工具，实现"以评促建"的功能。

---

〔1〕 参见"工商总局等十三部门推进全国统一'多证合一'改革"，载 http://www.gov.cn/xin-wen/2018-03/14/content_5273934.htm，最后访问日期：2019 年 10 月 5 日。

〔2〕 "国务院关于印发政务信息资源共享管理暂行办法的通知"，载 http://www.gov.cn/zhengce/content/2016-09/19/content_5109486.htm，最后访问日期：2019 年 10 月 5 日。

下面首先从文献中提取政府信息共享效益的要素，再结合 G2C 场景，对各利益相关方效益的构成进行具体分析。

（1）文献中的政府信息共享效益

何振等人认为政府信息资源"共建共享的总收益＝提供者收益＋用户收益＋外在收益"。[1]王荫皆认为政府信息共享效益"至少体现在财务效益、战略效益和外部影响等三个方面，财务效益可以用货币计量，而战略效益和外部影响通常难以用货币单位计量"；其中战略效益包括"应变能力提高、政府信誉提高、管理水平提高、技术能力提高、核心竞争能力提高、对外合作能力提高、减少差错率、各环节的透明度增加"，外部效益包括"资源的消耗降低、促进社会稳定、塑造廉政政府形象"。[2]

Yang，Tung-Mou 等人认为政府机构通过信息质量、系统质量、服务质量三个方面来感知跨边界信息共享的有效性[3]。Sharon S. Dawes 认为共享的技术类收益包括精简信息管理流程和促进信息基础设施建设；组织类收益包括支持问题解决和扩展专业网络；政治类收益包括支持本地的行动、改进公共问责和促进项目及服务的协作[4]。J Ramon Gil-Garcia 等人认为信息共享效益包括：减少重复数据采集、减少重复数据处理、一致的用户/项目信息、更高质量的信息、更可理解的信息、协作更好的项目/服务、更平等的项目决策、改进的问责、更广泛的专业网络、更有效的服务、成本利用更有效率、更灵敏响应的服务和共享信息基础设施[5]。

显然，国内研究主要是从政府部门角度出发定义政府信息共享效益，而国外研究兼顾"服务质量、改进公共问责、更灵敏的服务"等从民众角度出发的效益。但以往的研究都没有将政府信息共享明确放入 G2C 场景中进行分

---

〔1〕参见何振、周伟："电子政务信息资源共建共享的经济特性及其效率分析"，载《情报杂志》2005 年第 4 期。

〔2〕参见王荫皆："政府信息资源共享成本—效益分析"，湘潭大学 2007 年硕士学位论文。

〔3〕See Yang T. M., Wu Y. J., "Exploring the effectiveness of cross-boundary information sharing in the public sector: the perspective of government agencies", *Information Research*, 20 (2015), pp. 481-504.

〔4〕See Dawes S. S., "Interagency Information Sharing: Expected Benefits, Manageable Risks", *Journal of Policy Analysis & Management*, 15 (1996), pp. 377-394.

〔5〕See Gil-Garcia J. R. et al, "Collaborative e-Government: impediments and benefits of information-sharing projects in the public sector", *European Journal of Information Systems*, 16 (2007), pp. 121-133.

析，因此效益涵盖面过大，所以这些研究通常只是理论构建，无法进行实证评价；即使进行实证评价，也只能针对一个具体项目，无法实现跨越具体信息共享系统层面的通用评价。

（2）G2C 场景下政府信息共享的利益相关者分析

全面分析在 G2C 场景下政府信息共享的利益相关者情况，如图 4.1 所示，在 G2C 场景下有 5 个可能的利益相关者：办事者、信息供方、信息需方、共享平台、上级部门。其中共享平台和上级部门及其与其他参与者的关联都用虚线表示，表示它们可能在现实中并不存在；信息供方和需方之间的直接共享关系，也同样因可能不存在用虚线表示。下面分别分析每个利益相关者的效益所在：

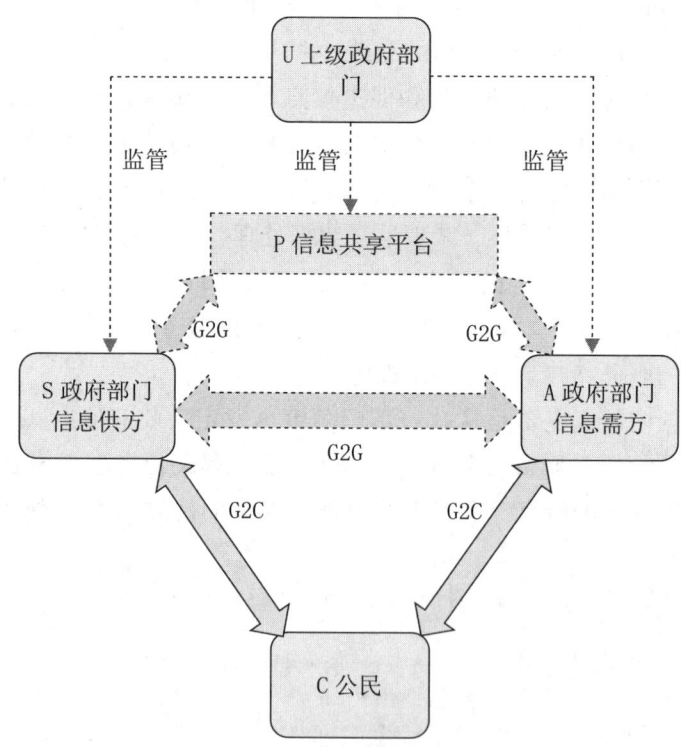

图 4.1　G2C 场景下政府信息共享关系图

办事者：由于信息共享，主要获得了两方面经济效益：一是节省了跑腿费用，即到信息供方获取材料和向信息需方（办事机构）提交材料的跑腿负担；二是免于支付寻租收益，信息供需双方都可能向办事者施加影响，换取寻租收益。

信息供方：由于以信息共享方式提供办事材料，可能获得民众满意度上升，还可能获得上级部门的嘉奖，主要是社会效益。

信息需方：由于信息共享，获取办事材料效率提升推动办事服务质量提升，获得民众满意度上升，也可能获得上级部门的嘉奖，主要是社会效益。

上级部门：由于信息共享使公民节省了办事支出，因此获得民众满意度上升，民众对政府的信任度上升等社会效益。

信息共享平台：由于信息共享使公民节省了办事支出，因此获得民众满意度上升等社会效益。

4.1.3 政府信息共享效益的可测量性分析

下面依次分析各利益相关者的各项效益的可测量性。

（1）办事者

跑腿费用是一种客观行为，具有可测量性。G2C 办事中的寻租费用，通常表现为"吃拿卡要"、由于形式多样，无法直接测算，如刘汉霞的博士论文，就采用"立案数与各省公务员人数的比值"作为寻租水平的变量[1]。而且，就上海本地情况看，总体政治较为清明，基层权力寻租情况非常少见。即使从全国范围看，在中央关于改进工作作风、密切联系群众的"八项规定"的严格监管下，基层腐败问题在很大程度上得到遏制，具体表现为研究成果数量大幅下降，从知网数据库中检索题名中包括"权力寻租"的论文，可以看到 2016 年和 2017 年论文数仅为近十年来的平均值的一半左右，呈现断崖式下降。因此寻租费用不仅在技术上难以测算，而且测算的必要性也不足。

（2）信息供方

满意度属于主观指标，可以通过问卷调查来实现，但是受到调查方案设计和实施等多种因素影响，除非统一调查尺度，否则满意度指标无法作为评

---

〔1〕　参见刘汉霞："我国权力寻租的影响因素研究"，华南理工大学 2010 年硕士学位论文。

价的依据。

上级嘉奖，首先源于上级对政府信息共享情况的量化评估，当前缺乏客观的评价工具，这正是本研究的突破点。而且，由于部分共享需求尚无现实路径（如经典案例"证明我妈是我妈"中江西派出所和北京旅游局之间的信息共享），虽然中央政府可以看作全国各级政府的共同的上级部门，但是显然G2C事项不属于中央政府直接管辖范围。因此，受上级嘉奖的情况因为上级和评价手段都具有不确定性而难以测量。

（3）信息需方

与信息供方相似，满意度同样是主观指标，必须统一进行问卷调研，否则难以直接进行测量和用于评估。

上级部门的嘉奖与信息供方相似，具有很大的不确定性，无法测量。

（4）上级部门

与信息供需双方相似，满意度和信任度必须统一进行问卷调研，否则难以直接进行测量和用于评估。

（5）信息共享平台

与信息供需双方相似，满意度必须统一进行问卷调研，否则难以直接进行测量和用于评估。

综上可见，在各地信息化发展及政府治理水平并不平衡的现实情况下，对于没有实现共享的地域，难以测量信息供需双方、上级部门、信息共享平台的效益。因此在G2C办事场景下的政府信息共享各利益相关方的效益中，仅办事者效益中跑腿费用的节省是客观存在、可以明确量化的。无论信息共享与否，共享到何种程度，办事者的跑腿费用都是可以测量的，因为它反映的是一种可能性，即由于政府部门间信息共享而使民众获得的效益，也给各级政府部门提供了一个逐渐达到目标的行动空间。下面进一步从相关理论推导测量民众跑腿费用作为信息共享效益的理论基础。

4.2 政府信息共享效益评价的理论基础

下面遵循从一般到特殊的逻辑推理过程，从信息论出发定义测算对象，依据整体政府理论设定测算场景，采用具体流程分析形成测算框架，最后运用经济学方法推导测算思路。

4.2.1 依据信息论定义信息共享

香农对信息定义为"用以消除随机不确定性的东西"，香农同时给出了通用信息传播（通信系统）的模型，示意图翻译如图 4.2 所示[1]。

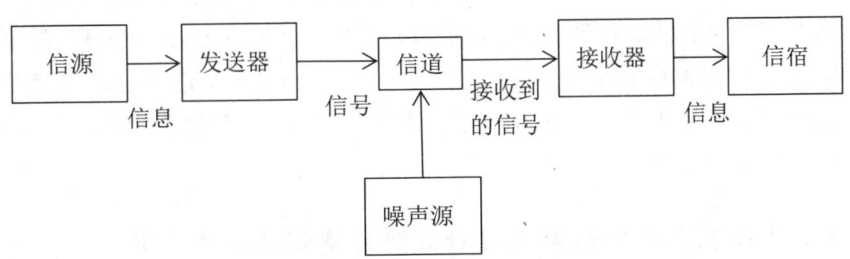

图 4.2　香农通用通信系统的示意图

在基于信息论的通信系统的理论框架下，任意两个主体之间的信息共享，其本质就是信息通过信息传播媒介（信道）实现传播的过程。

4.2.2 依据整体政府理论定义政府信息共享场景

整体政府（whole of government）与协同政府（join-up government）是一对意义相近的概念。后者由布莱尔政府于 1997 年首次引入，主要目标之一就是更好地处理那些涉及不同公共部门、不同行政层级和政策范围的棘手问题，是作为与部门主义、视野狭隘和各自为政相反的措施而提出的。协同政府意味着通过横向与纵向的协调，消除政策相互抵触的状况，有效利用稀缺资源，使某一政策领域的不同利益主体团结协作，为公众提供无缝隙的而非互相分离的服务。显然，这与整体政府的概念是相吻合的。在澳大利亚，《联合政府报告》（The Connecting Government Report）给公共服务中的"整体政府"所下的定义为："整体政府是指公共服务机构为了完成共同的目标而实行的跨部门协作，以及为了解决某些特殊问题组成联合机构。所采取的措施可以是正

---

〔1〕　See Shannon C. E. , "A Mathematical Theory of Communiation", *Bell System Technical Journal*, 27（1948）, p. 381.

式的也可以是非正式的；可以侧重政策的制定、项目的管理或者服务的提供。"整体政府的含义非常广，既包括决策的整体政府与执行的整体政府，也包括横向合作或纵向合作的整体政府。整体政府改革的实施可以是一个小组、一级地方政府，也可以是一个政策部门。[1]

在整体政府的理论框架下，为完成 G2C 公民办事项目，信息提供机构和信息需求机构（办事机构）同属于整体政府的一部分，应该进行协作，提供"无缝隙的"服务，因此，G2C 政务服务场景下的 G2G 信息共享问题，其理想的解决方式为信息供需双方通过信道直接通信，用户无需参与信息传播过程。

但现实与理想存在显著差距，现实中，由公民个人充当信息传播媒介，来完成政府信息供需双方的通信过程。因此，信息共享效益的测算要量化反映理想与现实的差距。

4.2.3 依据流程分析推导政府信息共享效益测算框架

从公民个人充当信息传播媒介实现通信，到理想状态下的信息供需双方直接通信。从理论层面看，政府信息直接共享的效益，就是"人肉传播媒介"被数字媒介取代带来的效率提升；从实践层面看，公民感知到的直接效益是跑腿减少。因此需要对 G2C 办事中的跑腿进行测算。下面对办事流程进行分析，通过简化和归纳，形成测算框架。

（1）G2C 办事流程分析

首先，需要将政策文件中忽视的事前阶段"准备材料"纳入研究框架，如图 4.3 所示。通常情况下，特别是办理复杂事项，民众办事包括事前准备材料和事中进入办理两个阶段。第一阶段，公民在办事前需要向材料提供部门 S1、S2、S3 申请材料，这些材料需要符合办事部门的形式和内容的要求，因此，这个阶段仍属于办事流程的一个组成部分，而且，也是造成民众"办证多、办事难"现象的根源之一。第二阶段，进入正式办事流程，公民依次向办事部门 A1 提交材料，获得批示后将材料提交部门 A2，再次获得批示后提交部门 A3……直至最后得到办事结果。

---

[1] Tom Christensen 等："后新公共管理改革——作为一种新趋势的整体政府"，载《中国行政管理》2006 年第 9 期。

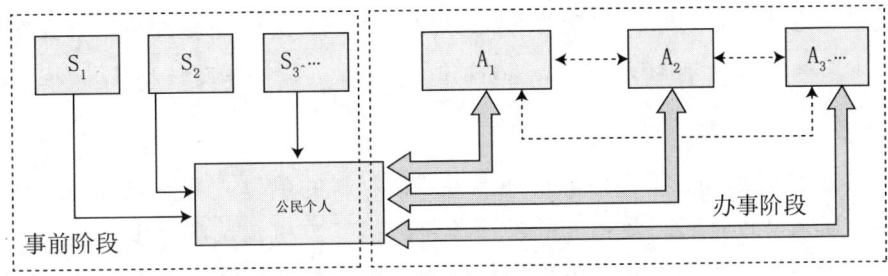

图 4.3 G2C 办事流程中信息共享结构示意图

必须看到，事前准备材料阶段和进入办理阶段的差异主要在于办事者在通信过程中承担的角色不同。准备材料阶段，办事者是信宿，政府部门是信源；在进入办理阶段，办事者是信源，政府部门是信宿。

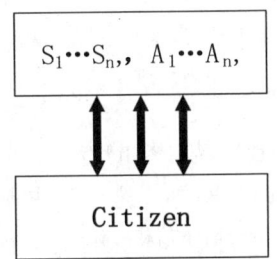

图 4.4 G2C 信息共享结构抽象图

（2）G2C 办事流程抽象为统一的通信模型

忽略 G2C 办事流程的通信中信源和信宿分工的差异，就可以把事前准备材料和进入办理两个阶段统一描述，即办事过程呈现为办事者和各类机构之间通信过程的总和，如图 4.4 所示。这些过程是客观存在的，可以直接测量。

将办事者在通信过程中的角色统一设定为信宿，通信内容为证件证明材料，则此时每个通信过程还包括两个待定要素：信源和信道。将此理论框架与实践结合，即测量应该包括两方面：办事者需要到哪里获取材料（或办事），如何获取材料（完成办事）。

4.2.4 依据经济学方法明确政府信息共享效益测算的思路

将信源和信道进行分别测算，可以反映通信情况，但是只有将两者用统一的度量方式综合起来，才能对 G2C 办事中的跑腿进行完整测算。下面在分析两个要素的数理特征的基础上，结合经济学方法，提出要素合并测量的思路。

（1）信源测量方式分析

在 G2C 办事场景下，信源是办事者获取材料的单位或者提交材料的办事机构，通常是政府部门及相关的事业单位或第三方机构。从办事指南中，可以明确看到办事地点和办事单位的行政层级等信息。显然，事项的办事层级和归属，是信源的主要特征，属性值包括村居级、街镇级、区县级、市级、外省市级，随着层级上升，办事距离逐渐扩大。属性值中不包括国家级，是因为 G2C 办事项目的管理权限在地方，中央不负责公民具体事务的办理；属性值中增加了"外省市级"，是因为部分材料来源为"户籍地××部门"，对于非户籍居民而言，这个信源显然不同于本地各级信源。由于信源的行政层级反映了办事距离，而办事距离可以测量，因此信源的度量方式是距离。

（2）信道测量方式分析

在 G2C 办事场景下，信道就是办事的方式，目前各级政府部门推出了各类便民办事方式，如证件快递、网办、全天候办等。在传输距离和所传递信息内容相同的情况下，由办事方式所体现的信道传输效率，可以由传输时间来测量。

因此，信源和信道可以统一在"时间"这个标度上进行测量，时间具有通用属性，存在可比性；但是办事过程中需要花费交通费用，这个客观数据无法与时间或距离进行求和运算。因此，需要考虑将三者统一起来进行测算方法。

（3）经济学思路下的要素合成

机会成本（opportunity cost）是被错过的商品和服务的价格。做决定具有机会成本，因为在一个稀缺的世界中选择一个东西意味着放弃其他的一些东西[1]。在微观经济学的理论中，机会成本对于评价非市场性商品十分有用。

时间机会成本（opportunity cost of time）较早于 1973 年出现在 Prochaska 的文章标题中，研究用平均工资水平表征时间机会成本，结果表明家庭成员的

---

[1] 参见［美］保罗·萨缪尔森、威廉·诺德豪斯：《微观经济学》，萧琛译，中国人民大学出版社 1999 年版，第 101 页。

时间机会成本是影响食品消费的重要因素，工资水平越高，离家消费越多[1]。

在本研究的框架中，同样采用平均工资水平衡量时间机会成本，即测量因为跑腿办事耗费时间而损失的工资收入。通过时间机会成本，可以将时间和费用两个不同测量单位统一起来，完成对 G2C 办事中跑腿的信源和信道的全面测量。测量的理论层面意义是抽象的政府信息共享效益，现实层面内涵是具体的民众跑腿费用。

自此，从通信模型到 G2C 场景，从办事层级到办事距离，从距离到时间，从时间到费用，本研究最终形成了对政府信息共享效益评价模型的逻辑构建。

4.2.5 政府信息共享效益评价的可行性分析

下面分别从外部环境适用性和内部合理性两方面说明政府信息共享效益测算模型的可行性。

（1）政府信息共享效益评价的外部环境适用性

采用 PEST 模型分析评价的外部环境。PEST 模型包括政治法律因素（Political & Law's Factors）、经济因素（Economic Factors）、社会文化因素（Social & Cultural Factors）和技术因素（Technological Factors）四类宏观环境因素[2]。

①从政治法律因素看，评价政府信息共享效益在政策层面与当前中央政府的工作方向完全一致。李克强总理在 2018 年政府工作报告中指出："深入推进'互联网+政务服务'，使更多事项在网上办理，必须到现场办的也要力争做到'只进一扇门'、'最多跑一次'。加强政务服务标准化建设。加快政府信息系统互联互通，打通信息孤岛。清理群众和企业办事的各类证明，没有法律法规依据的一律取消"。[3]

---

〔1〕　See Prochaska F. J., Schrimper R. A., "Opportunity Cost of Time and Other Socioeconomic Effects on Away-From-Home Food Consumption", *American Journal of Agricultural Economics*, 55（1973），pp. 595-603.

〔2〕　参见于波、范从来："我国先进制造业发展战略的 PEST 嵌入式 SWOT 分析"，载《南京社会科学》2011 年第 7 期。

〔3〕　"2018 年政府工作报告"，载 http://www.gov.cn/zhuanti/2018lh/2018zfgzbg/zfgzbg.htm，最后访问日期：2019 年 10 月 5 日。

②从经济因素看，评价政府信息共享效益符合我国经济发展的方向。"以电子商务为例，2017年，我国网上零售额已接近7.2万亿元，比2016年同比增长32.2%；在线旅游预订用户规模达到了3.76亿元，比2016年增长25.6%。"[1]电子商务的发展对电子政务产生推动，对政府部门间信息共享形成外部压力。

③从社会文化因素看，相关新闻已经为"政府信息共享"提供了舆论支持。随着"人在证途、证明我妈是我妈、奇葩证明"等一系列新闻的传播，我国官僚体制中固有的"官本位、条块分割"等思想受到时代的冲击，民众突出的诉求成为信息共享最直接的推动力量。如果提供可量化监督的工具，民众就是无处不在的监督力量。

④从技术因素看，大数据、人工智能行业的迅猛发展为"政府信息共享"的实现提供了坚实的基础。从理想状态看，要实现"全共享，零跑腿"目标，需要实现政府信息的跨部门跨层级跨地域流动，必须建设国家级顶层数据共享平台及其配套的共享机制，实现13亿人口办事大数据的存储和智能匹配，根据美国社保卡系统的运营经验，我国当前的技术水平完全能够胜任这项工作。因此，测量政府信息共享效益，不是勉为其难，而是顺水推舟。

（2）政府信息共享效益评价模型的内部合理性

由于每个事项存在不同的办事层级和办事方式，政府信息共享效益评价能"因事而异"地计算出不同的数值。该效益模型是一种纯客观的评价方法，其合理性体现在五个方面：

①效益评价模型的数据来源是客观的，具备广泛适用性。主要根据网上办事大厅的"办事指南"，对办事材料来源进行梳理、分析，能规避各类政府办事项目中具体共享路径和共享系统的差异，是一种基于结果的评价模式，应用范围有很大的弹性，可以从单一办事项目到任意规模的政府办事机构。

②效益评价测算方法简洁明晰，具有可操作性。尽量避免了多维度效益难以测算的难题，也能避免构建指标时由于专家主观因素带来的权重波动。

③效益评价将办事服务的单部门内部优化路径导向多部门协同优化路径，具有创新性。该测算有别于当前电子政务相关的绩效考核指标，将"整体政

---

〔1〕"首届数字中国建设峰会将于四月在福建福州召开——全面展示数字中国建设成果"，载 http://www.gov.cn/xinwen/2018-03/23/content_5276765.htm，最后访问日期：2019年10月5日。

府、协同政府"等理论落实到实践中。

④效益评价立足事项,评估切入点是推动信息需方(办事部门)向明确的信息供方(材料提供部门)发出信息共享要求,而非通常采用的督促信息供方提供数据目录供不确定的信息需方采用。

⑤效益评价借鉴了信息论成熟的理论框架和经典的经济学方法,采用数学模型,具备科学性,并在实践中吸取了相关政府部门官员的意见和建议。

综上,本效益测算模型具有合理性,为各级政府评价下级政府部门间信息共享绩效提供了工具和标准,便于持续推进共享进程。进而,多政府部门通过可持续的信息共享,能减少信息分散采集、处理、存储、利用的成本,减少信息孤岛和信息烟囱的数量,从而节省财政资金。从民众角度看,效益测算模型可以直接测量从"群众跑腿"转变为"数据跑路"的成效,让效益可见,也便于民众参与推动办事过程简化的进程,最终减少"办事难、办证难"现象。

4.3 信息共享效益指数模型构建

政府信息共享效益指数(Index of Government Information Sharing Benefit,以下简称 GISEI):反映个人在办理某事项过程中,获取外部材料或提交办事材料所耗费的费用,从客观上反映了事项的办事难度。因此,该模型计算结果的取值范围为大于等于零的非负数。最小值零表示没有信息共享需求,或者信息共享需求已完全满足,是效益的理想取值。随着办事材料项目的增多,来源层级上升及地域的拓展,效益值逐渐增大。复杂事项的效益值为各环节数值的总和。

该模型由两个分指数合成,其中信息共享类型指数(Index of Government Information Sharing Type,以下简称 GIST)表示的信源的类型,即材料的来源或办事的行政层级;信息共享方式指数(Index of Government Information Sharing Method,以下简称 GISM)表示信道的情况,即各种办事便捷手段下办事费用的变化。

- 计算公式:

$$GISEI = \sum_{i=1}^{n} GIST_i \times GISM_i$$

4.3.1 信息共享类型指数 GIST

GIST：某事项办事中所需共享的材料类型的度量，依据材料来源（办事层级）进行分类计算。主要依据是：材料是否为办事者所有；材料需要办事者向何处获取。采用两点间交通费用和时间机会成本进行核算。

（1）GIST 指数构建

依据现实，将行政层级作为主要类型划分依据，因为层级越高，办事点越少，公民花费在办事交通上的费用就越高，办事难度就越大，具体情况如表 4.1 所示：

表 4.1　信息共享类型说明表

类型	材料来源或办事部门	计算内容	说明
ST1	材料已经为办事者所有	0	无任何费用
ST2	办事者需要向所在单位提交或获取证明材料、盖章认定	时间	由于可以在工作时间进行，因此直接赋值为 0
ST3	居住地的村居级部门	时间	到达村（居）委会的平均时间
ST4	居住地的街镇（街道、乡、镇）级职能部门	时间	到达社区服务中心的平均时间
ST5	居住地区级职能部门或第三方机构	交通+时间	到达区级办事机构的平均时间和交通费
ST6	居住地市级职能部门或第三方机构	交通+时间	到达市级办事机构的平均时间和交通
ST7	外地（如户籍所在地）职能部门	交通+时间	到达外省省会城市的平均时间和交通

计算公式说明：在村、街道、区三级机构，因为数量众多，采用平均距离法计算；对于市级及外省级机构，由于距离远，采用中心节点测算方法。

①构建用于短距离测算的公式

思路 1：由于街镇、村居数量多，为测算到达特定办事点的距离，采用了依据面积求距离的方式，计算出每个村居（街镇、区县）的平均面积，按照正方形计算出行政区域内各点到中心的平均距离，所谓办事跑腿距离。这种算法精确度较低，但是能在办事点较多的情况下给出一个较为可行的计算方案。如果计算者立足特定行政区划进行计算，可以按照该行政区划的形状，直接计算距离，则可达精确。

● 公式 1（平均距离法），适用于 ST3~ST5：

$$GIST_{V, T, D} = T_{V, T, D} \times S_A + F_{B, P, M} = L_{V, T, D} \div R_{B, P, M} \times S_A + F_{B, P, M} = \sqrt{A_C / 8N_{V, T, D}} \div R_{B, P, M} \times S_A + F_{B, P, M}$$

②构建用于长距离测算的公式

思路 2：对于数量有限的区域与区域间较长距离的测算，直接采用区域的中心节点之间的距离进行计算。由于区的数量有限，而我国的省级单位也是可数的，因此居民从各区到市级政府办事的距离可以在一定程度上简化为从区中心（区政府所在地）到市中心（市政府）的距离；同样，居民到外地办事，其距离也可以简化为从本省中心（省会城市）到各省中心的距离。这种测算方法较前一公式更为合理，是因为各区（各省）的实际面积差异大，直接平均的做法与真实情况误差较大。

公式 2（中心节点法），适用于 ST6~ST7：

$$\bullet \ GIST_{C, N} = T_{C, N} \times S_A + F_{C, N} = \frac{\sum_{i=1}^{n} T_i}{n_{C, N}} \times S_A + \frac{\sum_{i=1}^{n} F_i}{n_{C, N}}$$

（2）GIST 指数的指标说明

在上述的公式中，各项目的意义及计算方法解释如下：

①总效用项——包括实际采用交通工具的费用和交通耗时折合费用。$GIST_V$：公民个人到居委会办事，单程耗费时间所折合的费用；$GIST_T$：公民个人到街镇社区办事时间折合的费用；$GIST_D$：公民个人到区级部门办事折合的费用；$GIST_C$：公民个人到市级部门办事折合的费用；$GIST_N$：公民个人到外省政府部门办事，单程耗费时间所折合的费用。

②时间项——T_V：公民个人到居委会办事，单程所耗费的时间；T_T：公民个人到街镇社区办事单程所耗费的时间；T_D：公民个人到区级政府部门所耗费的时间；T_C：公民个人到市级政府部门所耗费的时间；T_N：公民个人到

外省政府部门办事所耗费的时间。

③行政区划数——即某辖区内各级行政区划的数量，村居委会数量 N_V、街镇办事处数量 N_T、区县级政府数量 N_D。

④辖区总面积——即某辖区的地域面积 A_C，通常以市为单位，因为 G2C 事项的管理权限基本在市级及以下。

⑤距离项——L_V：公民个人到居委会的平均距离；L_T：公民个人到社区服务中心或乡镇政府的平均距离；L_D：公民个人到区县级政府部门的平均距离；L_C：公民个人到市级政府部门的平均距离。（平均距离计算方法：按各类行政规划的辖区平均面积计算，简化为正方形面积计算辖区内最远点到辖区中心点的距离为该正方形的对角线的一半，最近点距离为零，因此取对角线的 1/4 作为平均距离，公式为 $\sqrt{S_C / 8N_{V,T,D,C}}$，其中 S_C 表示市区总面积，N_V、N_T、N_D、N_C 分别表示村居级、街镇级、区县级、市级政府的数量。）

⑥速度项——R_B：公民骑自行车的时速，按每小时 15 公里计算；R_M：公民自驾车（或乘出租车）的时速，按有中心线（每小时 50 公里）和没有中心线（每小时 30 公里）的平均速度每小时 40 公里计算[1]。R_P：公民乘坐公共交通工具的时速，较为困难，因为需要组合多种公共交通工具，考虑采用百度地图作为工具，测定多段路程上分别采用公共交通和自驾车所用时间，通过时间比值折算出速度。

⑦时间机会成本项——S_A：按统计局公布的当年当地人均收入计算，将人均收入除以当年工作日数，再除以 8 小时，即可获得本地人均每小时收入，这也就是办事人耗费同等时间办事的机会成本。

⑧交通费用项——F_B：公民骑自行车的费用，可以按共享单车的价格计算，亦可忽略不计；F_M：公民自驾车（或乘出租车）的费用，可依据距离，按照出租车行业的计价标准计算；R_P：公民采用公共交通工具的费用，可采用百度地图所推荐路线的费用计算。

（3）GIST 指数的具体事例计算

以上海市为例，将上海市具体数据代入公式进行测算：

---

[1] 参见"中华人民共和国道路交通安全法实施条例"，载 http://www.jtgl.gov.cn/jgj/xzfg/119781/index.html，最后访问日期：2019 年 10 月 15 日。

首先，依据国家统计局数据，2017 年上海市人均可支配收入为 58 987.96 元[1]，全年法定工作日 249 天，按每天工作 8 小时计算，上海居民人均时薪为 29.61 元。

ST3：用上海市总面积 6340.5 平方公里除以总的村居级行政规划数量 5843[2]，得到平均村居面积为 1.09 平方公里，按照正方形面积计算辖区内最远点到辖区中心点的距离为该正方形的对角线的一半，最近点距离为零，因此取对角线的 1/4 作为平均距离，计算结果为 0.37 公里。在这范围内，最适合的交通工具是自行车或步行，按骑行速度 15 公里/小时计算，骑行约 2 分钟即可到达，将时间折合为平均时薪后费用为 0.987 元。

ST4：用上海市总面积 6340.5 平方公里除以总的街道级（街道、乡、镇）行政规划数量 214[3]，得到平均街道镇总面积为 29.63 平方公里，同样按照正方形面积对角线的 1/4 作为平均距离，计算结果为 1.92 公里。在这范围内，最适合的交通工具是自行车，按骑行速度 15 公里/小时计算，骑行 8 分钟即可到达，将时间折合为平均时薪后费用为 3.95 元。

ST5：用上海市总面积 6340.5 平方公里除以总的区级行政规划数量 16，得到区辖平均面积为 396.28 平方公里，同样按照正方形对角线的 1/4 计算办事距离为 7.04 公里，按驾车计算时间 10.5 分钟，出租车费用约 24 元，将时间折合为平均时薪后总费用为 29.18 元。

为计算使用公共交通工具和自驾车的时间和费用耗费差异，采用典型测算方法，用百度地图测算作为工具，计算上海各区政府到上海市政府的路径，采用两种方式的时间来测算比值。数据采集时间 2018 年 3 月 15 日 10：10～11：05，具体数据见附录 1。计算结果表明，采用公共交通所花的时间是自驾时间的 1.369 倍，费用是出租车的 0.076 倍。采用该经验系数计算，ST5 条件下，公交平均时间为 14.72 分钟，费用为 2.3 元，将时间折合为平均时薪后总费用为 9.56 元，因此总费用乘公交低于出租车。

---

[1] 参见 "2017 年谁挣钱最多？京沪人均可支配收入逼近 6 万元"，载 http://www.xinhuanet.com/2018-02/24/c_1122444800.htm，最后访问日期：2019 年 10 月 5 日。

[2] 参见 "上海统计年鉴 2017"，载 http://www.stats-sh.gov.cn/tjnj/nj17.htm? d1 = 2017tjnj/C-0101.htm，最后访问日期：2019 年 10 月 5 日。

[3] 参见 "上海统计年鉴 2017"，载 http://www.stats-sh.gov.cn/tjnj/nj17.htm? d1 = 2017tjnj/C-0101.htm，最后访问日期：2019 年 10 月 5 日。

ST6：按附录Ⅰ的数据计算，采用自驾车（出租车）从区政府到市政府的平均距离为26.22公里，平均耗时51.19分钟，平均车费94.00元，将时间折合为平均时薪后总费用为119.26元；采用公共交通平均距离23.58公里，平均耗时70.06分钟，平均花费7.19元，总费用41.76元。将两种方式进行比较，选择更经济的公共交通出行方式，费用41.76元。

ST7：根据2018年3月14日上海市到全国各省省会城市的铁路飞机票价，到中国铁路客户服务中心网站[1]计算；通过携程网，查询时间为2018年3月13日22时30分~23时，上海到各省会城市的飞机票价，由于飞机航班定价复杂，一律按照最早一班非头等舱的航班统计价格，具体数据见附录2。计算结果显示：采用高铁二等座从上海市到全国各直辖市和省会城市的平均车票费586.27元，耗时6.67小时，将时间折合为平均时薪后总费用为783.77元；采用普通列车平均车票费为191.75元，耗时21.22小时，总费用820.07元；乘坐飞机平均票价1001.45元，耗时3.21小时，总费用1096.50元。因此，选择最经济的办事交通方式为乘坐高铁二等座，花费783.77元。

4.3.2 信息共享方式指数GISM

GISM：某事项所需材料或办事环节中的共享实现方式的度量，主要依据是否支持快递、是否可以从网上申请、是否可以获得具有证据效力的电子材料，采用每种方式所花费的费用。

（1）GISM的分析

将现实中，各政府部门采用的共享方式进行分类说明，构建指数如表4.2所示：

表4.2　信息共享实现方式情况表

类型	共享方式	特点
SM1	无任何共享	线下亲自办理，需要采集办事者的个人信息，如照片、指纹；或考察测试办事者的能力、素质，如体检、教学能力测试等

---

〔1〕　参见"车票预订 | 客运服务 | 铁路客户服务中心"，载 https://kyfw.12306.cn/otn/leftTicket/init，最后访问日期：2019年10月5日。

类型	共享方式	特点
SM2	委托办理	无需本人亲自办理，可以委托他人办理，用低值边际时间替换高值边际时间，还可产生规模效应
SM3	材料或证照可快递送达	办事者支付物流费用，节省时间
SM4	传递电子证照	办事者付出少量时间成本，获得具有证据效力的电子证照，或以电子证照方式提供材料
SM5	完全共享	办事者付出成本为零，材料由供需双方以共享方式完成，材料可以是电子形式，亦可纸质

上述共享方式，为各类不同的信息共享都提供了程度不同的便利。

（2）GISM 的测算

每种共享方式也依然存在一定的成本，下面分析测算方法：

SM1：没有任何便利，因此指数值为 1，可以直接和 GIST 相乘。

SM2：委托办理需要花费委托人的时间，其便利程度取决于委托办理的价格。由于各种事项的委托费用千差万别，因此考虑用低值边际时间替换高值边际时间的做法，计算出委托系数 E。在办理事项中，对委托办理情况进行了说明，通常要求提供委托者的身份证作为附加材料。此时，指数 GISM 的作用在于对 GIST 进行了局部调整。

SM3：材料递送需要支付物流费用，按照全国通用的邮政快递业务资费 P 进行测算。此时，GISM 指数的作用在于当 GIST 指数值大于 P 值条件成立时，用 P 取代 GIST 指数。调研显示，江苏省的网上办事大厅，广泛采用了快递服务，这样可以减少用户跑腿领证的环节。

SM4：电子证照有两种获取方式，一是与纸质证照同步生成进入"电子证照库"，二是通过纸质证照数字化（拍照或扫描）获得。前者无需用户参与，后者需要耗费少量时间，但由于可以在工作时间以外完成，因此指数值可记为 0。根据笔者调研，深圳网上办事大厅就采用了重复利用电子证照的方式，一旦纸质材料成为被核验通过的电子证照，在以后需要提供相同材料时即可用存储在系统中的电子证照。

SM5：在完全共享情况下，办事者根本无需了解关于该材料的任何内容，其实质相当于减少了一份材料，或减少一个办事环节，因此指数值为0。这种理想情况很少见，或者说这种情况下，在办事指南中已经不再出现这份材料，或者已经缩减了一个环节，如果不对事项材料的变化情况进行跟踪调研，无法感受到这种改变，这种情况或许可以称为"无感办证"。

（3）GISM 的实例计算

基于上海数据，对 GISM 指数值测算如下：

SM1 = 1。

SM2：根据上海市人力资源和社会保障局的文件，"上海市最低工资标准4月1日起调整，从原先的2190元调整到2300元，月最低工资标准适用于全日制就业劳动者，小时最低工资标准适用于非全日制就业劳动者"[1]。由于上海人均可支配收入是按每日8小时计算的，因此也按照全日制劳动者水平计算，最低时薪为 $2300/20/8 = 14.375$。因此，委托办理的效率为时薪之比，即 $14.375/29.61 = 0.4855$，因此在上海委托办理时，可将时间机会成本按 $E = 0.4855$ 系数相乘进行折算。此时，指数 GISM 对 GIST 进行了局部调整。

SM3：材料递送需要支付物流费用，按照全国通用的邮政快递业务资费进行测算。由于办事材料较为重要，因此采用邮政的 EMS 业务价格作为计算基准。经查询，上海到全国各地的 EMS 快递费用均为 20 元[2]。因此，采用此类共享方式，可以替代任意费用超过 20 元的人工跑腿办事。

SM4 = SM5 = 0。

4.3.3 GISEI 信息共享效益指数的合成

将信息共享类型指数和共享方式指数合成，即可获得在每种情况下，公民获取一次材料或完成一个办事环节的费用情况。

（1）GISEI 指数合成情况讨论

由于 ST1、ST2 和 SM4、SM5 均能将指数值直接清零，而 SM1 与任意方式

---

〔1〕 "关于调整本市最低工资标准的通知"，载 http://www.12333sh.gov.cn/201412333/xxgk/flfg/gfxwj/ldbc/gzzl/201704/t20170406_1253536.shtml，最后访问日期：2019 年 10 月 5 日。

〔2〕 参见"特快专递（EMS）资费查询"，载 http://www.ems.com.cn/serviceguide/zifeichaxun/zi_fei_cha_xun.html，最后访问日期：2019 年 10 月 5 日。

组合均保持 GIST 原值，因此这些类型不再组合分析，即 ST1 * SMi（i = 1~5）= 0，ST2 * SMi（i = 1~5）= 0，STi（i = 1~7）* SM4 = 0，STi（i = 1~7）* SM5 = 0，STi（i = 1~7）* SM1 = STi（i = 1~7）。其余情况按共享类型和共享方式将指数两两组合，如表 4.3 所示。

表 4.3 信息共享效益指数合成情况表

合成方式	说明	结果（费用）
ST3 & SM2	距离很近，费用低，无需委托办理	ST3
ST3 & SM3	距离很近，费用低，快递费用高于办事费用，不采用快递	ST3
ST4 & SM2	距离近，费用较低，无需委托办理	ST4
ST4 & SM3	距离近，费用较低，同样不采用快递	ST4
ST5 & SM2	距离较近，费用较低，无需委托办理	ST5
ST5 & SM3	距离较近，费用较低，同样不采用快递	ST5
ST6 & SM2	距离远，需要采用委托方式	ST6 * 委托系数 E
ST6 & SM3	距离远，需要采用快递方式	P
ST7 & SM2	距离很远，需要采用委托和快递结合的方式	P+STi（i = 3~6）* 委托系数 E
ST7 & SM3	距离很远，需要采用快递方式	P

因为将 ST6 和 ST7 与 SM2 合成时，需要将委托系数与时间机会成本相乘。因此出现了两个包含委托系数的新计算公式，分别是：

公式 3（委托人-中心节点法），适用于 ST6 * SM2：

$$GIST_N = T_N \times S_A \times E + F_N = \frac{\sum_{i=1}^{n} T_i}{n} \times S_A \times E + \frac{\sum_{i=1}^{n} F_i}{n}$$

公式 4（异地委托人-平均距离法），适用于 ST7 * SM2：

$$GIST_{V, T, D, C} = T_{V, T, D} \times S_A \times E + F_{B, P, M} + P = L_{V, T, D} \div R_{B, P, M} \times S_A \times E +$$

$$F_{TB, P, M} + P = \sqrt{A_C / 8 N_{V, T, D}} \div R_{B, P, M} \times S_A \times E + F_{TB, P, M} + P$$

但是，异地委托办理存在一个不确定的情况，即不知道该事项的材料

（办事环节）在本省（直辖市）内属于 ST3~ST6 的哪种情况，需要酌情采用哪个公式。

（2）GISEI 指数合成结果说明

最终，依据不同情况适用不同的公式，将上海市实测数据填入，如表 4.4 所示。必须要说明的是，GISEI 指数结果只表征了一次跑腿的单程费用，现实中，跑腿应该采用来回费用和等待时间的机会成本一起核算。有调查发现，通信行业营业厅等候时间约为 20 分钟，银行的平均等候时间大约为 30 分钟，医院候诊的平均等候时间超过 40 分钟[1]；由于没有关于政府部门办事排队等待时间的专门数据，因此采用上述三个数据的平均值 30 分钟，作为 G2C 等待时间，用于后续测算。

表 4.4 各类信息共享情况的费用计算方法及结果列表

合成方式	公式	单程费用	全程费用	合成方式	公式	单程费用	全程费用
ST1 & SMi	0	0	0	ST3 & SM3	公式 1	0.99	16.79
ST2 & SMi	0	0	0	ST4 & SM2	公式 1	3.95	22.71
STi & SM4	0	0	0	ST4 & SM3	公式 1	3.95	22.71
STi & SM5	0	0	0	ST5 & SM2	公式 1	9.56	33.93
ST3 & SM1	公式 1	0.99	16.79	ST6 & SM3	P	20.00	20.00
ST4 & SM1	公式 1	3.95	22.71	ST6 & SM2	公式 3	20.27	55.35
ST5 & SM1	公式 1	9.56	33.93	ST6 & SM3	P	20.00	20.00
ST6 & SM1	公式 2	41.76	98.33	ST7 & SM2	公式 4	26.83	68.46
ST7 & SM1	公式 2	783.77	1582.35	ST7 & SM3	P	20.00	20.00
ST3 & SM2	公式 1	0.99	16.79				

注：在计算 ST7 & SM2 时，实际采用了 ST3~ST6 的平均值。

从上表可以看出，办事的行政层级是一个关键变量，将高层级事项下放到基层办理的"简政放权"思路，确实能带来显著的效益改进。在各类便捷

---

〔1〕 参见王姝、吕超："关于如何减少顾客在通信行业营业厅等候时间的调查研究"，载《长沙通信职业技术学院学报》2011 年第 3 期。

办事方式中，电子证照和直接共享具有最大的效益，但会对政府部门产生建设和运营共享平台的额外成本；委托办理也为办事者在一定程度上减轻了负担，丝毫不影响政府部门原有流程；尤其值得推广的是快递服务，在同样不改变原有办事方式的情况下，当纸质证照材料必不可少时，快递服务对于费用成本较高的市级办理（ST6）和异地办理（ST7）两类情况提供了特别大的费用节省。

4.3.4 GISEI 信息共享效益指数的效用总结

GISEI 的效用体现在两个方面：一是作为政府部门考核信息共享绩效的工具；二是作为民众测量个人办事成本的工具。

对于政府部门而言，GISEI 测算出来的民众跑腿成本，因为采用了类似 GDP 测算的平均方法，因此具有一般性意义，可以作为事项间、部门间、行政层级间甚至城市、省之间比较 G2C 办事中信息共享程度的工具。在绩效评估的基础上，GISEI 也为办事优化提供了思路，研究将在 6.4 进行详细分析。

对民众而言，GISEI 也可以作为自测工具，帮助个人量化办事成本：如果民众将个人真实数据，如时薪、到各级部门跑腿办事的距离、交通费用、等待时间等变量代入公式，可以精确描述每一项 G2C 事项的办事费用；费用越高，意味着办事负担越重，因此该指数可以用于表征民众办事的"痛苦指数"，各级政府，应该以降低"痛苦指数"为己任。

4.4 政府信息共享效益指数的实例测算

下面以在上海办理"高校教师资格证"为例，说明 GISEI 如何测量和计算。

4.4.1 办事项目说明

依据上海市教育委员会发布的《教师资格认定办事指南（高教系列）》[1]，事项"教师资格认定（高等学校）"的办事指南"申请材料"中的"行政审批申请材料目录"如表4.5所示。

表4.5 事项"教师资格认定（高等学校）"的"行政审批申请材料目录"

序号	提交材料名称	原件	复印件	材料来源或出具单位	纸质/电子报件	要求
1	《申请人思想品德鉴定表》	1		网上下载，由单位、学校或者档案保管机构鉴定盖章	纸质	A4纸打印
2	非本市户籍人员还须提供人才居住证及办理《上海市居住证》通知书（副联）	1	1	个人提供	纸质	原件核对后退回
3	学历证书（博士研究生需提供学历与学位证书）	1	1	个人提供	纸质	原件核对后退回
4	《高等教育学概论》《心理学概论》《高等教育方法概论》三门教育类专业课程的考试合格证	1	1	个人提供	纸质	原件核对后退回

---

[1] 参见上海一网通办："教师资格认定（高教系列）"，载 http://zwdt.sh.gov.cn/govPortals/bsfw/findBsfw.do?_itemId=SH00SH310100124001&_itemType=%E5%AE%A1%E6%89%B9&_stSubitemId=8a796ea4-fe5e-4523-b10e-5fb8d970a17f，最后访问日期：2019年10月5日。

序号	提交材料名称	原件	复印件	材料来源或出具单位	纸质/电子报件	要求
5	申请人无犯罪记录证明	1		由户籍所在地的公安部门出具	纸质	由户籍所在地的公安部门出具
6	《教师资格认定网上申请表》	1		网上下载、上网下载后打印在一张 A4 纸上，并由本人在承诺书上签名	纸质	上网下载后打印在一张 A4 纸上，并由本人在承诺书上签名
7	《居民身份证》	1	1	个人提供	纸质	原件核对后退回
8	《普通话水平测试等级证书》（二级乙等或二级甲等及以上水平）	1	1	个人提供	纸质	原件核对后退回
9	教授、副教授职称证明	1	1	个人提供	纸质	申请高等学校教师资格免试者提供此材料，原件核对后退回
10	根据申请人身份不同提供劳动合同或劳动手册或学生证	1	1	个人提供	纸质	原件核对后退回

　　事项"教师资格认定（高等学校）"的流程也较为复杂，需要办事者参与三个环节，才能获得证书，具体流程如图 4.5 所示。

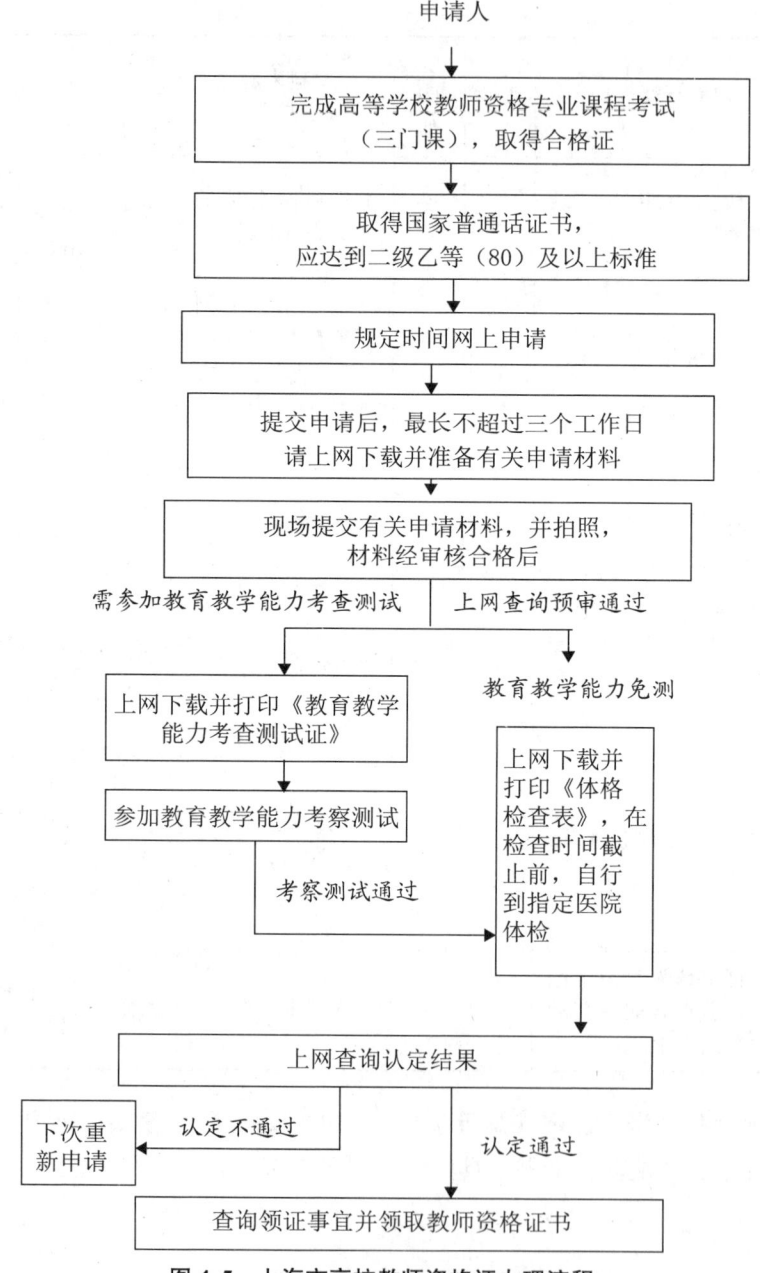

图 4.5 上海市高校教师资格证办理流程

4.4.2 信息共享效益指数实例测算

根据材料和流程，需要对 10 项材料和 4 个办事环节进行分析。由于办事需要来回跑腿，且包含等待时间，按等待时间 30 分钟计算，则"全程费用＝单程费用＊2＋0.5＊平均时薪"，计算结果如表 4.6 所示：

表 4.6 事项"教师资格认定（高等学校）"的指数计算表

材料/环节	说明	GIST&GISM	单程费用	全程费用
材料 1	《申请人思想品德鉴定表》	ST2 & SM1	0	0.00
材料 2	居住证及办理《上海市居住证》通知书（副联）	ST2 & SM1	0	0.00
材料 3	学历证书（博士研究生需提供学历与学位证书）	ST2 & SM1	0	0.00
材料 4	三门教育类专业课程的考试合格证	ST2 & SM1	0	0.00
材料 5	申请人无犯罪记录证明	ST7 & SM1	783.77	1582.35
材料 6	《教师资格认定网上申请表》	ST1 & SM1	0	0.00
材料 7	《居民身份证》	ST1 & SM1	0	0.00
材料 8	《普通话水平测试等级证书》	ST1 & SM1	0	0.00
材料 9	教授、副教授职称证明	ST1 & SM1	0	0.00
材料 10	劳动合同或劳动手册或学生证	ST1 & SM1	0	0.00
环节 1	现场提交材料并拍照	ST6 & SM1	41.76	98.33
环节 2	参加教育教学能力考察测试	ST6 & SM1	41.76	98.33
环节 3	到指定医院体检	ST6 & SM1	41.76	98.33
环节 4	查询领证事宜并领取教师资格证	ST6 & SM2	20.27	55.35
总计			929.32	1932.69

由上表可见，材料 5"申请人无犯罪记录证明"由于需要异地跑腿开证明，构成了整体费用主要部分，可以通过多种方式优化办证，降低费用：如

果可以采用委托方式，则单程费用下降到 26.83 元，可以节省 95.67% 的总费用；如果可以采用网上申请快递送达模式，则单程费用可下降到 20 元，节省 96.54% 的总费用；如果公安部门全国联网，可以在居住地查询户籍地的犯罪记录情况，则单程费用下降到 0.987 元，节省 98.94% 的总费用。

需要特别说明的是，各高校对于教师办理教师资格证的具体做法存在差异，部分高校采用"代办模式"，这样教师个人在环节 1 和环节 4 并不需要"跑腿办事"；但部分高校仅起到通知义务，办理全程需个人完成，这时教师的跑腿情况完全取决于材料共享情况，上述计算按照完全自主办理方式进行。

4.5 政府信息共享效益指数对改进政府治理的参考指向

通过对信息共享效益指数进行测量，各级政府部门可以从多个方面直观地把握政务服务的效率，并在一定程度上明确未来的治理改革方向。

4.5.1 信息共享类型指数的政府治理指向

信息共享类型指数指向减少办事材料、合并办事环节和降低办事层级三个政府治理方向。该指数说明的是材料获取的空间难度，虽然对材料的要求是由具体的法律法规决定的，但是各级政府部门对规定的解读仍然存在弹性，这从一定程度上体现出治理水平。

在办理"高校教师资格证"时，上海和浙江的教育行政管理部门的具体实施条例存在差异。上海需要提供"《申请人思想品德鉴定表》纸质原件"和"由户籍所在地的公安部门出具的'申请人无犯罪记录证明'纸质原件"。根据浙江政务服务网上的"高等学校教师资格认定"事项，办理材料有"申请人所在高等学校填写的《申请人思想品德鉴定表》（表样 2）及有关证明材料[1]"，经查看样表，"有无犯罪记录"是《申请人思想品德鉴定表》的项目之一，且"由申请人所在工作单位或者所在乡镇（街道）填写，也可以由公安派出所或警署填写"。显然，浙江省的做法减少了一个办事材料，并增加了材料的来源，从整体上简化了办证手续。

---

〔1〕 参见"高等学校教师资格认定"，载 http://www.zjzwfw.gov.cn/art/2015/12/14/art_48623_16625.html，最后访问日期：2019 年 10 月 5 日。

此外，从流程看，办理"高校教师资格证"要求办事者 3 次亲自到特定地点办事，程序复杂，耗时较长，如果可以将多个环节合并，则能提高效率。如可以首先通过网上预审确定用户资格，在第一次到场办事时即拍照，并开展教学能力测试，就可以省却一个办事环节，节省跑腿次数，缩短办事时间；此外，体检环节完全可以从办事流程中抽离出来，用"并联"方式办理，即体检报告作为申请材料来提供，则可以进一步减少办事环节，提升办事效率。

因此，信息共享类型指数的政府治理指向是合理减少来自外部的材料，降低办事层级，因为层级越低，办事地点数量越多，居民就近办理的成本就越低。此外，尤其需要减少异地来源材料，从而减轻民众负担。数值降低则意味着简政放权效益提升。

4.5.2 信息共享方式指数的政府治理指向

信息共享实现方式指数指向推进网上办事、提升跨部门信息共享水平的政府治理方向。该指数说明的是材料获取的技术难度，在"互联网+政务服务"的大背景下，各级政府部门通过各种技术和治理创新，给出了层出不穷的方案。

在办理"无犯罪记录证明"材料时，如果办事者可以直接从公安部门网上申请，通过快递获取证明材料，就可以大大节省去户籍所在地公安部门开具证明所耗费的时间和费用；如果能更进一步，这个证明材料由申请者在网上以电子证照的形式被开具，通过电子签名确认其有效性，则可以省去传递纸质证明的物流成本，直接向办事部门提交；最理想的状态，是教育行政部门，通过与公安部门的数据库做后台的信息共享，直接确认申请者有无犯罪记录情况，此时，办事者完全无需考虑此材料的提供。

因此，共享实现方式指数的政府治理指向是用信息流取代物流，尽量通过"数据跑路代替群众跑腿"；数值降低则意味着跨部门信息共享水平提升，政府整体治理效率提升。

4.6 局限

本章从信息论出发，结合"整体政府理论"，基于 G2C 办事流程构建了对政府信息共享效益水平进行全客观数据评估的指数，既存在一定的局限，也拥有未来的拓展空间。

4.6.1 信息共享效益指数测不准

指数存在测不准的可能性。测不准主要由两个因素决定：其一，指数数据主体来自各级政府部门对外发布的办事指南，随着"放管服"（简政放权、放管结合、优化服务）的推进，办事项目所需办事材料存在减少简化的趋势；其二，民众"少跑腿"目标的实现可能是流程优化（如一门式服务，代办模式）的结果，而非部门间信息共享的成效。对于前者，本指数是一个动态测量的体系，可以每年甚至每月更新，恰能从侧面体现放管服的成效；对于后者，代办模式如果不采用"信息共享"路径，将为办事机构带来巨大的工作量和工作效率的降低，因此可以预见共享仍然是未来趋势。

4.6.2 信息共享效益指数或将失效

GISEI 将伴随政府部门间全面信息共享的实现而失去意义。根据国务院于 2016 年 9 月 25 日发布的《国务院关于加快推进"互联网+政务服务"工作的指导意见》，"2017 年底前，各省（区、市）人民政府、国务院有关部门建成一体化网上政务服务平台，全面公开政务服务事项，政务服务标准化、网络化水平显著提升。2020 年底前，实现互联网与政务服务深度融合，建成覆盖全国的整体联动、部门协同、省级统筹、一网办理的'互联网+政务服务'体系，大幅提升政务服务智慧化水平，让政府服务更聪明，让企业和群众办事更方便、更快捷、更有效率。"[1]根据国务院办公厅于 2017 年 5 月 3 日发布的《政务信息系统整合共享实施方案》，"2017 年 12 月底前，'互联网+政务

---

〔1〕 "国务院关于加快推进'互联网+政务服务'工作的指导意见"，载 http://www.gov.cn/zhengce/content/2016-09/29/content_5113369.htm，最后访问日期：2019 年 10 月 5 日。

服务'试点城市初步实现跨地区、跨部门、跨层级的政务服务"[1]。可见虽然政策频出，但即使政策能够完全按照设计落实，在全国范围的各级政府部门间实现普遍的信息共享，仍然需要经过"试点实现——试点经验推广——全国实现"的过程，直至 2020 年底达到"全国的整体联动"的目标，共享效益指数可测量并见证这个进程。

---

　　[1]　参见"国务院办公厅关于印发政务信息系统整合共享实施方案的通知"，载 http://www.gov.cn/zhengce/content/2017-05/18/content_5194971.htm，最后访问日期：2019 年 10 月 5 日。

G2C场景下政府信息共享效益指数 基础数据构建

在 G2C 办事场景下，每个事项所需的材料及办事流程信息，就是通信模型中通过信道传播的信息，是测算信息共享效益的基础数据。在通信模型中，所传播的信息特性直接决定了信道的选择和通信的效率，因此本章采集、分析效益指数的基础数据，对信息共享的客体进行详细研究。下面首先说明 G2C 事项数据采集的步骤和过程，在此基础上，对采集到的事项数据进行统计分析，进而归纳出事项数据和材料数据的特性，最后提出采用数字证件来改进证件管理的设想。

5.1 G2C 事项数据采集

G2C 办事项目的原始数据，必须经过采集、梳理、判别、复核，才能用于指数测算。

采集的全部数据项的简要说明如表 5.1 所示，以事项"教师资格认定（高等学校）"为例，具体采集过程及处理方式见后文。

表 5.1　采集数据项说明

数据项编号	数据项名称	数据项属性说明	举例
D-01	事项名称	办事对象为"个人"，且有办事指南的具体事项的名称	教师资格认定（高等学校）

数据项编号	数据项名称	数据项属性说明	举例
D-02	办理机构（实施主体）	依据法律法规确定的特定事项的办事部门	上海市教育委员会
D-03	办理地点	该事项实际办理的执行部门及地点	上海市教育人才交流服务中心教师资格受理部（高教系列）
D-04	办理地点数量	该事项实际办理的地点数量	本事项仅一个办事地点，所以取值 1
D-05	全部场景下办事所需自有材料	根据办事指南，将该事项在各种可能场景下的办事材料中，办事者自有的材料名称采集梳理出来	身份证、居住证、普通话等级证书、学历学位证书、教育课程合格证、职称证明证书、《办理上海市居住证通知书（副联）》
D-06	全部场景下办事所需外部材料	根据办事指南，将该事项在各种可能场景下的办事材料中，非办事者自有的（即来自于外部的）那些材料名称采集梳理出来	《申请人思想品德鉴定表》、申请人无犯罪记录证明
D-07	典型场景	简要描述该事项的一个具有代表性的典型办事场景	户籍外地，博士毕业后担任高校教师
D-08	典型场景下办事所需自有材料	根据办事指南，将该事项在特定典型场景下的办事材料中，办事者自有的材料名称采集梳理出来	身份证、居住证、学历学位证书、《办理上海市居住证通知书（副联）》
D-09	典型场景下办事所需外部材料	根据办事指南，将该事项在特定典型场景下的办事材料中，非办事者自有的（即来自于外部的）那些材料名称采集梳理出来	《申请人思想品德鉴定表》、申请人无犯罪记录证明

数据项编号	数据项名称	数据项属性说明	举例
D-10	事项所采用的便捷方式	网上申报、预约先办、网上预审、网上受理、全程网上办理、网上支付、委托递送、全市通办，九种便捷方式的一项或几项	网上申报
D-11	申请者提供材料数	在办事指南的"材料来源或出具单位"表格项，统计内容为"申请者"或"个人提供"的材料数量	7
D-12	其他部门提供材料数	在办事指南的"材料来源或出具单位"表格项，统计内容为指定机构的材料数量	2
D-13	承诺办结时限	在办事指南中，办事部门对于该事项办理的承诺办结时限	新办理期限为30个工作日（现场考核、体检时间不计算在内）

5.1.1 事项名称采集

前期研究从2015年8月1日至2015年8月10日，登陆"中国上海"政府门户网站，将"网上政务大厅"下全部个人办事项目采集下来，包括生育收养、教育科研、社会保障等类型，共465项。由于本届政府关注民生，持续推进"放管服"，网上政务大厅的建设如火如荼，办事项目的数量和办事材料都出现较大的变化，需要重新采集。本次采集情况如下：

采集时间：2017年8月14日至2017年8月18日。

复核时间：2018年1月27日至2018年2月14日。

（1）上海市级事项采集。登录上海"网上政务大厅"的"市级大厅"〔1〕采集数据，共有 387 个事项，含 550 个子事项。

（2）上海区县级事项采集。由于各区县事项大致相同，选择人数最多的上海浦东新区作为采集对象，登陆"浦东新区网上政务大厅"〔2〕采集数据，共有 380 个事项，其中审批项目 304 项，服务项目 76 项。

（3）上海街道（乡镇）级事项采集。由于各街道乡镇事项大致相同，选择浦东新区里较有代表性的川沙新镇作为采集对象，理由是该镇人口总数（155600）及农业人口数（32814）居浦东新区各街镇之首〔3〕。登陆"浦东新区川沙新镇人民政府网站"〔4〕采集数据，共有 125 个事项。

（4）事项汇总情况：由于部分事项存在分项，如事项"核发《中华人民共和国护照》"包含 4 个分项"本市居民办理普通护照、未持《上海市居住证》的外省市人员办理护照、持《上海市居住证》的外省市人员办理护照、护照加注"，由于每个分项的服务内容和所需材料存在差异，因此直接按分项进行统计，截至 2017 年 8 月 18 日，共有市、区、街道事项 1055 项。需要说明的是：事项名和子事项名存在差异，处理方式为：若事项名与子事项名不一致，且只有一个子事项，按照大类标题作为该事项标题，如事项"焰火燃放许可证审批"的唯一子事项名为"烟火燃放审批"，选择"焰火燃放许可证审批"作为事项名；如果子事项名更能说明事项内容，更具有排他性，采用子事项名，如事项"短期出国人员恢复户口"的唯一子事项为"短期出国人员回沪恢复户口审批"，采用子事项名更清晰；如果两者都能说明事项内容，选择更简洁的名称，如事项"从事城市生活垃圾经营性清扫、收集、运输处理服务的审批-生活垃圾收集运输（餐厨）"的唯一子事项为"生活垃圾收集运输（餐厨）"，采用更简洁的子事项名；如果两个名称单独无法说明内容，将两个标题相加，如事项"烟花爆竹经营许可"有两个分项"零售、批发"，因此分别按"烟花爆竹经营许可—零售、烟花爆竹经营许可—批发"

---

〔1〕　参见"网上政务大厅"，载 http：//zwdt. sh. gov. cn/zwdtSW/bsfw/personalWork. do？itemType＝sp，最后访问日期：2019 年 10 月 5 日。

〔2〕　参见"浦东新区网上政务大厅"，载 http：//zwdtpd. sh. gov. cn/zwdtSW/bsfw/personalWork. do？itemType＝sp，最后访问日期：2019 年 10 月 5 日。

〔3〕　参见"2016 年统计年鉴"，载 http：//pdxq. sh. gov. cn/shpd/InfoOpen/Detail. aspx？Id＝778279，最后访问日期：2019 年 10 月 5 日。

〔4〕　参见"办事指南"，载 http：//www. pudong. gov. cn/csxz/，最后访问日期：2019 年 10 月 5 日。

命名两个事项。

5.1.2 事项复核

由于部分事项在数据采集期间存在无法访问的情况，特此在 2018 年 1 月 27 日至 2 月 14 日期间，对这些事项进行复核。复核发现，这 5 个月来，由于响应国家的"互联网+政务服务"政策，上海的"网上政务大厅"进行了较大规模的改版，部分事项也出现了调整。为体现电子政务的发展状态，同时避免多次采集导致数据缺乏一致性，因此复核阶段重点是删除已取消的事项，同时保留事项分类变更的事项不变，原则上不增加新设项目。

（1）删除事项。在删除事项时要特别谨慎，首先到特定职能部门的网站上去查验，然后从百度中查询该事项名称，确保该事项已经权威部门声明废止；对于在职能部门网站上仍然存在，但不再出现在"中国上海网上政务大厅"中的事项，仍然保留。如市农委事项"渔业船舶制式无线电台执照审批"，不再出现在"网上政务大厅"和市农委的网上办事栏目中，经查询，于 2017 年 9 月 22 日经国务院文件《国务院关于取消一批行政许可事项的决定》（国发〔2017〕46 号）宣布废止，[1]类似的还有市财政局及区财政局相关事项"会计从业资格审批"，随着"财政部 2017 年 12 月 22 日对外宣布废止《会计从业资格管理办法》等 3 部规章"[2]而取消。此外有一批消失事项集中在浦东新区人保局的管辖范围内，如事项"工伤认定申请预约""未纳入镇保征地养老人员生活费发放"，这些事项消失可能与政府整体信息化水平提升、业务改进及纠错相关；还有的事项，其办事主体从个人转变为"法人"，如事项"土地整理复垦立项审批（新办）"，因此也从研究对象中排除。经查验，部分事项虽然从"网上政务大厅"和职能部门网站上消失，但在实际中依然存在，这类从网上常规渠道无法查询到"办事指南"的事项对民众办事造成困扰。如事项"未纳入镇保征地养老人员生活费发放"，初次采集数据时在浦东新区的"网上政务大厅"上，但是并没有提供具体材料；复核数据

---

〔1〕 参见"国务院关于取消一批行政许可事项的决定"，载 http://www.gov.cn/zhengce/content/2017-09/29/content_5228556.htm? gs_ws=tsina_636423827681663003，最后访问日期：2019 年 10 月 5 日。

〔2〕 参见"财政部废止《会计从业资格管理办法》等 3 部规章"，载 http://www.gov.cn/xinwen/2017-12/22/content_5249616.htm，最后访问日期：2019 年 10 月 5 日。

时发现该事项消失，而且在浦东新区人力资源和社会保障局网站上依然没有该事项的内容；经百度搜索，发现在浦东新区政府公文中存在对此事项的安排[1]；由于无法核实办事依据，在本研究中只能将事项删除。采用上述原则，共删除事项 33 项。

（2）保留分类变化事项。保留分类变化事项的原因是：复核中发现的事项的变更往往是调整事项的分类方式导致的；在不同的分类方式下，具体办事所依据的法律法规和办事材料并没有发生改变，而且分类依然存在调整可能性，因此无须重新采集数据。如市公安局事项"核发《往来港澳通行证》及签注"，原本其子事项是依据事由分为"探亲、逗留、旅游、其他"，后改为根据办事对象分为"华侨、具有本市户籍的居民及驻地在本市的现役军人、持《上海市居住证》的外省市人员、未持《上海市居住证》的外省市人员"。

（3）原则上不增补新事项。因为新增事项与分类变化事项相似，部分是因为事项分类方式调整或者办事方式改变所致。如新增的市公安局事项"互联网办理车驾管业务"包括了 8 个子事项，是将原有事项"核发机动车驾驶证"中可以用网上办理的部分事项抽出来成为新事项，其实只改变了办事方式，并没有新增办事内容；而且办事方式是事项的一个属性，可以直接在原有事项上说明"全程网上办理"，没有必要新增办事项目；如果增加该事项的采集，则该事项内容和原有事项重复，仍然需要去重处理。但审核发现，新增市教委事项"中小学地方课程教材审定"不属于办事方式调整导致，所以增加到办事事项中。

5.1.3 事项筛选

在采集到的项目中，存在各种情况，有的不符合研究要求，需要进行筛选，原则如下：

（1）去除不针对特定办事者的事项，这类事项通常是查询类服务，无需办事者提供任何材料。如市商委提供的服务事项"活禽定点零售交易点查询"。据统计，非特定服务对象的事项有 28 项。

（2）去除个人法人通用办事项目。办事者（服务对象）包括三类：个

---

[1] 参见"关于进一步做好浦东新区征地养老人员区级统筹管理的通知"，载上海浦东政府网，http://www.pudong.gov.cn/shpd/InfoOpen/InfoDetail.aspx? Id=804832，最后访问日期：2019 年 10 月 5 日。

人、法人、其他组织，常见服务对象组合情况有四种：仅个人、仅法人、个人和法人、个人法人和其他组织。由于本研究针对个人办事项目，因此需要对服务对象包含法人和其他组织的事项进行分类处理，具体原则包括两方面。首先，对于办事内容涉及农业的项目，作为个人办事项目纳入研究范围。原因是农业（含农业、林业、牧业、渔业、农林牧渔服务业）有较大比例由家庭和个人参与，而且国家已经取消农业税，所以事项具有个人办事的特征。如事项"核发联合收割机号牌、行驶证、驾驶证"，服务对象是个人和法人，研究将其纳入个人办事项目。其次，办事内容是农业以外的其他行业，由于个人办事流程与法人（企业）相同，后者办事流程容易得到地方政府的关注和优化，因此不纳入研究范围。如"一类、二类摩托车维修经营许可（含经营范围变更）"，就归入企业办事，从本研究中排除。经统计，被剔除的不属于个人办事的事项有 331 项。

（3）对重复办事项目进行处理。重复项目主要有两种情况，一是在同一层级出现名称不同但内容一致的事项，二是市、区、街道（镇）各级提供同一事项。同一层级的同名事项，采用直接合并的方式处理，选择其中一个作为后续材料梳理的依据，如两个事项分属"服务"及"审批"两种类型，则选择审批类事项。如市住房和城乡建设管理委员会的服务事项"廉租住房申请受理"和审批事项"廉租住房申请审核"，从内容上看是同一事项，但办理的材料和办理机构有所不同。通过到住建委网站核实事项办理流程，发现前一服务事项是申请廉租房过程的初始环节，而后一事项是后续审批环节，两者结合才能完成整个申请过程。由于前后两段流程的办事部门不同，受理阶段由社区服务中心完成，而审核阶段由区住房保障和房屋管理局执行；从民众办事角度出发，该事项只需民众提交一次材料，后续环节属于政府部门间的材料流转，因此不能作为两个事项，故将两者合并为审批事项。当在多个行政层级出现同一事项时，原因是这些事项通常由市级政府部门制定政策，由基层部门具体办理。如事项"失业补助金申请"是"市人力资源和社会保障局"的事项，但具体办事部门是"社区事务受理服务中心"，因此也出现在街道办事项目中。但是，数据处理发现，在不同层级上的同一办事项目的名称和细类存在差异，如针对"职业病诊断医师资格审批"，市级事项包括"职业病诊断医师资格审批"和"职业病诊断医师资格变更"两个子事项；而区级事项则包括"职业病诊断医师资格审批（新设）、职业病诊断医师资格审批

（依申请变更）、职业病诊断医师资格审批（延续）、职业病诊断医师资格审批（补证）、职业病诊断医师资格审批（依申请注销）"五个子事项。在这种情况下，按照最高的行政层级来处理。本研究的目的是通过评价信息共享来推进民众办事中的信息共享。在所采集的数据项中，办事层级是一个重要参数，为避免该参数错误赋值造成对办事流程解读不准确，采用为一个事项的"办事单位层级"赋予多值的处理方式来合并重复事项。

由于重复事项的名称并非完全一致，因此无法直接批量处理，而需人工核验，且容易疏漏，造成统计困难。特别是公安和人社部门的大量事项存在多级重复情况，经两次核验才完成去重过程。经统计，存在重复办事项目有230 项，经合并后删除 122 项，保留 108 项。最终纳入本书研究范围的个人办事项目有 593 项。

5.1.4 材料梳理

从 2017 年 8 月 18 日至 2017 年 10 月 16 日，通过登录"中国上海"政府门户网站、百度和相关政府部门网站获得材料。根据每条材料的描述，确定其来源部门，具体做法如下：

（1）对于办事指南中明确指出材料来源的情况，填写具体提供材料的部门。如材料"无犯罪记录证明"，来源部门为"户籍所在地的公安部门"。

（2）对于办事指南中，材料来源不明的情况，通过"百度"检索其相关信息，进入相关政府部门网站，确定来源部门。如在事项"核发《上海市船舶户牌》"中，需要《中华人民共和国船舶所有权登记证书》，但是办事说明中没有明示该证书的来源部门，通过百度检索，线索指向"上海海事局"，经进入该单位网站进一步确认，确定该材料来源部门为"海事"。但是，仍有部分材料无法准确定义，如区规土局事项"土地租赁用地审批"，需要材料"建设单位与原用地单位动迁补偿安置协议、意向书或区县拆迁会签单"，从个人角度，无法提供这种两个单位之间的协议；从内容看，这类事项也不应该由个人作为办事主体，但由于在办事指南中将该事项的服务对象定义为"个人"，本研究只能将该事项的材料来源判定为申请者个人。

（3）对于材料来源于多个部门的情况，忽略泛指的单位，保留确指的单位。如事项"特殊人员申请永久居留证"，有一条材料为"国务院所属主管部、委、局出具的推荐函，或上海市人民政府推荐函"，由于"国务院所属主管部、委、局"是个泛指的单位，选择放弃，将"上海市人民政府"作为材料来源部门。

（4）依据材料是否由办事者自身所有，将所有材料分为两类，便于后期统计计算信息共享效益指数。一是自有材料，通常是常规证件，如居民身份证、户口簿、结婚证等；二是外部材料，需要向第三方获取，如事项"上海市中/高级职称评审申报指南/自然科学研究系列和工程系列/计算机/科技管理"办理需要"在外省市单位工作期间的专业技术工作业绩，并提供该单位出具的证明"，该证明属于外部材料；如果该证件在办事之前就已经获得，并非为了办理该事项而特别申请，则作为自有材料处理，如事项"驾驶人延期提交身体条件证明"，需要"机动车驾驶证"，该证件在办理事项之前获得，因此作为自有材料。

（5）当事项中所针对的办事人或办事场景存在有多种情况时，从两个角度进行梳理：一是取"典型场景"，二是取"全部场景"。取典型场景，通常是代表人群的代表事件，主要按三个原则进行选择，确保每个事项有一个代表性的办事人群。①按照大多数原则梳理，如"高校教师资格认定工作"事项有一份材料为"教授、副教授职称证明"，但大部分申请者尚不具备这样的职称，因此按照当前普遍"博士毕业"情况来梳理。②在人数较为平均或难以直接判断多数时，按照比较复杂的情况梳理。如涉及本地人或持居住证的外地居民时，按照外地居民写；根据上海市统计年鉴2016，[1]截至2015年底上海市常住人口有2415.27万，其中户籍人口1442.97万，虽然户籍人口在本市人口中的比例超过半数，但是对于户籍在外地的常住居民而言，办事办证需要到外地，时间成本和交通成本更高，因而对于政府部门间信息共享的需求更为迫切，因此本研究有所侧重，以这个群体的办事材料为梳理对象。③在难以判断多数且各种情况的复杂度接近时，按照事项办理的第一种情况进行梳理。如事项"港澳逗留签注"，针对申请者是否具有上海户籍、上海居住证，申请事由是"就学、就业、培训、居留、随任或者作为受养人依亲的"，目的地是香港或澳门，提供所需材料不同，因此按照每一个分面的第一种情

---

〔1〕 参见"2016上海统计年鉴"，载 http://www.stats-sh.gov.cn/tjnj/nj16.htm? d1 = 2016tjnj/C0201.htm，最后访问日期：2019 年 10 月 5 日。

况的组合"有上海户籍、赴香港、就学"梳理办事材料。

（6）由于统计代表性人群的情况并不能展现材料关系的全貌，因此梳理中同时采用了全部场景视角，即忽略各分面之间的组合关系，直接梳理所有出现的材料，用平铺方式展现。如"居住证新办"事项[1]，所需材料除身份证以外，还包括住所证明和来沪事由两类材料，其中居住情况包括自购房、租住、住集体宿舍、寄住亲友四种情况，而来沪事由也包括就业、开业、投靠血亲、修学四种情况，每种情况都需要提供不同的材料，可出现（4＊4＝16）种组合。因此，依据"取全体"将全部涉及的证件作为效益指数测算的依据。

（7）对于仅在一个办事项目中出现的且不涉及第三方材料的，不予梳理。这通常指事项材料中常见的"申请表、申请报告、登记表"，它们并非办事材料本身，主要起到汇总材料的作用；还有办理事项的"回执""预约单""告知书"等用于办事流程衔接的文件；还有一些可以直接填写的如"声明""承诺书"等文件。如办理教师资格证，需要"《教师资格认定网上申请表》"，该表从网上下载打印，不涉及第三方，且不会出现在其他办事项目中，因此不予梳理。同样，照片作为一种材料，仅在办事指南要求到指定部门拍摄时，作为外部材料纳入梳理范围。对于可采用"委托代理"方式办事的办事项目，由于代办而增加的材料，不予统计，如"委托书""委托人的身份证件"等。

（8）对官方材料来源的采集和分析，采集时间为2018年2月2日至2月12日。中国上海的"网上政务大厅"，经2017年底至2018年初进行了改版，更新了行政审批事项的办事指南，将材料来源列入了材料清单表格（显示为"材料来源或出具单位"表格项），大大提高了公民准备材料的清晰度，也为本书的研究提供了权威的材料来源数据。但是，由于研究进入复核数据阶段，不再重新采集所有事项的材料来源的详细数据，因此采用"全体材料为主，代表人群材料为辅"的策略，仅采集材料数量数据，不采集具体材料名称。如事项"居住证审批"，材料用一张表显示，除登记表外共有10条材料，其

---

〔1〕　参见"申办《上海市居住证》"，载 http://zwdt. sh. gov. cn/govPortals/bsfw/findBsfw. do? _itemId＝SH00PD310150105004&_itemType＝%E5%AE%A1%E6%89%B9&_stSubitemId＝167e050f－8218－4579－910b－e7041c40907f，最后访问日期：2019年10月5日。

中第6~9条分别指向四种"拟在本市居住6个月以上的住所证明"。这些材料中，标注为"申请人提供"的有5条，其余为外部材料。但是有的事项，办事材料依据不同的办事人群或办事场景用多张表显示，梳理难度大，因此采用"代表人群（第一种情况）"的材料来源作为统计标准。如事项"普通护照签发［首次申请（外省市户籍居民）］"[1]，将人群分为5类，其中第一种情况"在沪就业的外省市人员"，共有5条材料，在这些材料中，由于"照片"和"申请表"不计入材料范围，第4条材料"提交与申请事由相符的证明材料（四）在沪就业的外省市人员交验有效的居民身份证（或有效的临时居民身份证）"与第3条材料"提交本人有效的居民身份证（或有效的临时居民身份证）"相同，排除这3条后，总材料数为2，其中外部材料数为1。

（9）复核数据中的材料变更。由于事项变更，事项所对应的材料也相应发生变化。鉴于事项和材料动态变化的常态，在复核阶段，仅更新发生变化的事项所涉及的材料，主要是删除已取消的事项中孤立出现的材料。如区规土局事项"协议出让用地审批"，在初次采集数据时有14项材料，在复核阶段发现该事项于2018年1月18日进行更新后，材料数变为9项，有"土地所在区县人民政府对出让事项征询意见回复（市批）、上海市建设项目用地预审意见、发改委等投资部门批准、核准或备案意见"等5条材料不再需要[2]。采集材料的过程繁复而枯燥，但是研究过程确实见证了"简政放权"的进程。

（10）对材料来源进行分类标注。为实现对共享类型及难度的测量，对全部采集到的材料进行来源类型标注，标注方式为ST1~ST7。标注方式为根据办事指南中说明来源部门进行直接判断，如"申请人提供""企事业单位""村居委会""乡镇人民政府""区（县）台办""本市外事办公室"。对于没有明确说明行政层级的材料，采用百度查询相关资料来判断。标注时间为2018年3月14日至3月18日。由于时间局限，对于每种材料的信息共享方

---

〔1〕 参见"普通护照签发［首次申请（外省市户籍居民）］"，载 http://zwdt. sh. gov. cn/govPortals/bsfw/findBsfw. do？organName＝&organCode＝&organType＝&itemId＝SH00SH31010019 2016&itemType＝%E5%AE%A1%E6%89%B9%&_stSubitemId＝a60bd9cf-133b-4ba4-8ed1-79823d523b4e，最后访问日期：2019年10月6日。

〔2〕 参见"协议出让土地-办事明细"，载 http://zwdtpd. sh. gov. cn/zwdtSW/bsfw/showDetail. do？ST_ID＝SH00PD_8798201101&ST_TABLE_NAME＝guid，最后访问日期：2019年10月6日。

式无法采集。

5.1.5 办事便捷方式采集

本研究采集"网上政务大厅"事项列表页面上的标记数据,表征为提高效率而在办事中提供的 8 种便捷方式,作为办事环节中的信息共享方式指数的计算依据。

（1）便捷方式说明

这 8 种便捷方式分别是网上申报、预约先办、网上预审、网上受理、全程网上办理、网上支付、委托递送、全市通办,在网页中显示的情况如图 5.1 所示。

图 5.1　事项上的各类便捷办事方式标记

在这些便捷办事方式中,"委托递送"可以节省物流成本,"预约先办"在于节省等候时间、"全市通办"说明该事项可以脱离户籍地的限制,跨区办理,节省交通和时间成本。网上申报、网上预审、网上受理、全程网上办理、网上支付五种方式是借助网络提效的,其中"全程网上办理"方式是最彻底的方式,通过网上办事平台完成"办事者申报、工作人员预审、工作人员正式办理、办事费用支付"等全部环节；而其余四种方式只在某些环节上实现了上网，触网程度由低到高分别是"网上申报、网上预审、网上受理、全程网上办理"，后一方式都在前一方式基础上增加了上网环节。

（2）采集时间：2018 年 2 月 3 日至 2 月 7 日。采集方式：通过登陆"网上政务大厅"，选择特定标记，再对标记下出现的事项进行记录。

（3）采集结果：截至 2018 年 2 月 7 日，各标记下的事项数分别是：网上申报 182 项、预约先办 12 项、网上预审 33 项、网上受理 26 项、全程网上办理 16 项、网上支付 0 项、委托递送 6 项、全市通办 61 项。需要说明的是，这种统计是以总事项为口径的，如事项"核发《中华人民共和国护照》"中符合"全市通办"条件的有四个子事项，而网上政务大厅仅计算为 1 项。

5.2 数据统计分析

5.2.1 统计口径说明

首先对于办事材料的统计口径做如下说明。

（1）自有材料

在 5.1.2 中，研究定义"自有材料"为诸如居民身份证、户口簿、结婚证等常规证件，这些材料通常为申请者所有，可以直接提交到办事部门。对于自有材料的判断，前文说明了原则，但对于某些不常见的证件，难以直接判断办事者的自有情况，该数据的统计存在少量主观性。

（2）外部材料

在 5.1.2 中，研究定义"外部材料"为诸如"无犯罪记录证明"等需要向第三方获取的材料，即这些材料需要由申请者事先向特定部门申请，获得后再提交到办事部门。对于外部材料的判断，与自有材料相似，也存在少量主观性。

需要特别指出的是，区分"内外"的标准是申请者个人，即相对于申请者来说是"自有"还是"外部"，本质是反映当前 G2C 环境下由办事者驱动的"我要办事"模式。由于办事主体是特定政府部门，如果将区分"内外"的标准切换为办事部门，则可以真正体现"为民服务"的思想，那么"自有材料"则将定义为本部门提供的材料,"外部材料"是本部门以外的材料。在以办事部门区分内外的情况下,统计数据将是全客观数据。

这种统计口径的变化不仅仅是一种统计策略,更是未来的政府治理变革思路——在理想状态下,假设与民众办事相关的每个政府部门及其他组织的数据都可以通过政务平台连接,那么办事部门可以"主动"通过数据归集和推理来判断民众是否具有被"发证"的资格,然后提醒当事人办理。

(3)全部场景视角

对该事项所有场景下的材料求并集,对该集合进行统计。这个数据表征的是该事项所涉及的材料总体,而非实际办理该事项的材料情况。当事项存在分支时,该数据大于特定任一场景下的实际办事材料数据。全部场景视角和典型场景视角的存在,是基于事项的可分性,本研究将于下节进行详细分析。

(4)典型场景视角

在典型场景视角下,对每个事项最有可能的场景下的办事材料进行统计。当该事项没有多分支办事场景时,该视角的数据直接采用全部场景视角数据。但是,对于典型场景的选择和判断,尽管前文说明了原则,但仍然具有相当的主观性。

(5)官方典型视角

在官方视角下,研究依据事项"办事指南"的"办事材料"中"材料来源或出具单位",按照典型场景视角方式统计了"自有材料"和"外部材料",没有同时采用"全部场景"和"典型场景"两种视角。简化统计的原因是仅小部分事项能采集到该项数据,再拆分为两种口径将导致样本量太小。

除材料外,还对事项便捷方式、事项所在的办事行政层级、事项办理时间三个要素进行独立统计,每个事项的详细数据请见附录3。

5.2.2 各种材料来源情况统计

在第一轮采集后,对办事材料进行梳理,共出现各类材料941项;经过复核,事项出现删减更新,这些事项所独有的材料也随之变化,共删除45项材料,增加4项材料;最大的材料变化发生在三级事项合并后,由于不同的行政层级下办事项目所需具体材料不同，导致大量材料不再被使用，共删除77项材料，最后被采用的材料为823项（详见附录4）。这些材料绝大部分来源于本地的各业务部门，还有少量来源于外国、港澳台地区和外省市。

（1）涉及外国、港澳台的材料

经统计，在所有事项所需的材料中，有以下材料来自国外及港澳台地区，分别是：用工单位证明、学历学位证书、申请人无犯罪记录证明、亲子关系证明、亲属关系证明、公证部门出具的性别公证书、结婚证（离婚证）、收养证、国外出生证明（我使领馆公证）、国外定居证明（我使领馆公证）、国外无直系亲属的证明书、医师执业证书、医师资格证书、行医执照、进入许可、延期许可、执业期内无不良行为记录的证明、毕业证书、学生证或学籍卡、血亲关系鉴定、亲子关系鉴定、母亲产前医院检查、分娩记录、出院小结等原始资料、经济担保证明原件、批准文件（赴澳门就业）、出具的证明书、确认录取证明书、确认函件（延期）、香港身份证、国外出生证明、有关当局同意入渔证明、海员证、港澳台地区学历学位认证书、国外学历学位认证书、引进草品种的国外审定证书或品种鉴定名录、台湾身份证、台湾户籍本、台湾医务管理学会推荐函、外国护照。

（2）涉及外省市的材料

经统计，在所有事项所需的材料中，有7项来自上海市以外，分别是：遗体接受证明、养老保险个人建账的时间证明、（律师）当年资格认证通知（表）、（律师）执业经历和不具有相关情形的证明、独生子女证或独生子女父母光荣证、外省市旅游行政管理部门同意申请人转出的证明、申请人无犯罪记录证明。

（3）材料来源情况表

下表对材料来源情况进行统计，由于存在一份材料可由多个部门提供的可能，因此下表中各部门材料之和超过823。

表 5.2 材料来源统计表

来源	材料数	来源	材料数	来源	材料数
个人	100	高校	4	设计单位	1
农委	81	第三方	4	少儿基金管理中心	1
公安	69	村居委	4	上海市儿童福利院	1
单位	65	税务	3	培训机构-渔船	1
人社	58	侨务	3	培训机构-特种作业	1
医院	39	培训机构-教育	3	培训机构-农业	1
民政	31	旅游	3	培训机构-旅游	1
卫计	26	科委	3	培训机构-爆破	1
市容	20	会计师事务所	3	没找到，不确定	1
军队	18	海关	3	旅馆	1
公证	18	单位上级	3	考试机构	1
住建	17	征兵办	2	经委	1
司法	17	银行	2	鉴定机构-医疗	1
规土	15	演出行业协会	2	鉴定机构-司法	1
法院	14	乡镇	2	鉴定机构-疾病	1
学校	13	台办	2	鉴定机构-房屋	1
教育	13	社区	2	检验检疫	1
商务	12	上海市政府	2	检验机构-药品	1
交通	12	培训机构—医疗	2	检验机构-设备	1
工商	10	培训机构—康复训练	2	检验机构-船舶	1
质检	8	律所	2	检验机构-产品成分	1
使领馆	7	看守所	2	检验机构-产品	1
海事	7	街道镇	2	检察院	1
残联	7	建筑设计单位	2	检测机构-疫病	1
市场监督	6	发改	2	检测机构-听力	1

来源	材料数	来源	材料数	来源	材料数
档案	6	村居委会	2	检测机构-车辆	1
外事	5	保险公司	2	技监	1
体育	5	自贸区管委会	1	机构编制委员会	1
市政府	5	驻澳机构	1	环境评价公司	1
居委会	5	张江管委会	1	行业协会	1
出入境检验检疫	5	园区	1	公安户籍	1
厂商	5	语委	1	工会	1
测绘机构	5	研究机构	1	福利院	1
澳门	5	外交部	1	电信公司	1
香港	4	外国出入境	1	村委会	1
文广	4	调查机构	1	殡仪馆	1
台湾	4	市外商投资协会	1	报纸	1
民宗	4	市外高桥保税区管委会	1	安监	1
科研	4	食药监	1		

上表可见，各材料来源的贡献率存在典型差异，基本满足二八定律，提供超过20项材料的来源是个人、农委、公安、单位、人社、医院、民政、卫计、市容；有50个来源仅提供一项材料。显然，提供大量材料的来源部门主要参与公民的户籍、医疗、工作、养老等生命周期事项，农委和市容入围的原因是本研究将农业（农林牧渔）相关事项也纳入研究范畴。

必须要说明的是，上述来源的统计是一种基于水平分工的职能部门粗分类，没有体现职能部门内部的水平和垂直分工差异。公安部门特别典型，如材料"外国人居留证件"由出入境管理局提供，材料"内地无子女证明"由公安人口办提供，材料"道路交通事故责任认定书"由交警总队提供，材料"火灾事故认定书"由消防局提供，但是这些部门都是公安部门内部的水平分支，因此来源最终统一为"公安"。

5.2.3 各种材料出现频率统计

在全部 593 个办事项目中，按照全部场景视角，共出现了 3801 份（次）材料，按照这 823 项材料的出现频率进行统计；由于材料数量太多，仅展示出现频率超过 7 次的排名前 94 位的材料，如表 5.3。

表 5.3 出现频率超 7 的高频材料列表

代码	材料名	频次	代码	材料名	频次
1	身份证	404	85	人事档案	14
22	户口本（户籍证明）	208	534	医疗机构执业许可证	14
21	结婚证（离婚证）	85	793	外商投资企业批准证书或外商投资企业设立备案回执	14
15	营业执照	80	49	机动车安全技术检验合格证明	13
20	出生医学证明	59	140	澳门身份证	13
29	房地产权证	56	153	台湾身份证	13
44	商业票据，如发票、买卖合同	50	338	载有遗失声明的报纸	13
14	组织机构代码证	45	814	外国人居留证件	13
204	外国护照	44	82	独生子女证或独生子女父母光荣证	12
23	上海市居住证	43	152	办理上海市居住证通知书（副联）	12
16	工作合同或聘书	40	362	门（急）诊医疗费专用收据	12
287	劳动手册	40	663	1/500 地形图和建筑平面图	12
342	银行卡	40	125	企业名称预先核准通知书	11
4	学历学位证书	39	241	用工单位证明	11
137	体检证明	34	308	所申请从事的司法鉴定业务相关工作 10（N）年以上经验	11

续表

代码	材料名	频次	代码	材料名	频次
88	就业失业登记证或失业证或待业证	33	477	驯养繁殖证	11
76	房屋所有权证	32	20W	国外出生证明，我使领馆公证	11
78	土地使用证	31	21W	国外结婚证明，我使领馆公证	10
79	死亡注销户口的户籍证明	31	26	国外定居证明，我使领馆公证	10
108	护照	31	33	本市职工社会保险满6个月的证明	10
157	临时住宿登记单原件	31	72	血亲关系鉴定，亲子关系鉴定	10
96	残疾证	30	500	事业单位法人证书	10
92	离（退）休证、离（退）休审批表	27	30	租赁合同登记备案证明	9
75	上海市租用居住公房凭证	25	36	所属工作单位或者上级主管单位出具的同意办理出入境证件的证明	9
6	职称证明，证书	24	47	交强险	9
68	监护关系证明	24	81	母亲产前医院检查、分娩记录、出院小结等原始资料	9
77	宅基地使用证	24	149	临时居民身份证	9
205	居民死亡医学证明书	24	314	同意接收申请人的证明	9
40	机动车驾驶证	22	406	船员服务簿	9
208	人民法院死刑执行相关证明或人民法院宣告死亡（失踪）的有效判决书	22	527	注册资本证明材料	9

代码	材料名	频次	代码	材料名	频次
90	目前在读学校证明、学籍登记表等学校存档资料	21	661	土地使用证明	9
206	居民死亡推断书	21	786	外国人就业许可证	9
207	居民死亡确认书	21	37	军官证、士兵证或者警官证	8
27	机动车行驶证	20	46	完税证明	8
42	社保卡	20	219	公证部门出具的性别公证书	8
784	单位申请公函	19	288	丧失劳动能力鉴定书	8
808	健康证明	19	599	移植方案及技术措施	8
19	上海市临时居住证	17	660	建设工程规划许可证（零星）	8
28	机动车登记证书	17	31	单位集体宿舍证明	7
252	病历	17	35	录取通知书	7
69	收养证	15	45	产品合格证	7
91	毕业证书	15	48	车辆识别代号拓印膜	7
139	香港身份证	15	73	职工登记表	7
286	个人收入的证明	15	150	大陆居民往来台湾通行证	7
340	本市户籍人户分离人员居住登记申请表（回执）	15	300	律师执业证	7
343	医保卡	15	545	医师执业证书	7
383	企业设立批准证书	15	787	外国专家许可证	7

上表显示，出现频率最高的材料主要是表明身份的材料——身份证（1）、户口本（22）及上海市居住证（23）是表征个人身份的材料，在办事中最常见；营业执照（15）、组织机构代码证（14）是表征企事业单位的身份。其次，表明关系的材料也频繁出现——结婚证（离婚证）（21）、出生医学证明（20）是证明个人之间的关系，而工作合同或聘书（16）则体现了人和单位

之间的联系。出现频率最低的材料，体现的是最少见的个人与特定职能部门产生的联系。

将全部材料以频次数量和材料出现在该频次的个数来显示，材料频率分布体现出"集中—分散原则"，符合幂律分布，见表5.4。

表 5.4　频次−材料数统计表

频次	材料数	频次	材料数	频次	材料数	频次	材料数
404	1	40	3	21	3	9	10
208	1	39	1	20	2	8	6
85	1	34	1	19	2	7	9
80	1	33	1	17	3	6	21
59	1	32	1	15	7	5	29
56	1	31	4	14	3	4	33
50	1	30	1	13	5	3	72
45	1	27	1	12	4	2	137
44	1	25	1	11	5	1	472
43	1	24	4	10	5		

材料的频率分布具有显著的出现频率超过 25 次的材料有 24 项，最高频材料出现了 404 次，而仅出现一次的材料有 472 项。将全部材料出现情况进行分为三个区统计，第一个区中包括最高频的 15 项材料，满足了 1267 次材料需求；第二区中含 98 项材料，满足了 1234 次材料需求；第三区包含 743 项材料，满足了 1239 次材料需求。

需要说明的是，统计中材料项数为 856 项，多于之前统计的 831 项，是因为外国来源材料在统计中单独统计，没有并入同类本国材料，如国外出生证明编码为 20W、国外结婚证为 21W。

5.2.4 各事项材料来源类型统计

下面分别对自有材料、外部材料和总材料情况进行统计，每类材料给出三个统计值，分别是全部场景视角、典型场景视角和官方典型视角。

在全部 593 个事项中，没有分支场景的事项为 271 个，其余事项均存在多场景情况；在全部事项中，能通过更新的新版办事材料表格采集到官方视角数据的事项有 289 项。在全部场景视角下，平均每个事项需要自有材料 3.74 项，需要外部材料 2.67 项，共需要材料 6.41 项；在经典场景视角下，平均每个事项需要自有材料 2.45 项，需要外部材料 1.31 项，共需要材料 3.76 项；在官方经典视角下，平均每个事项需要自有材料 2.80 项，需要外部材料 2.76 项，共需要材料 5.56 项。

（1）自有材料情况

主要说明在全部 593 个事项中，自有材料的数量分布情况，具体如表 5.5 所示。

表 5.5 自有材料情况

材料数	全部场景	比例	典型场景	比例	官方典型	比例
0	44	7.42%	49	8.26%	30	11.32%
1	95	16.02%	148	24.96%	54	20.38%
2	118	19.90%	149	25.13%	56	21.13%
3	97	16.36%	121	20.40%	39	14.72%
4	66	11.13%	59	9.95%	34	12.83%
5	51	8.60%	38	6.41%	22	8.30%
6	36	6.07%	10	1.69%	10	3.77%
7	21	3.54%	9	1.52%	12	4.53%
8	16	2.70%	5	0.84%	4	1.51%
9	5	0.84%	1	0.17%	4	1.51%
10	12	2.02%	3	0.51%		
11	12	2.02%				
12	4	0.67%				
13	7	1.18%				
14	2	0.34%	1	0.17%		
15	3	0.51%				

续表

材料数	全部场景	比例	典型场景	比例	官方典型	比例
17	1	0.17%				
18	1	0.17%				
19	1	0.17%				
22	1	0.17%				
总计	593		593		265	

上表显示，事项数随着材料需要量的上升而下降，办事时自有材料需要数不超过3项的事项，在全部场景视角下占事项总数的59.70%，在典型场景视角下占事项总数的78.75%，在官方典型视角下占事项总数的67.55%。全部场景视角下需要的材料数显著大于另两个视角，原因是该视角包含了所有可能的情况。如事项"（户籍）项目变更"需要自有材料22项，是包括了"更改姓名、更改性别、更改民族、更改出生日期、更改公民身份证号码、更改户主、更改籍贯、更改出生地"等各种场景。

（2）外部材料情况

主要说明在全部593个事项中，当外部材料为特定数值时，事项的分布情况，具体如表5.6所示。

表5.6 外部材料情况

材料数	全部场景	比例	典型场景	比例	官方典型	比例
0	168	28.33%	241	40.64%	39	14.72%
1	125	21.08%	175	29.51%	64	24.15%
2	73	12.31%	76	12.82%	46	17.36%
3	57	9.61%	40	6.75%	42	15.85%
4	43	7.25%	21	3.54%	19	7.17%
5	35	5.90%	16	2.70%	18	6.79%
6	30	5.06%	13	2.19%	13	4.91%
7	7	1.18%	5	0.84%	11	4.15%

材料数	全部场景	比例	典型场景	比例	官方典型	比例
8	22	3.71%	4	0.67%	5	1.89%
9	7	1.18%			1	0.38%
10	10	1.69%	2	0.34%	3	1.13%
11	4	0.67%			1	0.38%
12	3	0.51%			1	0.38%
13					2	0.75%
14	2	0.34%				
15	2	0.34%				
16	2	0.34%				
18	1	0.17%				
19	2	0.34%				
总计	593		593		265	

上表显示，事项数随着材料需要量的上升而下降，办事时外部材料需要数不超过 3 项的事项，在全部场景视角下占事项总数的 71.33%，在典型场景视角下占事项总数的 89.71%，在官方典型视角下占事项总数的 72.08%。

（3）全部材料情况

主要说明在全部 593 个事项中，当办事的全部材料（自有材料+外部材料）为特定数值时，事项的分布情况，具体如表 5.7 所示。

表 5.7 全部材料情况

材料数	全部场景	比例	典型场景	比例	官方典型	比例
0	19	3.20%	22	3.71%		
1	44	7.42%	77	12.98%	21	7.92%
2	78	13.15%	116	19.56%	24	9.06%
3	73	12.31%	120	20.24%	31	11.70%
4	68	11.47%	91	15.35%	34	12.83%

材料数	全部场景	比例	典型场景	比例	官方典型	比例
5	55	9.27%	49	8.26%	36	13.58%
6	45	7.59%	39	6.58%	33	12.45%
7	34	5.73%	18	3.04%	24	9.06%
8	20	3.37%	22	3.71%	21	7.92%
9	27	4.55%	20	3.37%	9	3.40%
10	24	4.05%	8	1.35%	13	4.91%
11	13	2.19%	3	0.51%	6	2.26%
12	13	2.19%	2	0.34%	7	2.64%
13	11	1.85%				
14	8	1.35%	3	0.51%		
15	16	2.70%	1	0.17%	2	0.75%
16	16	2.70%			1	0.38%
17	4	0.67%	1	0.17%	2	0.75%
18	4	0.67%				
19	8	1.35%			1	0.38%
20	2	0.34%				
21	4	0.67%				
22	1	0.17%	1	0.17%		
28	1	0.17%				
31	1	0.17%				
33	2	0.34%				
35	2	0.34%				

上表显示，办事时所需材料数不超过3项的事项，在全部场景视角下占事项总数的36.09%，在典型场景视角下占事项总数的56.49%，在官方典型视角下占事项总数的28.68%。特别需要指出的是，在统计官方典型视角时，研究没有统计自有材料和外部材料均为0的情况，因此全部材料没有为0的

数据。

5.2.5 办事便捷情况统计

上海的"网上政务大厅"总共推出了 8 种便捷方式,下面分别按各种便捷方式的组合进行统计,并说明这种组合所包含的意义。

(1)统计说明

一是由于网页上直接给出的数据是基于总事项的,而总事项只是一个标题,没有实质办事内容,因此需要统计包括具体办事指南的子事项。

二是在全部 593 个事项中,通过街道网站采集的办事项目,因为没有采用与"网上办事大厅"相同的排版格式,所以事项上没有便捷标记,因而这 76 个街道级事项没有统计标记情况。

三是标记是在第一轮事项梳理的基础上统计的,对于第一轮统计时不存在的事项,也不在本轮研究范围内,如果在复核数据和统计标记时出现了新事项,将不进入统计范围。这种做法的合理性在于事项是一直处于变动中的,而数据采集有确定的时间阶段,研究只能抓取一个状态切面进行,无法做到实时更新。

截至 2018 年 2 月 7 日,在 517 个办事事项中,便捷方式标记如下:网上申报 194 项、预约先办 19 项、网上预审 41 项、网上受理 30 项、全程网上办理 29 项、网上支付 0 项、委托递送 3 项、全市通办 91 项。

(2)分类统计

为简化表达,将 8 个便捷方式分别用标注时显示的关键字来表示。网上申报简写为"申"、预约先办简写为"约"、网上预审简写为"预"、网上受理简写为"受"、全程网上办理简写为"网"、网上支付简写为"付"、委托递送简写为"递"、全市通办简写为"通"。对于每一种组合,除了简要介绍事项来源部门外,分析内容主要包括两方面:一是办事者需要到现场几次,二是如何进一步优化该类事项,详见表 5.8。

表 5.8　采用各种便捷方式的统计表

组合	事项数量	办事部门	举例	到场次数	判断
申+约+预+递+通	2	市公安局	本市居民办理普通护照	1	到现场用于确认身份和采集指纹，证件可快递，已经达到最优
申+预+受+网	5	市绿化和市容管理局	对林木采伐许可证的核发	1	全程网办，但无证件递送，申请者至少还需要跑腿一次去领证
申+预+受	9	市容局、市卫计委	医师资格许可	1~2	只缺网上完成审核和发证就能实现全程网办
申+网+递	1	市文化广播影视管理局	互联网上网服务营业场所从业人员的资格核准	0	两项材料来自"互联网上网服务行业协会"，办事者需要参加行业协会的培训获取资格证书
申+网+通	5	市公安局	补换领机动车行驶证	1	全程在网上完成，但不提供证件递送服务，跑腿拿证
预+受+网	1	绿化和市容管理局	出售、购买、利用国家和地方重点保护野生动物及其产品的许可	1	跑腿一次去领证
申+约	6	市司法局、市民政局	律师资质证明出具	1~2	现场办理，跑腿拿证，如事项简单可当场办结拿证
申+预	19	市卫计委、市交通委	护士执业许可	1~2	现场办理，跑腿拿证，如事项简单可当场办结拿证

组合	事项数量	办事部门	举例	到场次数	判断
申+受	15	市公安局、市教委和区市场监督管理局、区农委	教师资格认定（高等学校）	1~2	现场办理，跑腿拿证，如事项简单可当场办结拿证
申+网	17	市公安局、区文广局、区市容局、区市场监督管理局	补换领机动车号牌	1	网上办事，跑腿领证
申+通	4	市住建委、市卫计委	注册建筑师执业资格许可	1~2	现场办理，跑腿拿证，如事项简单可当场办结拿证，全市通办节省交通和时间成本
约+通	10	市公安局	外国人居留审批—团聚类居留证件（探亲）签发	2	现场办理，事项复杂，还需跑腿拿证，全市通办节省交通和时间成本
申	109	52 个市级、57 个区级事项	律师执业审核	1~2	现场办理，跑腿拿证，如事项简单可当场办结拿证
约	1	市公安局	外国人居留审批—居留证件变更	2	全市唯一窗口现场办理，7 天后到现场领证
通	70	市人社局、市公安局	办理城乡居保补缴申报手续	1~2	现场办理，跑腿拿证，如事项简单可当场办结拿证，全市通办节省交通和时间成本

采用上述各类便捷方式，在很大程度上优化了办事流程。如果将办事流

程分解为预约、办理、审核、发证四个环节，全程网办可以将前三个环节简化，而递送服务可以优化最后一个环节。因此，各类事项的流程优化方式是网上审核材料，到领证当天校验原件并颁发证件，尽可能将复杂事项的到现场次数也减少为一次；此外通过递送服务降低领证成本。

全市通办类事项办事量大，覆盖大量民生业务，办事点就近可以节约用户的办事交通成本和时间成本，尤其能为老年人群提供便利。从信息共享角度看，全市通办意味着各办事点之间采用同一套办事系统，该系统的管理层级在市级部门。

5.2.6 办事层级统计

（1）统计说明

研究认为每个事项的办事层级是事项的重要属性，包括市级、区级（上海已经没有"县"这种区划）、街道（镇）级三种属性值。这个数据可以依据三个要素来判断：一是办事项目采集的位置，在市级网上政务大厅、区级网上政务大厅、镇政府网站，存在出现于多个位置的重复事项；二是事项办理的地点，市级机构、区级机构、街镇级机构；三是事项描述中显示的"行使层级"，通常显示为"市级""区级""市级/区级"。虽然要素三最为直接，但是由于 G2C 事务被划分为服务类事项和审批类事项，在"网上政务大厅"上，没有对服务类事项说明"行政层级"，导致大量事项无法采集到数据，所以最终分别采用第一种和第二种要素来描述本项数据值。对于事项所处的行政层级，需要慎重判断，从行政管理角度看，这涉及各政府机构在不同行政层级之间的分工。从本学科角度看，信息共享的主体的行政层级直接影响了政府部门信息共享行为的可行性，以往研究表明上下级部门之间的信息共享较平级政府部门之间容易实现[1]。

（2）事项的行政层级情况

下面分别用事项出现网站的行政层级和事项办理机构的行政层级来说明情况。

---

〔1〕 参见宁连举："电子政务信息资源共享系统的博弈分析"，北京邮电大学 2007 年博士学位论文。

①事项出现网站的行政层级

情况如表 5.9 所示，共有 7 种情况。按单一层级统计，市级事项有 400 项，区级事项有 196 项，街镇级事项有 120 项。

表 5.9　事项出现的行政层级情况

类别	行政层级	事项数量	典型事项举例
第一类	市级+区级+街镇级	18	廉租住房申请受理
第二类	市级+区级	60	职业病诊断医师资格审批
第三类	市级+街镇级	26	延长领取失业保险金申请
第四类	区级+街镇级	1	医保卡及互助帮困医疗卡制作、补发
第五类	市级	296	教师资格认定（高等学校）
第六类	区级	117	核发酒类商品零售许可证
第七类	街镇级	75	办理《劳动手册》

第一类事项的办事指南虽然有市级、区级、街道三个版本，各版本内容基本一致。这类事项通常是由市级部门制定全市统一的实施方案，由街镇社区服务中心受理，由区级政府行使审批权。

第二类事项的办事指南有市级和区级两个版本，经查验内容一致，这类事项通常由区级部门受理，审批权在市级部门或区级部门。

第三类事项的办事指南有市级和街镇级两个版本，经查验，这类事项由市级部门制定全市统一的实施方案，由街镇社区服务中心受理并审核，这类事项通常为服务事项。

第四类事项的办事指南有区级和街镇级两个版本，经查验，内容一致。

第五类事项的受理和审批都在市级部门，办事指南只有一个版本。

第六类事项的受理和审批都在区级部门，办事指南只有一个版本。

第七类事项的受理和审批都在街镇级部门，经查验，事项虽然没有出现在市级网上政务大厅，但是办事指南的提供者仍然是市级部门。

②事项办理的行政层级

从事项办理层级可以看出上海市的三级行政分工情况，如表 5.10 所示。

表 5.10　事项办理的行政层级情况

行政层级	事项数量	典型事项举例	办事地点	办事点数量
市级	136	涉港、澳、台、华侨和外国人婚姻登记	上海市婚姻（收养）登记中心	1~3
区级	208	本市居民办理普通护照	闵行公安分局出入境接待室	25
街镇级	249	低收入农户就业补贴申请	佘山镇社区事务受理服务中心	218
		市内户口迁移	本市各公安派出所户籍受理窗口	307 *

＊该数据是从市公安局网站的"派出所阳光警务大厅"链接统计所得，非直接采集的官方数据。

5.2.7 办事时间统计

为了统计各类事项在办理过程中，由于共享行为而产生的实际效用，研究者于 2018 年 2 月 22 日至 2 月 25 日，登陆"中国上海"网上政务大厅和川沙镇网站，采集每个事项办事指南中的承诺办结时间。当办事指南中没有明确说明，通过百度查询事项名称来获取数据。采集时间的目的是将办事时间和办事便捷方式两个要素结合起来分析，由此判断每个事项办理中所需跑腿次数，用于信息共享效益指数的测算。

办事时间统计遵循以下原则进行：（1）办事统计以工作日为标准，以天为单位；（2）当事项存在多个场景时，按办事时间最短的场景计算；（3）当事项存在特殊情况可以延长办理时间时，不计算延长时间；（4）当事项无明确分支场景，但办事时间视情况而变化，按平均值计算；（5）通过多方查证，无法找到确定时间，不计入后续统计。各事项的承诺办结时间统计情况如表5.11 所示。

表 5.11　事项承诺办结时间统计情况（工作日：天）

办事时间	办事事项数	办事时间	办事事项数	办事时间	办事事项数
当场办结	129	15	54	52	1

办事时间	办事事项数	办事时间	办事事项数	办事时间	办事事项数
1	17	17	16	60	12
2	5	18	2	65	9
3	13	20	62	67	1
5	21	23	8	72	1
6	2	25	26	90	4
7	35	30	44	120	1
9	2	35	3	150	1
10	47	40	4	180	7
12	5	44	1	不明确	39
13	1	45	20	平均值	23.76

上表显示，21.75%的事项由于内容简单，采用"当场办结"的方式完成；其他事项，从办理到办结，需要从 1 天到 180 天的办理时间，平均办结时间为 23.76 天。

5.3 办事事项数据特性解析

5.3.1 办事事项数据具有多维属性

从事项数据采集过程中，可发现事项数据主要具有以下四维属性：

（1）**办事者身份属性**

该属性包括本市户籍居民（含驻地在本市的现役军人）、未持《上海市居住证》的外省市人员、持《上海市居住证》的外省市人员、上海飞地企业员工［如"上海梅山（集团）公司"］、华侨、港澳居民、台湾居民、外国人等属性值，在具体事项上，涵盖某几个身份值。如事项"核发《中华人民共和国护照》"，主要按照身份属性划分子事项，即"本市居民办理普通护照、华侨申请护照及加注、未持《上海市居住证》的外省市人员办理护照、持《上海市居住证》的外省市人员办理护照、普通护照加注"，其中最后一个事项则依据另一个属性"证件生命周期"。

（2）办事事由或使用场景

该属性是事项所涉及的不同事由或办事场景，属性值因事项而异。如事项"机动车登记"，其子事项共29个，涵盖了各种机动车的各种使用场景，如"机动车变更到管辖区域外、新能源汽车换发新式号牌、机动车质押备案、核发校车标牌、机动车变更共同财产所有人、机动车变更发动机、车身或车架"。

（3）证件生命周期

该属性包括证件的新办、补办、延续、变更、到期、年检、注销等属性值，通常资质类的证件会按照此属性分类，具体涵盖某几个属性值。如事项"护士执业注册"，其子事项主要按照证件生命周期分类，即"护士执业许可、护士重新注册、护士执业证书遗失补证、护士变更注册、护士换领新证、护士执业注销注册、护士延续注册"。由于具体证件的生命周期阶段与该证件的使用场景结合较为紧密，因此两个属性经常在划分子事项时混合使用。

（4）办事行政层级

该属性包括国家级、市级、区级、街镇级等属性值，部分资质证书会依据办事人情况的差异，将办事内容和程序都一致的同一事项，按照层级分工办理。如市级卫计委事项"医师资格许可"和区级卫计委事项"医师资格证书核发"内容相同；前者属于市级事项，适用于"通过国家医师资格考试的人员、军队换领地方《医师资格证书》及香港、澳门特别行政区和台湾地区医师申请认定《医师资格证书》"；后者属于区级事项，适用于"国家医师资格考试上海考区、报考时的医疗机构为浦东新区辖区内（除三级医疗机构）、考试合格人员"。可见两者的差异主要在由于申请者的差异而导致的办事部门层级分工。

5.3.2 办事事项名称和内容不稳定性

由于事项具有多维属性，就导致有多种划分子事项的方式存在，因此办事部门在调整办事事项类目的时候就具有了较大的自由裁量权，从而使具体事项（往往是一个事项的子事项）的名称和内容都处于可变的状态，这对办事流程优化和办事材料简化较为不利。特别是对于在一些企业（如港澳台资、外资、合资）中从事人事工作的人员而言，由于需要大量代理相关事项，如果事项保持稳定则可以提高办事效率。

如事项"核发《大陆居民往来台湾通行证》及签注"，在 2017 年 8 月采集数据时，子事项是按照办事场景分类，分别是"首次申领、补发、换发、失效重新申领《大陆居民往来台湾通行证》""赴台探亲签注""赴台定居签注""应邀赴台签注""赴台商务签注""赴台旅游签注""赴台乘务签注""赴台学习签注""赴台其他签注"。当 2018 年 1 月底复核数据时，该事项的子类变更为按办事者身份分为四类，分别是"华侨申办往来台湾通行证及签注、本市户籍的居民及驻地在本市的现役军人办理《往来台湾通行证》及签注手续、持《上海市居住证》的外省市人员办理《大陆居民往来台湾通行证》及各类签注（除定居签注）、未持《上海市居住证》的外省市人员办理往来台湾通行证手续"。

5.3.3 办事事项内容可再分

事项本身具有多维属性，而事项划分子事项的时候，通常只能采用一个属性或两个属性结合作为分类依据，这就必然造成其他属性特征集成在一个事项中，使子事项仍然具有可分性。这种情况在一定程度上增加了办事者的负担，他们需要从诸多办事材料中抽取符合自身情况的材料；对于办事部门而言，复杂的事项也同样影响办事效率。

如上述事项"核发《大陆居民往来台湾通行证》及签注"的子事项"本市户籍的居民及驻地在本市的现役军人办理《往来台湾通行证》及签注手续"，本身就包含了发证和签注两项内容。而签注本身，由于事由不同，还需要提供不同的办事材料。

5.3.4 办事事项唯一性的认定

（1）业界的观点

在 2016 年底调研深圳市政务服务时，政务服务管理办公室的田云副处长介绍了他们的经验。当笔者提出调研发现上海的市民办事事项是 400 多条时，他介绍深圳市民办事事项为 800 多条。此时，如何划分事项就成为焦点问题。

田处长认为确定办事事项的唯一性的要素在于事项所需提供的材料，仅当材料完全相同时，才能归为同一事项。这样，就避免了在办事材料提供时出现多值情况。尤其是在"互联网+政务服务"的大环境下，要通过办事平台来完成办事过程，就要确保办事材料的准确唯一。在这个基础上，才能继续追溯办事材料来源的唯一性和准确性。

（2）本研究的观点

按照材料唯一来划分事项是一种可行的措施，但是考虑到事项有三个属性，如果面面俱到，则事项数量会出现膨胀。同样以事项"核发《大陆居民往来台湾通行证》及签注"为例，办事者有 4 种属性，办事场景包括 9 种情况，则子事项数将为 4 * 9 = 36 项。如果考虑到"未持《上海市居住证》的外省市人员"实际包括 5 个不同人群："持有人才引进类《上海市居住证》人员的配偶和未满十六周岁的子女、在沪就业并最近一年连续正常缴纳社会保险的人员及其在本市居住 6 个月（含）以上的配偶和未满十六周岁的子女、在本市全日制高等院校在读的非本市户籍大学生及其在本市居住 6 个月（含）以上的配偶和未满十六周岁的子女、本市户籍人员的非本市户籍配偶及其未满十六周岁的子女"，事项数量还将大幅增加。

因此，本研究认为，事项精炼度和材料复杂度是一对反向指标，在事项定义中难以两全。但是，可以在网上政务平台上提供基于办事人属性的筛选功能，使事项针对性提升。

5.4 办事材料数据的多维属性分析

在某个具体事项中，办事材料会被罗列在办事指南中，这些材料通常以证件或证明的形式出现，主要有四方面的作用：一是表明身份，如身份证、军官证、居住证；二是证明资质，如律师执业证、护士执业证、驾驶证；三是证实关系，如结婚证、出生证明；四是验证状态，如无犯罪记录证明、未婚证明、申请人思想品德鉴定表。在梳理材料的过程中，发现办事项目中的材料具有多重复杂特性。

5.4.1　材料项目具有可分性

由于材料以表格的方式呈现，按照其说明的事由和证据内容罗列，因此同一个材料项目，有可能包括多项材料内容。这种情况容易造成办事者的误读，将需要同时提供的必要材料当作可选材料，准备不充分。

如事项"本市户口审批"的子事项"出生登记"，针对"国内出生婴儿办理出生登记"情况，申请材料共有 10 项，其中第三项为——"父母双方的《居民户口簿》或《户籍证明》《居民身份证》。父或母系现役军人的，须提供军人身份证件"。其实质上包含了至少两份具体材料，一是户籍材料，二是身份材料。

这类问题的解决，应该采用细分的方式，确保每一个材料项目，都只包括一项指向明确的具体材料。

5.4.2　单项材料指向多种可能的具体证件（证明）

即使材料列表的每一项从意义上都不可拆分，但由于该材料所证明的内容存在多种具体情况，因此可能有多种具体材料。

同样以事项"本市户口审批"的子事项"出生登记"为例，材料第一项为《出生医学证明》。对《出生医学证明》有弄虚作假嫌疑或与事实不符的及新生儿出生在外省市的，还须提交母亲产前医院检查、分娩记录、出院小结等凭证，无法提供上述材料的，须提供亲子鉴定证明。显然，该项材料有三种提供具体材料：《出生医学证明》、母亲产前医院凭证、亲子鉴定证明。

对于这类多分支的材料，应该确保情况条件和材料一一对应，既不遗漏任何情况，也不增加额外材料负担。

5.4.3　某具体证件（证明）有不同的材料来源方式

对于一份名称确定的证件或证明材料，在不同的办事项目中，办事材料列表中显示出不同的"材料来源"。这其实包含了材料来源的两个层次，一是由谁将材料提交给办事部门，二是材料由谁来开具。

如在事项"涉港、澳、台、华侨和外国人婚姻登记"中，有一项材料是"本市居民本人居民身份证"，材料来源为"公安部门"。在事项"核发《中华人民共和国护照》"的子事项"本市居民办理普通护照"中，也有材料"本人居民身份证"，材料来源为"申请人提供"。在事项"执业兽医资格认定"中，材料"身份证明材料"，来源说明为"公安部门出具，申请人提供"。此外，有的材料在现实中就可以由多个部门提供，如事项"办理一次性补充养老金申领事项"，有一项材料是"高原地区证明"，需要"原工作单位（或原单位驻沪办事处）或其上级主管部门盖章"，因此材料来源包括了单位和单位上级。

对于上述情况，当然可以在"办事指南"中进行规范，对于已经颁发的证件，材料来源为申请者；对于说明当前状态类的"证明"，材料来源是开具部门。但是，值得思考的是：对于身份证、结婚证、职业资格证书这样的重要证件，是个人出具更有效，还是发证机关的证明更有效？首先，鉴于伪造证件的地下行业依然存在，发证机关的记录应该更为可信。其次，当某个证件持有者出国定居或证件被发证机关注销，证件已经失去法律效力，但是证件实体依然存在。

5.5 基于证件的特性与证明效力的证件管理变革探索

在梳理各类办事材料过程中，证件的特性与其证明效力存在着特殊的相关关系，因而其管理方式也存在变革空间。

5.5.1 证件的动态更新特性

图书、报纸、期刊、档案文件，无论纸质版本还是电子版本，一旦进入图书馆、档案馆、博物馆等特定的保存利用机构，虽然机构会对其进行整理、编目、存档等一系列处理，然后对外提供借阅、阅览、查档等服务，但其内容本身不再发生变化。证件作为一种特殊的信息载体，具有不同于本学科其他研究对象的特性——动态更新，这种特性使传统的纸质证件保存和利用方式遭遇严峻的挑战。

最具代表性的证件是结婚证，法律要求"申请结婚登记的双方当事人必须同时到一方常住户口所在地的婚姻登记机关申请，不得委托他人代理"。由于婚姻登记系统仅在省内联通，并未在全国范围内实现完全联网，因此，婚姻记录无法被婚姻登记地所属省市以外的省市民政部门查询到，已婚的个人依然能以"单身"身份在其他省市再次登记结婚。于是，在不同地方多次登记结婚成为可能，重婚成为一个系统漏洞。2016 年 4 月 14 日，一起重婚案在北京市海淀区人民法院宣判——以白手起家的企业家身份，49 岁的陈良涛通过世纪佳缘交友网站先后与 4 名女性交往并结婚，而这四段婚姻中，各有两段婚姻是在同一时间内并行存续。法官表示，将向民政部门发司法建议。[1]

5.5.2 证件的证明效力问题解析

解决婚姻登记系统漏洞的根本方案在于系统全国联网，任何人申请结婚，均由民政系统工作人员查阅系统，来排除当事人对既往婚史隐瞒不报的可能性。在联网尚未实现的情况下，任何地方开具的"未婚证明"，都只能在本省范围内具有证明效力，无法推及到全国。

机动车驾驶证是另一种情况，由于电子警察查处违章的情况广泛存在，驾驶证上的副页根本无法显示个人违章扣分情况，因此纸质证件只能作为资质证明，不能作为状态证明；个人如需了解自己的扣分情况，需要通过交警的"驾驶员违法查询"获取信息。

因此，纸质证件如果作为教师资格证这类资质证明，效力不存在疑义；像结婚证这类表示状态的证件，纸质证件（证明）的效力则具有显著的缺陷，即无法实时根据当事人的状态进行更新。在这种情况下，发证机关的办事系统中的证件状态，才具有真实可信的证明效力。

5.5.3 用数字证件实现证件全生命周期管理的可行性分析

基于证件动态更新的特性和对证件证明效力的分析，可以得出一个基本结论，即纸质证件的可信度和证明效力不如发证机关的数据库记录。因此，对证件的全生命周期进行数字化管理成为一种选择，即用数字证件取代纸质证件。

---

〔1〕　参见"结婚证全国联网存漏洞：男子先后娶 4 个老婆"，载 http://news.sohu.com/20160415/n444233989.shtml，最后访问日期：2019 年 10 月 6 日。

（1）纸质证件的使用机制和管理方式

纸质证件的使用机制：办事部门人员通过审核纸质证件来确认办事人的资质及状态，审核的要点是辨别纸质证件的真伪。这种机制下存在两方面的缺陷：一是伪造效果逼真的假证件可能蒙混过关；二是增加了办事人员审核证件的工作量，降低工作效率，同时不可避免地带来寻租空间。这种机制存在的环境条件是，整个社会信息化水平较低，发证机关数据库并没有证件信息数据库或该数据库没有联网查询的条件，办事部门无法获取证件的实时记录信息。

纸质证件的管理方式：纸质证件的生命周期包括新办、补办、延续、变更、到期、年检、注销等环节，这些都是当前存在的具体办事项目，需要证件持有者将证件和其他相关材料提交到办事部门，再由办事部门进行处理后交还。这种管理方式最主要的特点是将信息流和物流合一，通过传递纸质证件和材料，来完成证件上附着的资质及状态信息更新。

（2）数字证件的使用机制和管理方式

数字证件的使用机制：办事部门人员通过特定身份认证后，联网到数字证件数据库查询确认办事人的资质及状态，审核的要点是确认办事人在数据库是否拥有特定的记录。这种机制存在两方面的要求：一是数据库要根据证件生命周期阶段的状态实时更新；二是该数据库需要有严格的数据安全保障，如果数据库的管理人员存在无法被数据库管理系统识别和记录的修改具体数据的权限，将会带来新的寻租空间。这种机制存在的环境条件是，整个社会信息化水平已经发展到较高水平，满足对发证机关的证件数据库进行联网查询的条件。

数字证件的管理方式：数字证件的生命周期包括新办、延续、变更、到期、年检、注销等环节，不存在由于遗失和损坏而需要"补办"的环节，这些办事项目都可以在很大程度上简化，只需要证件持有者将其他相关材料提交到办事部门，由办事部门合规地更新证件数据库中的记录即可。这种管理方式最主要的特点是将证件管理直接简化为信息流管理，省去了传递纸质证件本身的物流环节，如果证件相关材料可以电子化，则证件管理的一系列办事项目可以全程网上实现。

（3）数字证件全生命周期管理和"电子证照库"的差异

第一，目前在全国各地展开建设的"电子证照库"具有很实用的功能。在"互联网+政务服务"的框架中，"电子证照库"作为一个基础性数据库而备受关注。据《四川省加快推进"互联网+政务服务"工作方案》，四川将建设全省统一的电子证照系统和电子证照库，依托政务服务数据共享平台，实现电子证照信息获取、验证，推进跨层级、跨区域、跨部门电子证照互认共享。值得期待的是，凡是可以通过电子证照库共享的证明材料，不再要求申请人重新开具。……按照"能砍必砍"原则进一步精简申请材料，全面取消没有法定依据的证明和盖章环节。凡是可以通过电子证照库共享的证明材料，不再要求申请人重新开具。需要说明的是，电子证照是各种证件的照片或扫描件的电子档，比如扫描的身份证。此举将电子证照的效力等同于纸质文件，不仅便利了办事人，也免去了单位复核材料的繁缛，减少人工验证出错。[1]

第二，电子证照和数字证件存在显著差异。从上述政策文本可以看出，当前建设使用的"电子证照库"存储的是各种证件的照片或扫描件的电子档，也就是纸质证件的电子副本，相当于在证件生命周期中某个阶段的"电子快照"，并不具有 5.4.3 所设计的"数字证件"的动态更新的特性。

第三，从信息存储的载体角度看，"电子证照"的本质是纸质载体向电子载体过渡的产物。目前，由于纸质载体的证件仍是主流，具有法律效力；而对证件全生命周期实现动态管理的数字证件管理尚未实现，为了解决纸质证件在使用过程中信息流和物流合一导致物流（办事人跑腿）成本高的"痛点"，才将纸质证件"电子化"，把这个作为副本的"电子证照"以独立信息流的方式在网上政务系统中加以利用。

第四，从发展趋势看，电子证照的广泛使用将推动数字证件成为现实。2018 年 4 月 17 日，由公安部第一研究所可信身份认证平台（CTID）认证的"居民身份证网上功能凭证"首次亮相支付宝，并正式在衢州、杭州、福州三个城市的多个场景同时试点。目前，此居民身份证网上功能凭证可使用范围为三个城市的三个场景：衢州市行政服务中心自助机、福州客运北站自助售

---

〔1〕　参见"四川省人民政府关于印发四川省加快推进'互联网+政务服务'工作方案的通知"，载 http://www.sc.gov.cn/zcwj/xxgk/NewT.aspx？i=20170908101252-104159-00-000，最后访问日期：2019 年 10 月 6 日。

票机、杭州睿沃智慧酒店。[1]由于身份证是最重要最基础的证件，可以预见，随着电子身份证广泛投入使用，其他证件也会迅速电子化网络化，进而增设动态更新属性，进入数字证件时代。

　　数据采集是本研究中耗时最多的环节，所幸努力没有白费，不仅通过数据采集完成了信息共享绩效指数的基础数据准备，还在统计中发现了政府信息共享客体——证件证明类文件的特殊性质，这些办事材料能否电子化、电子材料是否具有法律效力，都直接决定了在 G2C 场景中可采用的办事方式，最终决定信息共享能否实现。

---

　　〔1〕 参见"杭州试点电子身份证，掏出手机办入住"，载 http://www.xinhuanet.com/2018-04/18/c_1122699767.htm，最后访问日期：2019 年 10 月 6 日。

上海G2C事项的政府信息共享效益
指数实证研究

　　本章通过指数计算的结果来展现上海市 G2C 办事场景下政府信息共享的效益空间和未来发展方向。首先，分别从事项级（单个事项）、部门级（某部门全体事项）、市级（全市所有事项）三个层次，典型场景和全部场景两种统计视角进行统计分析；其次，从行政层级出发，分别统计街镇级事项、区级事项、市级事项的指数值。最后，将信息共享效益指数值与事项重要数据做相关分析。

　　特别需要说明的是：由于研究时间的局限和各类材料的复杂性，且存在部分证明的开具并未作为办事项目在网上公布办事指南，如上海网上政务大厅上没有关于开具"无犯罪记录证明"的事项，故本研究无法准确采集到各类材料的共享方式，因此信息共享方式指数（GISM）无法纳入每一个事项的信息共享效益指数（GISEI）进行测算，只能由信息共享类型指数（GIST）来决定 GISEI 指数值。这时，所计算出的信息共享效益指数没有采用任何共享便捷手段下的情况描述，体现出采用信息共享后所能达到的最大效益。

　　由于个人办事项目达 593 项，将每项的收益指数直接展示出来所占篇幅过大，因此以下主要用分段统计的方式展示指数的分布情况，每个事项的具体指数值见附录 4。

6.1 政府信息共享效益指数统计分析

　　由于采用了全部场景和典型场景两个视角采集办事事项材料数据，因此事项的效益指数也存在两种口径。此外，事项的行政层级也有两种统计方式，按办事地点统计的行政层级是唯一的,即一个事项对应一个层级;但按事项出现的网站统计的行政层级则不唯一,一个事项可能同时进入街镇级、区级、市级事项范畴;考虑到本研究立足点在于民众办事,就将最终的办事地点层级作为结果呈现的统计方式。

6.1.1 事项级信息共享效益指数计算

下面分别从典型场景和全部场景两个视角统计指数分布情况,具体如表6.1和表6.2所示,典型场景视角下的分布见表6.1。

表 6.1 典型场景下信息共享效益指数值分布情况

金额	事项数	百分比	金额	事项数	百分比	金额	事项数	百分比
45. 45	116	19.56%	1712. 224	3	0.51%	253. 3	1	0.17%
22. 725	80	13.49%	1717. 845	3	0.51%	298. 425	1	0.17%
67. 85	60	10.12%	1778. 795	3	0.51%	362. 825	1	0.17%
196. 65	54	9.11%	62. 229	2	0.34%	393. 3	1	0.17%
33. 925	37	6.24%	90. 575	2	0.34%	427. 225	1	0.17%
101. 775	29	4.89%	113. 3	2	0.34%	491. 625	1	0.17%
98. 325	20	3.37%	158. 425	2	0.34%	1649. 995	1	0.17%
135. 7	16	2.70%	332. 35	2	0.34%	1678. 299	1	0.17%
79. 375	15	2.53%	1627. 595	2	0.34%	1683. 92	1	0.17%
132. 25	14	2.36%	1680. 47	2	0.34%	1706. 645	1	0.17%
230. 575	12	2.02%	3333. 915	2	0.34%	1751. 77	1	0.17%
294. 975	12	2.02%	4814. 285	2	0.34%	1782. 57	1	0.17%
166. 175	10	1.69%	39. 504	1	0.17%	1785. 695	1	0.17%
68. 175	8	1.35%	90. 9	1	0.17%	1816. 17	1	0.17%
56. 65	7	1.18%	102. 1	1	0.17%	1846. 645	1	0.17%
169. 625	6	1.01%	121. 05	1	0.17%	1899. 845	1	0.17%
200. 1	5	0.84%	143. 775	1	0.17%	2231. 645	1	0.17%
234. 025	4	0.67%	152. 479	1	0.17%	3232. 14	1	0.17%

金额	事项数	百分比	金额	事项数	百分比	金额	事项数	百分比
264.5	4	0.67%	159.075	1	0.17%	3243.665	1	0.17%
267.95	4	0.67%	177.7	1	0.17%	3356.64	1	0.17%
328.9	4	0.67%	181.15	1	0.17%	3360.94	1	0.17%
0	3	0.51%	197.929	1	0.17%	4943.085	1	0.17%
124.5	3	0.51%	215.725	1	0.17%	5075.335	1	0.17%
271.4	3	0.51%	219.375	1	0.17%	6525.23	1	0.17%
1604.87	3	0.51%	251.129	1	0.17%			

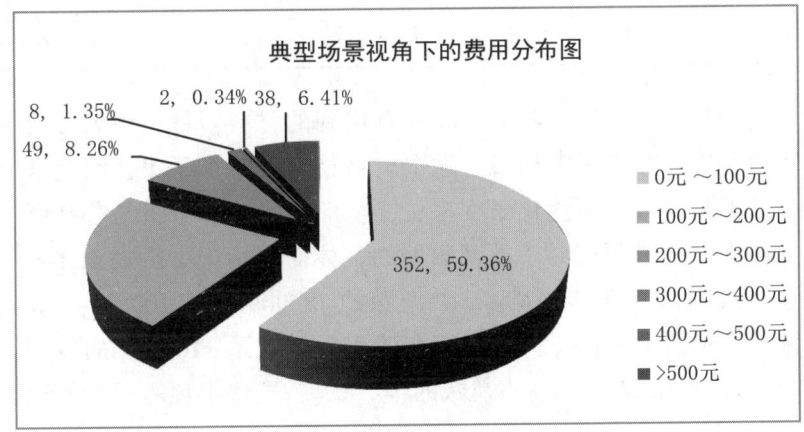

图 6.1 典型场景视角下的信息共享效益指数统计

上表显示：从典型场景视角看，首先办事费用在 45.45 元的事项最多，表示到街道社区中心跑腿两次完成办事的情况；其次是费用为 22.73 元的事项，表示到街道社区跑腿一次完成办事的情况；再次是费用在 67.85 元的事项，表示到区级部门跑腿两次办事的情况。这三类事项达到 256 项，占全部事项的 43.17%，可见大部分事项的办事成本还是较低的。从金额区间看，费用在 100 元以内的事项达到总量的 59.36%，费用在 100~200 元的事项占总量的 24.28%，随着费用的上升，事项数量显著下降，费用超过 500 元的事项仅占总量的 6.41%。

表 6.2　全部场景视角下信息共享效益指数值分布情况

费用区间	事项数	百分比	费用区间	事项数	百分比
0~100	290	48.90%	1800~1900	10	1.69%
100~200	135	22.77%	1900~2000	3	0.51%
200~300	68	11.47%	2000~3000	8	1.35%
300~400	8	1.35%	3000~4000	15	2.53%
400~500	7	1.18%	4000~5000	2	0.34%
500~600	1	0.17%	5000~6000	2	0.34%
600~700	1	0.17%	6000~7000	3	0.51%
1600~1700	20	3.37%	8000~9000	1	0.17%
1700~1800	16	2.70%	9000~10 000	3	0.51%

全部场景视角，意味着获取事项所有用到的材料，是一种名义费用，在实际办事过程中，办事所需材料是这个材料集合的某个子集，因此这个费用数据偏大。但是，从事项优化角度来看，全部场景下的分析十分必要，因为这个数据体现了办事部门对于外部数据的整体需求情况。由表 6.2 可见，办事费用在 0 元~100 元的事项最多，占总数的 48.90%；从 100 元~700 元，事项数量随着金额的上升而下降；不存在费用为 700 元~1600 元的事项；费用超过 1600 元的事项有 83 项，占总数的 14.00%，这些事项需要到异地获取证明文件。

6.1.2 部门级信息共享效益指数统计

下面分别从全部场景、典型场景两个视角，按水平部门计算指数，按效益值从低到高排列如表 6.3 所示，统计时将不同层级的同一职能部门合并计算。

部门级指数计算有两种视角，一是基于事项，将本部门事项的指数值做算术平均处理，二是基于材料，即直接统计各外部材料的指数值。考虑到每项材料的使用频率不同，且以材料统计不能兼顾办事环节，因此本研究采用前一种方式计算。

表 6.3　两种视角下部门级信息共享效益指数分布情况

部门	典型场景下平均值	全部场景下平均值
区组织部	22.73	22.73
工会	46.85	81.78
残联	48.58	52.35
街道社区	62.02	243.03
区建交委	78.29	96.03
文化广播影视管理局	88.17	88.17
区市场监督管理局	89.49	91.75
知识产权局	98.33	98.33
民族和宗教事务委员会	115.41	115.41
城乡建设和管理委员会	117.26	117.26
工商行政管理局	135.70	203.55
人力资源和社会保障局	140.80	213.64
绿化和市容管理局	148.85	712.86
质量技术监督局	181.41	247.54
规划和国土资源管理局	186.80	189.04
体育局	196.65	196.65
旅游局	196.65	1036.89
科学技术委员会	196.65	196.65
外事办公室	196.65	196.65
档案局	196.65	196.65
安全生产监督管理局	230.58	230.58
公安局	256.73	601.39
民政局	277.83	655.93
教育委员会	382.50	1064.24
农业委员会	386.82	635.72
卫生和计划生育委员会	634.56	865.26

续表

部门	典型场景下平均值	全部场景下平均值
交通委员会	724.03	775.69
司法局	1052.56	1191.98
侨务办公室	1899.85	5098.06
平均值	289.29	535.03

需要说明的是，区建交委和区市场监督管理局、区组织部是仅有的三个纳入统计的区级单位，因为前两个单位没有直接一一对应的市级机构；区建交委是"交通、住建"两个职能部门在区级层级上的并集，区市场监督管理局也涵盖了工商、质监等多方面的职能，而区组织部的上级部门并没有事项。

上表显示，各部门的信息共享效益指数存在明显差异，区组织部、工会、残联、街道社区等部门，办事事项主要是基本民生福利，不需要外地材料，且办事地点近，因此部门平均费用低；而侨务、司法、交通等部门，因为涉及外国人及华侨的事务，需要大量来自外地甚至国外的材料（ST7），因此办事费用较高；部门平均费用超过各部门平均值的机构仅 6 个，但是包含了教育、卫计等密切关系民生的部门，需要为提高信息共享水平而努力。

6.1.3 全市整体信息共享效益指数统计

市级共享效益指数与部门级指数计算相似，有两种口径，一是基于事项，将事项的指数做算术平均处理，二是基于材料，即直接测算全部场景的费用。同样考虑到材料利用的频率差异和对流程的参考，因此采用前一种方式计算。

统计显示，在全部场景、典型场景两种视角下，信息共享效益指数的平均值分别是 250.22 和 488.18，这代表了上海市 G2C 办事中的平均费用，也反映了通过信息共享可以实现的效益。

6.1.4 街镇级事项信息共享效益指数计算

（1）基于办事层级的街镇级事项信息共享效益指数

分别从全部场景和典型场景两个视角，分段统计在街镇的办事事项 249

项的信息共享效益指数分布情况,具体如表 6.4 所示。由下表可见:街镇级事项较多,办事所需外部材料较少,由于距离最近,因此办事费用较低;在全部场景视角下,超过 78% 的事项费用在 100 元以内,在典型场景视角下,超过 91% 的事项费用不超过 100 元。因此,从这个角度看,用共享方式替代在街道级办事的项目,效益并不特别明显。

表 6.4 两种视角下街镇级办事事项信息共享效益指数分布情况

指数范围	全部场景视角	百分比	典型场景视角	百分比
0 元~100 元	198	79.52%	230	92.37%
100 元~200 元	19	7.63%	6	2.41%
200 元~300 元	5	2.01%	2	0.80%
300 元~400 元	1	0.40%	0	0.00%
400 元~500 元	0	0.00%	0	0.00%
>500 元	26	10.44%	11	4.42%
平均值	268.21		123.18	

(2) 基于管理层级的街镇级事项信息共享效益指数

从两种视角分段统计出现在街镇级网站的 120 项事项信息共享效益指数分布情况,说明事项的管理层级对于效益的影响,具体如表 6.5 所示:仅街镇级管理的事项不多,办事所需外部材料较少,由于距离最近,因此办事费用较低;在全部场景视角下,超过 84% 的事项费用在 100 元以内,在典型场景视角下,超过 94% 的事项费用不超过 100 元。因此,用共享方式优化在街道级办事的项目,效益并不特别明显。

表 6.5 两种视角下街镇级管理事项信息共享效益指数分布情况

指数范围	全部场景视角	百分比	典型场景视角	百分比
0 元~100 元	103	85.83%	115	95.83%
100 元~200 元	7	5.83%	2	1.67%
200 元~300 元	0	0.00%	0	0.00%

指数范围	全部场景视角	百分比	典型场景视角	百分比
300 元~400 元	0	0.00%	0	0.00%
400 元~500 元	0	0.00%	0	0.00%
>500 元	10	8.33%	3	2.50%
平均值	209.58		81.94	

6.1.5 区级事项信息共享效益指数计算

（1）区级办理事项的信息共享效益指数

从两种视角分段统计在区级部门办事的 208 个事项的信息共享效益指数分布情况，具体如表 6.6 所示：区级事项较多，办事所需外部材料比例较高，用户需要付出的费用较高；费用在 100 元以内的事项，在全部场景视角下仅占 36%，在典型场景视角下不到 50%，大大低于街道级事项；因此，在区级层面采用信息共享方式办事能带来较大的效益。

表 6.6　两种视角下区级办事事项信息共享效益指数分布情况

指数范围	全部场景视角	百分比	典型场景视角	百分比
0 元~100 元	75	36.06%	100	48.08%
100 元~200 元	65	31.25%	76	36.54%
200 元~300 元	29	13.94%	15	7.21%
300 元~400 元	0	0.00%	2	0.96%
400 元~500 元	3	1.44%	0	0.00%
>500 元	36	17.31%	15	7.21%
平均值	596.32		279.44	

（2）基于管理层级的区级事项信息共享效益指数

从两种视角分段统计出现在区级网站的 196 个事项的信息共享效益指数分布情况，具体如表 6.7 所示：区级事项数量较大，办事所需外部材料比例较高，用户费用也较高；费用在 100 元以内的事项，在全部场景视角下下降到 50%，在典型场景视角下约 60%，大大低于街道级事项；因此，在区级层面采用信息共享方式办事能带来较大的效益。

表 6.7　两种视角下区级管理事项信息共享效益指数分布情况

指数范围	全部场景视角	百分比	典型场景视角	百分比
0 元~100 元	98	50.00%	118	60.20%
100 元~200 元	51	26.02%	59	30.10%
200 元~300 元	24	12.24%	12	6.12%
300 元~400 元	3	1.53%	2	1.02%
400 元~500 元	1	0.51%	0	0.00%
>500 元	19	9.69%	5	2.55%
平均值	366.61		167.08	

6.1.6 市级事项信息共享效益指数计算

（1）市级办理事项的信息共享效益指数

从两种视角分段统计在市级部门办事的 136 项事项的信息共享效益指数分布情况，具体如表 6.8 所示：市级事项数量较少，办事所需外部材料比例较高；办事费用在 100 元~200 元的事项数量最大，在典型场景视角下有超过 45% 的份额，在全部场景视角下也超过总数的 1/3；因此采用信息共享方式办事能带来非常明显的效益。

表 6.8　两种视角下市级办事事项信息共享效益指数分布情况

指数范围	全部场景视角	百分比	典型场景视角	百分比
0 元~100 元	17	12.50%	22	16.18%
100 元~200 元	51	37.50%	62	45.59%
200 元~300 元	34	25.00%	32	23.53%
300 元~400 元	7	5.15%	6	4.41%

续表

指数范围	全部场景视角	百分比	典型场景视角	百分比
400元~500元	4	2.94%	2	1.47%
>500元	23	16.91%	12	8.82%
平均值	725.53		438.12	

（2）基于管理层级的市级事项信息共享效益指数

从两种视角分段统计出现在市级网站上的400项事项的信息共享效益指数分布情况，具体如表6.9所示：市级事项数量最多，超过了区级事项和街道事项的总和，这体现出市级政府在大多数事项上起到制定政策规范的作用，而区级和街镇级职能部门负责政策的具体落实；与市级直接办理的事项相比，市级管辖的事项所需外部材料比例有所下降，但仍然高于区级管理的事项；从总体看，市级管理的事项采用信息共享方式办事能带来显著的效益。

需要说明的是，67.45%的事项由市级政府管辖，有很大的优势：其一，这些事项可以采用全市通办的办法执行，即办事系统可以全市统一，提高办事地点选择的灵活性；其二，这些事项所涉及的数据如需与外地政府部门进行交换或共享，可以直接以市级系统进行连接，而区级及以下的办事系统无法直接与外地办事系统直接连接。

表6.9 两种视角下市级管理事项信息共享效益指数分布情况

指数范围	全部场景视角	百分比	典型场景视角	百分比
0元~100元	168	42.00%	213	53.25%
100元~200元	95	23.75%	100	25.00%
200元~300元	56	14.00%	42	10.50%
300元~400元	8	2.00%	8	2.00%
400元~500元	6	1.50%	2	0.50%
>500元	67	16.75%	35	8.75%
平均值	579.45		319.87	

6.2 各项关键数据和指数的相关分析

在所采集的数据中，构成指数计算所采用的数据是研究的关键数据，将这些数据进行相关分析，可以发现隐藏的关系。此外，信息共享效益指数，能否全面反映 G2C 事项的全貌，需要通过相关分析来验证。

6.2.1 各关键数据的相关性分析

（1）数据项采用和处理说明

在研究中，构成指数的多个关键数据包括：事项所需自有材料数、事项所需外部材料数、事项所需全部场景数、事项所处行政层级、事项所需跑腿次数、事项办理时间等。其中材料统计有三种视角，为确保数据完整性，仅采用全部场景视角和典型场景视角数据；事项行政层级也采用两种统计方式分别赋值；事项跑腿次数按优化后的效果取值。最终进行关键数据相关分析的数据如表 6.10 所示，仍以事项"教师资格认定（高等学校）"为例说明。这些数据中，CID04、CID07、CID09、CID10、CID11、CID12 是研究采集的纯客观数据，其余数据是研究者在客观准则下的判断，如 CID02"全部场景下办事所需自有材料数"，是研究者判断办事者已经拥有该材料，将其归类为"自有材料"；CID08"办事需要跑腿次数（优化后）"是研究者基于办事便捷方式，结合承诺办结时限，对于通用办事流程的改进所做的推断。

表 6.10　关键数据列表

数据项编号	数据项名称	属性说明	取值举例
CID01	数据项的 ID	整数，取值范围 1~593	041
CID02	全部场景下办事所需自有材料数	整数，取值范围 0~22	6
CID03	全部场景下办事所需外部材料数	整数，取值范围 0~19	3

数据项编号	数据项名称	属性说明	取值举例
CID04	全部场景下办事所需材料总数	整数，取值范围0~35	9
CID05	典型场景下办事所需自有材料数	整数，取值范围0~14	5
CID06	典型场景下办事所需外部材料数	整数，取值范围0~10	2
CID07	典型场景下办事所需材料总数	整数，取值范围0~22	7
CID08	办事需要跑腿次数（优化后）	整数，取值范围0~2	2
CID09	承诺办结时限（如网上办事可减少时间，采用优化后的时间）	单精度数，取值范围0.0625~180（将"当场办结"按30分钟计算，即为0.0625）	30
CID10	事项办事的行政层级	整数，取值范围1~3，其中街镇级赋值为1，区级赋值为2，市级赋值为3	3
CID11	管理事项的行政层级（按出现事项网站的最高行政层级计算）	整数，取值范围1~3，赋值方式同上	3
CID12	事项所在部门个人办事事项数	整数，取值范围1~181	7

（2）数据相关统计分析

将上述数据导入 IBM SPSS Statistics 23，进行相关分析，结果如表 6.11 所示。

表 6.11 各数据间的相关关系表

		CID02	CID03	CID04	CID05	CID06	CID07	CID08	CID09	CID10	CID11	CID12
CID02	相关性	1	.450**	.854**	.679**	.196**	.572**	.177**	.236**	.024	.199**	.147**
	显著性		.000	.000	.000	.000	.000	.000	.000	.564	.000	.000
	个案数	593	593	593	593	593	593	593	554	593	593	593
CID03	相关	.450**	1	.849**	.277**	.709**	.633**	.254**	.247**	.145**	.105*	.076
	显著	.000		.000	.000	.000	.000	.000	.000	.000	.010	.064
CID04	相关	.854**	.849**	1	.563**	.529**	.707**	.253**	.284**	.099*	.179**	.132**
	显著	.000	.000		.000	.000	.000	.000	.000	.016	.000	.001
CID05	相关	.679**	.277**	.563**	1	.193**	.782**	.123**	.222**	-.001	.082*	-.003
	显著	.000	.000	.000		.000	.000	.003	.000	.972	.046	.942
CID06	相关	.196**	.709**	.529**	.193**	1	.763**	.243**	.218**	.183**	.061	.031
	显著	.000	.000	.000	.000		.000	.000	.000	.000	.141	.448
CID07	相关	.572**	.633**	.707**	.782**	.763**	1	.236**	.290**	.116**	.093*	.018
	显著	.000	.000	.000	.000	.000		.000	.000	.005	.024	.664
CID08	相关	.177**	.254**	.253**	.123**	.243**	.236**	1	.400**	.127**	.191**	-.215**
	显著	.000	.000	.000	.003	.000	.000		.000	.002	.000	.000
CID09	相关	.236**	.247**	.284**	.222**	.218**	.290**	.400**	1	-.052	.071	-.058
	显著	.000	.000	.000	.000	.000	.000	.000		.225	.097	.172
CID10	相关	.024	.145**	.099*	-.001	.183**	.116**	.127**	-.052	1	.356**	-.066
	显著	.564	.000	.016	.972	.000	.005	.002	.225		.000	.108

续表

		CID02	CID03	CID04	CID05	CID06	CID07	CID08	CID09	CID10	CID11	CID12
CID11	相关	.199**	.105*	.179**	.082*	.061	.093*	.191**	.071	.356**	1	.187**
	显著	.000	.010	.000	.046	.141	.024	.000	.097	.000		.000
CID12	相关	.147**	.076	.132**	-.003	.031	.018	-.215**	-.058	-.066	.187**	1
	显著	.000	.064	.001	.942	.448	.664	.000	.172	.108	.000	

**. 在 0.01 级别 (two-tail)，相关性显著；*. 在 0.05 级别 (two-tail)，相关性显著；为便于显示，上表文字略有简化，删除了重复出现的"个案数"。

上表显示：指数构建的关键数据间存在广泛的皮尔逊相关性（Pearson correlation），其中在 0.01 级别上显著相关的关系有 40 对，在 0.05 级别上显著相关的数据有 4 对。这些相关关系为 G2C 政务服务的改进提供了参考思路。由于数据项目多，下面将全部数据分为材料数量类数据、办事难度类数据、行政层级类数据和职能部门办事规模类数据四类，探讨类别间的相关关系及产生原理。

（3）数据相关关系解读

由于数据项多，直接对关系进行解读篇幅过大，因此将数据分类为材料数量类数据（CID02~CID07）、办事难度类数据（CID08~CID09）、行政层级类数据（CID10~CID11）和职能部门办事规模类数据（CID12）进行类别之间的相关关系分析。

①材料数量类数据的相关关系

统计显示表征材料数量类的 6 个数据之间全部存在非常显著的两两正向相关的关系，这些相关性表明：需要自有材料多的事项也需要更多的外部材料；单一场景下需要的材料多，各场景汇总所需材料相应增多。

材料数量类数据与跑腿次数和办事时间呈现显著的正向相关的关系，这符合民众办事的体验，由于材料多，因此办事机构要花费更多的时间核验材料，由于材料不合规导致用户重新提交材料的可能性也增强，因而导致跑腿次数增加，办事时间延长。

材料数量类数据与行政层级的相关关系较少，但除 CID06 外，其他 5 项数据都至少和一项行政层级类数据存在相关性。研究发现，材料数多与办事层级和管理层级呈正相关关系，显示较高层级处理较复杂的事务这一行政体制内分工规律。

材料数量类数据中仅 CID02 和 CID04 与职能部门办事规模（CID12）正相关，这表明职能部门办事可能存在一定的"规模效应"，材料多的多个事项之间可能存在一定的优化空间。

②办事难度类数据的相关关系

办事时间和跑腿次数这两个办事难度类数据间存在显著的正向相关的关系，这表明办事所需时间长的事项往往复杂度高，需要民众跑腿次数偏多。此外，这个相关关系也可能来源于两者同时受到的材料数量类数据的影响。

跑腿次数与行政层级存在显著的正相关关系，符合民众的常识，即通常需要高层审批的事项更难。办事时间和行政层级没有相关性，这不符合民众常识，可能是因为诸如办理身份证这类事项，虽然行政层级低，但办事时间依然较长。

跑腿次数与职能部门办事规模（CID12）反相关，这可以用职能部门因为办事事项多而达到"规模效应"来解释，即办事业务量大的职能部门更有动力去提高效率，降低办事难度，公安机关在办事中大量采用互联网手段提高效率就是一个例证。

③行政层级类数据的相关关系

统计表明，行政层级类两个数据存在显著相关性，证明两种统计方法都在一定程度上共同反映了政府在公民办事中的分工情况。

管理层级（出现事项的网站层级）与部门办事规模正相关。依据常理，各级政府部门间的分工应该遵循"复杂事项少且高层审批，简单事项多且基层审批"。管理层级（网站）与部门办事规模正相关体现了另一类事项，即由高层制定政策，由基层负责实施，涵盖社区服务中心的大量事项。如果严格按照审批层级来定义"行政层级"数据，这个相关性的矛盾都应该自然消解。

6.2.2 指数与各数据项的相关性分析

信息共享效益指数，采用各项数据，经测算而成，其与各观测数据的相关性如表 6.12 所示。

表 6.12　　信息共享效益指数与各数据间的相关关系表

		CID02	CID03	CID04	CID05	CID06	CID07	CID08	CID09	CID10	CID11	CID12	典指数	全指数
典指数	相关性	.177**	.344**	.305**	.161**	.451**	.393**	.169**	.262**	.186**	.151**	-.021	1	.731**
	显著性	.000	.000	.000	.000	.000	.000	.000	.000	.000	.000	.607		.000
全指数	相关	.274**	.493**	.449**	.176**	.321**	.321**	.147**	.288**	.161**	.112**	.040	.731**	1
	显著	.000	.000	.000	.000	.000	.000	.000	.000	.000	.006	.330	.000	

上表显示：无论是典型场景下的信息共享效益指数值，还是全部场景下的指数值，都与除部门规模外的全部观测数据在 0.01 级别下显著正相关。因此，信息共享效益指数较为综合地反映了办事过程中由于材料需要和办事跑腿而形成的政府部门间的关系。

（1）信息共享效益指数与外部材料相关性

指数值与相应外部来源材料相关度最高（典型场景下的指数与 CID06 相关系数达到 0.451，全部场景下的指数与 CID03 的相关系数达到 0.493），是因为指数测算的主要依据是获取外部材料的跑腿费用；而同样构成指数的"办事流程中的跑腿次数"的相关系数则均不足 0.2，证明民众办事的花费主要来源于办事材料的获取，其次才是办事流程中的跑腿。

（2）信息共享效益指数与行政层级的相关性

行政层级与指数存在显著相关，但是相关系数不到 0.2，这可以从办事难度上解读，即办事难主要存在于获取材料的环节，而事项的行政层级则体现在办事中这个环节，因此，减少材料更为关键。

（3）信息共享效益指数与办事时间的相关性

办事时间较为综合地表征了办事部门的效率，该数值与指数存在显著的正相关关系，这表明，降低民众在办事中的花费，能同步降低行政部门的负担；更具体地说，简化、减少办事材料，将同步减少办事部门因为核对材料、处理材料所耗费的时间，将必然缩短办事时间，提升行政效能。

6.3 基于信息共享效益指数的办事优化策略分析

在"互联网+政务服务"如火如荼开展的大背景下，各种优化手段层出不穷，从"最多跑一次"到"不见面审批"，从"只进一扇门"到"自助办证"，不断刷新人们的期待。下面从信息共享效益指数出发，解析当前各种优化策略的效用，并提出新的策略。

依据指数构成 $GISF = \sum_{i=1}^{n} GIST_i \times GISM_i$，优化策略指向两个方向，一是降低每次办事耗费的成本，二是改进信息共享手段。在第一种思路下，如 GIST 的公式 1 所示，可以从办事距离、时间机会成本、交通成本等角度展开。

$$GIST_{V, T, D} = T_{V, T, D} \times S_A + F_{B, P, M} = L_{V, T, D} \div R_{B, P, M} \times S_A + F_{TB, P, M} = \sqrt{S_C / 8N_{V, T, D}} \div R_{B, P, M} \times S_A + F_{TB, P, M}$$

6.3.1 缩短办事距离

（1）策略方向

缩短办事距离 $L_{V, T, D}$，主要有两种做法，一是降低办事层级，二是实现"通办"。

降低办事层级意味着"权力下放"，事项办理权限每下放一级，就意味着办事距离缩减，从而降低时间和交通费的耗费。这个经验值在上海是 0.99、3.96、9.56、41.76，即办事从市级事项下降为区级事项，将减少 3/4 的费用值；从区级下降到街道级，将减少约 60% 的费用；从街道到村居，将减少75% 的费用。

通办意味着将"异地"变为"本地"，对于户籍地和居住地分离的民众而言，会带来极大的便利。经验值显示，赴外省办事的费用与到本市的费用比为 783.67 : 41.76，能节省 95% 的费用。

（2）实例 1：上海的"全市通办"

2018 年 2 月 27 日，市政府新闻办举行市政府新闻发布会，副市长彭沉雷介绍了上海社区事务受理服务中心全面实施"全市通办"相关情况。所谓"全市通办",指的是政府部门通过优化业务办理流程,打破居民群众办事过程中存在的户籍地或居住地限制,通过建立全市统一的信息交互平台,让居民群众在全市任何一个社区事务受理服务中心均能申请办理事项,从而减少奔波,实现"就近办事"。2018年3月起,上海全市各街镇(乡)的社区事务受理服务中心将全面实施"全市通办",包括敬老卡申领和发放、生育保险待遇申领、居住证挂失等161项事务。[1]

上海市"全市通办"的做法,在市内打破了户籍地与居住地的限制,使原本需要在"户籍地"办理的事项实现就近办理,重点支撑了本市范围内人员的自由流动。这种做法的本质是从空间上缩短了办事距离,因而同步缩短办事时间,减少了民众的跑腿费用,因此GISEI数值下降。要实现"全市通办"策略,首先需要在社区事务上采用全市统一的办事系统,其次需要在各区之间、各街道社区之间,建立合理的信息交换和共享机制。更进一步分析,由于实施"全市通办",在事实上形成了各社区事务受理服务中心之间的"无差异"竞争格局;办事效率高,服务态度好的机构和公务人员将脱颖而出,反之亦然;竞争的引入将持续推动办事效率的提升,促进各种创新服务方式的出现,最终提升民众的满意度。

(3)实例2:身份证异地受理

从2016年7月1日起,全国大中城市和有条件的县市启动居民身份证异地受理工作,将历年积累的居民身份证丢失补领信息及时导入全国居民身份证挂失申报系统,对收到的丢失、被盗居民身份证妥善保管并将信息录入全国居民身份证丢失招领系统。[2]自全面启动居民身份证异地受理、挂失申报和丢失招领工作以来,截至2017年底,各地已为群众异地办理居民身份证1149万余张。据了解,全国共设立居民身份证跨省异地受理点23 613个,设立挂失申报和丢失招领窗口3.8万个,受理挂失申报信息907万余条。公安部还建成了失

---

〔1〕 参见"市政府新闻发布会介绍上海社区事务受理服务中心全面实施'全市通办'相关情况",载 http://www.shanghai.gov.cn/nw2/nw2314/nw2319/nw12344/u26aw55164.html,最后访问日期:2019年10月6日。

〔2〕 参见"身份证异地受理7月1日起全面启动",载 http://www.gov.cn/xinwen/2016-07/01/content_5087292.htm,最后访问日期:2019年10月6日。

效居民身份证信息系统，向用证部门和单位提供信息核查服务。[1]

身份证异地办理，实现了民众办事费用的节省，体现为 GISEI 下降 95%。公安部门为实现"异地办理"策略，同样需要建立全国统一的办事系统和各省市之间的信息交换和共享机制。更进一步分析，由于实施"异地办理"，在事实上形成了各省市甚至全国所有派出所之间的竞争格局，以往依靠地理区隔天然形成的职能分工模式被打破，为行政资源的流动创造了条件。从效率角度出发，各类行政资源，可以从办事量小的机构流动到办事量大的机构，实现更高效率。

6.3.2 降低时间机会成本

（1）策略方向

降低时间机会成本 S_A，有两种方式，一是直接减少时间耗费，二是用"低收益时间"替换"高收益时间"。减少时间耗费的方式较多，从预约办理到自助办理，都能有效缩短排队等候时间。通常情况下，工作日上班时间是"高收益时间"，而下班后、双休日及国定假期是"低收益时间"，因此策略是在非工作时间为民办事。

（2）实例 1：上海的"全年无休"

为配合"全市通办"的开展，上海市各街镇社区事务受理服务中心服务时间也进行了调整统一，全年 365 天都为民服务。具体服务时间是：周一至周五：上午 8：30 至下午 4：30；双休日和国定节假日：上午 8：30 至 11：30，下午由各受理中心自行安排。特别是让居民在周末和国家法定节假日也能办理事务，而且工作日中午时段也将提供服务。[2]同时，在"上海发布"公众号上还集成了"社区事务受理预约"功能。[3]

---

〔1〕 参见"公安部：已为群众异地办理居民身份证 1149 万余张"，载 http://www.gov.cn/xinwen/2017-12/21/content_5248965.htm，最后访问日期：2019 年 10 月 6 日。

〔2〕 参见"市政府新闻发布会介绍上海社区事务受理服务中心全面实施'全市通办'"，载 http://www.shanghai.gov.cn/nw2/nw2314/nw2319/nw12344/u26aw55164.html，最后访问日期：2019 年 10 月 6 日。

〔3〕 参见"重磅！上海这 161 项民生事务 3 月起'全市通办'！不用再来回奔波啦"，载 http://sh.eastday.com/m/20180212/u1a13669238.html，最后访问日期：2019 年 10 月 6 日。

"法定节假日、工作日中午时段"也能办事的做法，将民众耗费在办事上的时间机会成本降至最低，在时间不变的情况下，可以节省费用，降低 GISEI 数值。而"预约功能"可以减少民众排队等待时间，进一步降低时间耗费。在"全年无休"策略下，各社区服务中心可以借鉴银行、电信降低排队时间的经验，依据民众办事的高峰和低谷动态调节人员配备。

（3）实例 2：身份证"自助办理"

邢台市公安局开发区分局率先在河北全省启用身份证自助办理机。今后，河北省内居民可通过自助设备 24 小时自行办理二代身份证。自助设备的业务范围适用于身份证到期换领、丢失补领、损坏补领三种情况。使用该自助设备，居民通过图像采集设备自助拍照，不受节假日影响，全天候 24 小时随时办理，全程仅需 3 分钟。办理结束 15 个工作日后，居民就可领取身份证，办证人还可自助选择是自己领取身份证还是把证件邮寄到家中。[1]目前，身份证自助办理业务已经在北京、浙江、广西、重庆等地试点展开。

身份证自助办理，将时间机会成本降到极低，同时还直接缩短了办事时间。GISEI 数值达到线下办理的极限值。这种替代，相当于银行 ATM 机替代银行柜台服务，从长期看，大量自助办理终端的采用，将有可能在很多事项上实现"机器替代人工"，对行政系统产生深远的影响。

6.3.3 改进共享方式

（1）策略方向

改进共享方式指数 GISM，思路是路径升级"SM1→SM2→SM3→SM4→SM5"，从亲自办理改进为可委托办理，进而可递送材料，再后使用电子证照，直至直接共享。依据上海的经验值，SM1→SM2，在本地可以节省约 50% 的费用，在异地能节省 95% 的费用；SM2→SM3，可节省约 41% 的费用；SM3→SM4，GISM 直接降低为零；SM4→SM5，不仅办事者 GISM 为零，办事机构也可以零成本办事。

在纸质证明条件下，SM3 给出了信息共享效益指数的极限，即任何跑腿

---

[1] 参见"邢台推出居民身份证 24 小时自助办理业务 全程仅需 3 分钟"，载 http://www.gov.cn/xinwen/2016-12/15/content_5148408.htm，最后访问日期：2019 年 10 月 6 日。

成本高于快递费用的环节都用快递替代。美国"证书传递服务"（见 3.1.5）就是采用了这种优化路径。这种路径虽然不够完美，无法完全体现"互联网+"的优势，但是已经能大量节省办事跑腿费用，还能将"吃卡拿要"等基层寻租消灭于无形。

在电子证明条件下，从 SM4 的"传递电子证照"到 SM5"完全共享"，信息共享效益指数可以达到理想极限 0。但是 SM4 和 SM5 仍然存在差异，具体表现为：SM4 条件下，办事人员仍存在一定工作量，而 SM5 条件下，办事人员也无需参与，可实现"自动办事"。原因在于，在 SM4 条件下，因为"电子证照"的真实性和有效性是两个范畴，真实性主要在于排除"假证"，而有效性是指符合办事规定，办事人员依然需要通过人工核验"电子证照"内容的有效性来办事，其工作量并没有本质的降低；但 SM5 条件下，由于办事材料完全结构化，因此大部分办事规范可以直接通过材料间的逻辑组配来表达，无需人工干预。此时，对用户而言，相当于"取消所有办事材料"。

因此，在纸质证明条件下，GISM 的极限取决于物流成本；在电子证明条件下，GISM 可以达到理想极限零值，大量的基层办事业务将自动完成，政府治理面临巨大变革。

（2）实例 1：不见面审批

据海南省网上审批大厅的说明——"所谓全流程互联网'不见面审批'是指申请人通过实名注册、网上申请，网上上传申报材料并承诺材料真实性的方式办理事项，审批部门在申请人申报材料齐全并符合相关规定条件的情况下即可在承诺办结的时限内办结，并通过快递将办理结果送达申请人手中。实现企业和群众到政府审批部门办理一个事项，从申请到拿到办理结果全过程不见面不跑腿。"[1]

上述描述表明，不见面审批的实施依赖于三个优化要素：一是网上提交材料，二是申请人承诺材料真实，三是快递送达。在这三个要素中，第一和第三已经在诸多事项中得到广泛应用，而第二个要素则是"不见面"的关键。诸多"最少跑一次"的事项，那一次跑腿的内容就是现场核验材料的真实性，通过"承诺真实"，就可以将最后一次跑腿省略，达到理想的零跑腿境界。

---

[1]　"不见面审批专栏"，载 http://wssp.hainan.gov.cn/wssp/hn/module/wssp/wssb/bjmspIndex.do，最后访问时间 2019 年 10 月 6 日。

必须看到，这种做法存在着一定的道德风险，即申请人通过上传"可以假乱真的假材料"，将能够顺利完成办事过程。现场核验材料时，可以凭借办事人员的办事经验和相关仪器设备，来去伪存真；仅通过办事人上传的材料照片，是难以做到有效核验的。仅当这些材料是通过发证机关直接生成或核验后的"电子证照"，才能具备真实的法律效力。

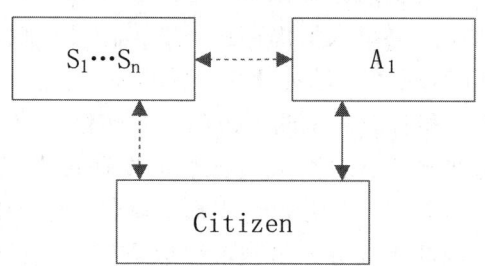

图 6.2　不见面审批的信息共享结构简化图

从信息共享结构图 6.2 可以看出，在这种模式下，办事者是否确实从信息供方获取了真实的办事材料是无从考证的，因此材料的合法性存在极大的不确定性。如果需要核验材料的真实性，则势必要求信息供方和信息需方（办事部门）之间实现信息共享；一旦该共享实现，用户去信息供方开具办事材料的环节就自动消解而不复存在，如图 6.3 所示。因此，当前的"不见面审批"只是一个"伪理想"状态，而信息供需双方"共享信息再审批"的方式才是最终的奋斗方向。

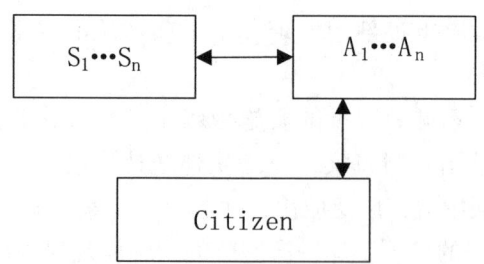

图 6.3　理想的信息共享结构图

（3）实例 2：代办

宁夏回族自治区于 2017 年 8 月 21 日颁布的《全区推行不见面审批服务

改革工作方案》提出，"推进基层群众办事'代办制'，各地要进一步加强村（社区）为民办事全程代办点建设，按照'一个场地、一块牌子、一部电话、一台电脑、一条网线、一支队伍、一本台账、一套制度、一个公示栏、一套办事须知'的'十个一'标准，加快推进代办点建设，争取代办点覆盖率达到100%。积极引入社会力量，依托中国电信农村电商网点，大幅提升村级代办点信息化服务水平。代办员或社区网格员要主动为老弱病残孕等特殊人群提供免费上门服务、代办服务等。要充分利用宁夏政务服务网，帮助基层群众进行网上查询、网上申报等，让群众足不出户办事。全区各级政务大厅要设置适当服务窗口，为特殊人群提供全程代办、帮办服务。"[1]

这种代办模式是 SM2 的一种具体形式，将个体零散的办事，汇集为群体大量办事，从本质上利用了大量代理而形成的规模效益。在常规情况下，中介机构受用户委托办事，收取代办费；宁夏"代办制"的特殊之处在于由政府基层工作人员为民众代办业务。"代办制"存在的基础是"互联网+政务服务"中网上办事的要求与民众信息技术素养不匹配的现实，该方法是一种用政府公共服务填平"信息鸿沟"的做法，既提升了效率，又较好地体现了政府责任，还消解了办事中的寻租现象。但是，在经济较为发达的地区，这种模式推广存在三方面问题：第一方面，由于信息素养较高，网上办事可以由民众自行完成；第二方面，对于需要"跑腿"完成的事项，虽然可以通过规模效应提升办事效率，但是代办机构将由于掌握大量信息而获得新的权力，从而获得从信息供需双方转移而来的寻租能力；第三方面，代办对于中介行业构成直接竞争，不利于服务行业的发展。

6.3.4 减少事项要素

（1）策略方向

合并事项要素，是从指数架构出发 $\sum_{i=1}^{n} GIST_i \times GISM_i$，有三种方式，一是合并跑腿环节，二是减少材料，三是合并材料。合并跑腿环节，就是采用

---

〔1〕 "自治区人民政府办公厅关于印发全区推行不见面审批服务改革工作方案的通知-宁夏"，载 http://www.nx.gov.cn/zwgk/qzfwj/201801/t20180115_668660.html，最后访问日期：2019 年 10 月 6 日。

物理集中的方式，将多个环节集成在一起办理，起到"合并同类项"的效用。减少材料的份数，可以直接取消办事所需的某些材料，李克强总理在2018年政府工作报告中提出"清理群众和企业办事的各类证明，没有法律法规依据的一律取消"[1]。

合并材料是将同一来源或相似来源的证照进行合并。民众办事的593个事项来源于29个水平职能部门，所涉及的823项材料来源于各级各类116个机构（含社会机构），其中提供超过10项材料的机构有18个；如果能将同一来源的材料进行合并，则可以大大减少材料的数量，进而降低GISEI的数值。这种路径的逻辑在于部门内的信息系统整合，在"纵强横弱"的现实下，同一部门一个证件，将使很多事项在部门内解决。前期研究表明，公安、人社、民宗、教育、质监、旅游、卫计部门各自内部信息共享，将使8%的材料无需办理[2]。因此，这条路径存在一定的可行性。

（2）实例1：实体办事大厅的采用

为进一步深化行政体制改革，规范行政审批行为，加大简政放权、放管结合、优化服务力度，加快建设法治政府、创新政府、廉洁政府、服务型政府，北京市政府决定，设立北京市政务服务中心，并于2015年11月9日正式运行。市政务服务中心作为本市统一面向社会办理行政审批和服务事项的窗口，承担有关行政审批和服务事项的受理、办理、反馈等工作。北京市政务服务管理办公室负责市政务服务中心日常管理和各项审批服务事项的综合协调督办工作。[3]

实体大厅能将民众的多次分散的"跑腿办事"，变为在一个物理范围内的多窗口办事，进而合成为集中受理、集中办理、集中发证，实现"一口进、一口出"。实体办事大厅，不仅直接节省用户办事成本，还能有效实现各部门之间的综合协调，加强监管，提高政府效能。但是，据笔者调查，各地实体大厅的"整合"程度存在差异，整合程度高要求进驻实体大厅的各职能部门

---

〔1〕 "政府工作报告"，载 http://www.gov.cn/premier/2018-03/22/content_5276608.htm，最后访问日期：2019年10月6日。

〔2〕 参见龙怡、李国秋："G to C电子政务中政府信息共享路径研究——基于上海市个人网上办事项目的社会网络分析"，载《情报杂志》2016年第9期。

〔3〕 参见 "北京市人民政府关于北京市政务服务中心正式运行的通告"，载 http://www.beijing.gov.cn/zfxxgk/110016/gcjsltz23/2015-11/19/content_643243.shtml，最后访问日期：2019年10月6日。

后台采用同一套办事系统或数据归集为一套系统，实现数据共享；整合程度低则仅仅起到物理集中的作用，进驻实体大厅的各职能部门采用各自独立的办事系统，没有实现共享。

（3）实例 2：多证合一

2018 年 3 月 1 日，工商总局等十三部门联合出台《关于推进全国统一"多证合一"改革的意见》(工商企注字〔2018〕31 号，以下简称《意见》)，要求各省、自治区、直辖市（以下称各省）在 2017 年开展"多证合一"改革基础上，自 2018 年 6 月底起，全面推进全国统一"多证合一"改革。去年以来，各省按照《国务院办公厅关于加快推进"多证合一"改革的指导意见》(国办发〔2017〕41 号）要求，全面实施"多证合一"改革，整合证照事项数量从"十证合一"到"五十六证合一"不等，累计整合 100 项涉企证照事项，改革取得了明显成效。同时，全国层面仍然存在整合证照数量差异大、推进程度不均衡、数据共享不充分、营业执照跨区域跨部门应用存在障碍等问题。为了切实解决改革推进过程中出现的问题，进一步规范和完善"多证合一"改革，经全面梳理、逐项研究，工商总局等十三部门达成一致意见，在"五证合一"基础上，将 19 项涉企证照事项进一步整合到营业执照上，在全国层面实行"二十四证合一"。[1]

"多证合一"出现在企业办事的 G2B 领域，其逻辑在于企业是推动国民经济发展的主要力量，在职能部门之间进行水平层面的证照合并，需要突破部门之间的边界，难度巨大。因为从本质看，大量办事项目的原理是"合规性考察"，可以理解为"条件匹配"，在诸多涉及专业技术的审核内容外包到各类第三方机构（培训、检验、鉴定、考核、测绘、评估）的情况下，各职能部门之间的差异进一步淡化。因此，"多证合一"为行政资源在水平方向跨部门流动打下了基础。

6.3.5 信息共享效益指数的极限及其风险分析

分别分析信息共享效益指数的极限，以及通往极限过程中存在的风险。

---

〔1〕 参见"工商总局等十三部门推进全国统一'多证合一'改革"，载 http://www.gov.cn/xin-wen/2018-03/14/content_5273934.htm，最后访问日期：2019 年 10 月 6 日。

（1）信息共享效益指数极限的可能实现方式

根据信息共享效益指数的构建，$GISF = \sum_{i=1}^{n} GIST_i \times GISM_i$，可见极限为零，即达到用户零花费零跑腿办事的理想状态。这个状态可以通过两种方式达到：其一，取消所有办事材料（或将所有材料并为一项）；其二，办事材料全部通过共享方式提供。

第一，共享方式升级到SM5，除采集个人生物信息的事项外，全部事项可网上完成，此时，绝大部分事项的GISEI为零。这个过程依赖于政府办事手段的改进和政府系统中各类应用系统间的整合，往往需要按部就班逐步落实，但方向已经明确了。

第二，由于户籍制度的存在，大量事项存在因人而异的办事材料要求，因此"取消所有办事材料"没有可能性。那么，将所有材料合并为一项呢？（这是多么惊人的设想啊！）这个看似惊世骇俗的设想，其实早已实现在我们的日常生活之中。每个人的档案材料，就是个人全部"证照"的总和，在档案里，有涉及每个人的亲子关系、婚姻关系、工作关系、职务职称等全方位的材料。如果将个人档案作为一项综合性材料，诸如"无犯罪记录证明""未婚证明"等，在国内办事根本没有必要开具；大部分事项均可以依据该材料内的数据直接办理。

要实现将个人档案作为办事材料普遍使用，有两个必要条件：一是材料数字化；二是有完善的存储利用机制。美国社会保障号系统（SSN）的运行经验（见3.3.4）值得我们学习借鉴，该系统"终身追踪和记载当事人的信用记录，所以成为银行和信托、警察、边检、人口统计，甚至是教育和选举机构倚赖的信息源"[1]。在美国社保卡系统中，每个人的材料都以电子方式记录；而个人申请特定办事事项时，办事机构可以与SSA系统建立连接，审核个人情况是否满足办事需求。

（2）信息共享效益指数通注极限的风险

首先，对于共享方式而言，当SM5全面实现时，公民办事无需个人付出

---

[1] 赵晨："美国社会保障号码背后有'文章'——社会保障经办机构国际比较之三"，载《中国社会保障》2011年第3期。

任何劳动,个人信息可以在各政府部门之间依据需要自由流动。此时,最大的风险在于个人信息的安全性,"分析以往的典型案例可以发现,个人信息泄露的源头,主要是医疗、教育、电信、社保等企业和公共机构,泄露原因主要是里应外合的非法倒卖和黑客侵入窃取。与无良商家非法获取倒卖个人信息相比,公共部门的信息泄露更让人担忧"[1]。

其次,对于档案这样可以涵盖个人一生的全部证照的"证照集合",存储和利用更需要防范信息泄露的风险。根据美国 SSN 的经验,全国公民的数据集中存储在"国家信息中心"(NCC),因此保证信息安全主要在两方面:一是存储安全,二是连接安全。研究显示,"美国社会保障局(SSA)的信息共享的主要方式是'计算机信息比对',即通过与数据交换方进行电子数据的自动匹配对比,来完成交换过程。SSA 要求电子数据交换伙伴满足信息安全保障的要求,以避免 SSA 提供的信息受到未经授权的访问和不当的披露;作为接收信息的一个先决条件,SSA 必须证明新的电子数据交换的合作伙伴是完全符合安全要求的;此外,SSA 对所有电子数据交换伙伴进行三年一度的安全审查,以确保他们持续符合安全保障要求。"[2]因此,基于星型模型的 SSN 系统,虽然存在中心节点负载较重的问题,但是"仅返回比对结果"的共享方式,在很大程度上降低了信息在传输过程中被拦截并泄露的风险。

综上可见,在信息共享效益指数达到极限时,两种方向殊途同归,区别仅在于信息是分散存储还是集中存储,即采用树形模型还是星型模型。无论哪种情况,都意味着个人信息的跨政府边界(水平、垂直、地域)的流动,其影响力将远远超过 G2C 办事的范畴。

---

〔1〕 "除了抓骗子,也要斩断个人信息利益链",载 http://epaper. bjnews. com. cn/html/2016-08/31/content_650223. htm? div=-1,最后访问日期:2019 年 10 月 6 日。

〔2〕 龙怡、李国秋:"美国社会保障号系统的信息共享机制研究——基于政府信息生态链视角",载《情报资料工作》2018 年第 1 期。

信息共享效益指数与电子政务类
评估的比较研究

本章首先采集全国各直辖市和省会城市在具有代表性的个人事项的情况，测算出各城市各事项的信息共享效益指数；其次将各城市的效益指数，采用合理方式合成为一个共享效益指数；再次将共享效益指数与电子政务相关评估结果进行相关分析。通过本章的跨地区比较研究和与外部变量的相关分析，可以检验信息共享效益评价结果的可用性，展示其推广价值。

7.1 各城市代表性事项数据的采集

采集各省会城市和直辖市的理由是 G2C 事项的管理权限通常在市级及以下，而省会城市通常是该省行政管理水平最优的地区之一，因此在省内具有代表性。下面分别介绍代表性事项的来源与采集方法。

7.1.1 代表性事项的来源

依据 2016 年联合国电子政务调查报告〔1〕，联合国通过考察政府网站上 12 项在线业务办理服务（如图 7.1），来评价全世界各国在线办事的水平，形成在线服务指数。由于联合国电子政务调查报告具有国际性和权威性，因此这 12 项在线业务在全部事项中具有典型意义和代表价值，符合研究需要。但是，在这 12 个事项中，申请环境许可证、登记业务属于法人事项，不属于本

---

〔1〕 参见联合国经济与社会事务部：《2016 年联合国电子政务调查报告》（中文版），国家行政学院电子政务研究中心 2016 年版，第 73 页。

研究的范畴，因此从研究对象中剔除。

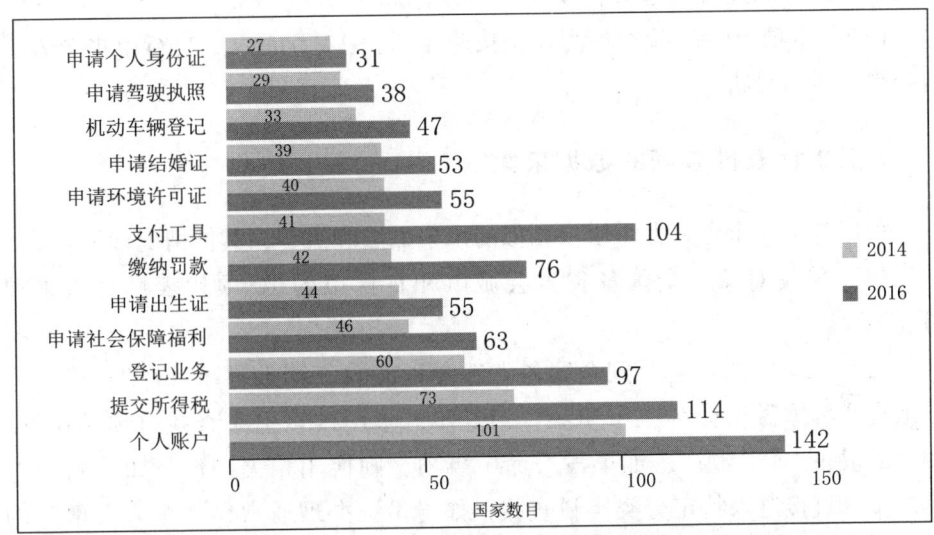

图 7.1 2016 联合国电子政务调查报告中考查的在线业务办理服务情况

因此，作为全国范围内对比研究的 10 项个人事项及其典型场景定义如下，如事项同时存在在线办理和线下办理两种方式，按在线办理方式进行分析：

（1）事项 1——个人账户：在政府网站上提供个人注册，形成个性化的个人账户。

（2）事项 2——支付工具：在政府网站上提供对水、电、煤等公用事业缴费的在线支付功能情况。

（3）事项 3——缴纳罚款：选择最常见的交通罚款，分析在线缴纳情况。

（4）事项 4——申请个人身份证：目前全国已经展开身份证异地补领工作，因此将异地补办身份证作为典型场景（在京长期居住、就业、就学的外省市户籍公民因《居民身份证》丢失的）。

（5）事项 5——申请出生证：因为婴儿出生自动获得医学出生证明，故采用户籍出生登记事项作为实际研究事项。

（6）事项 6——申请驾驶证：核发机动车驾驶证。

（7）事项 7——机动车辆登记：机动车注册登记。

（8）事项 8——申请结婚证：内地公民结婚登记。

（9）事项9——申请社会保障福利：由于申办社保卡业务通常由所在单位负责发放，因此分析遗失补领社保卡的情况。

（10）事项10——提交所得税：按照年所得12万元以上自行申报个人所得税事项进行分析。

7.1.2 代表性事项的数据采集

采用与上海市个人办事事项相似的采集方法和流程，具体情况如下：

（1）采集对象：全国各省省会城市和直辖市的10项代表性个人事项情况。

（2）采集方法：登录到全国各省省会城市的"网上办事大厅"，进行人工采集。具体做法分为三个步骤：第一步，采用搜索引擎查找事项关键词，如"驾驶证""结婚"，如果没有命中事项，则换用相关词汇，如"婚姻"；第二步，直接进入特定分类类目查找，如身份证办理通常在"个人办事"的"证件办理"类目下；第三步，通过办事职能部门分类查找，如"结婚登记"在民政局事项中查找。采集按照省级、市级、区级大厅的顺序进行，由于省会城市有多个区，一律采集排序中第一个区的事项数据。

（3）采集时间：2018年3月5日至3月15日。

（4）采集数据项：采用典型场景视角，采集每个事项所需办事材料的名称、材料来源、事项承诺办结时限、办事便捷方式、办事层级六方面的数据。

（5）对缺漏事项的处理：由于全国各地在"互联网+政务服务"发展的程度不一，有的城市"网上办事大厅"尚处于初创阶段，部分调研事项没有进驻到网站上；对这部分事项保留其缺漏的状态，在后续的统计阶段做缺省处理。所有统计数据见附录5。

7.2 各城市代表性事项数据统计分析

下面对采集到的事项数据进行分析，首先对各城市各事项的总体情况统计说明，然后对于每个事项的具体情况进行详细分析。

7.2.1 各城市各事项总体情况说明

（1）各城市事项在线显示情况

联合国电子政务调查报告通过考察各事项在政府网站上的显示情况来评价各国在线办事水平。本研究对各事项的网上显示情况进行量化，量化方式为：不存在该事项，赋值为零；存在事项，但有内容缺失或跳转到别的网站上，赋值为 0.5；存在事项且要素完整，赋值为 1。经统计，全国 31 个直辖市和省会城市的 10 个代表性事项的显示情况如表 7.1 所示。

表 7.1 各省十个事项的在线显示情况

省及省会	显示度	省及省会	显示度	省及省会	显示度
广东广州	10	湖北武汉	8	宁夏银川	7
北京	9.5	江苏南京	8	云南昆明	6.5
浙江杭州	9.5	青海西宁	8	辽宁沈阳	6
福建福州	9	上海	8	安徽合肥	5.5
湖南长沙	9	天津	8	重庆	5.5
山东济南	9	新疆乌鲁木齐	8	河南郑州	5
甘肃兰州	8.5	吉林长春	7.5	河北石家庄	4
贵州贵阳	8.5	江西南昌	7.5	内蒙古呼和浩特	4
四川成都	8.5	陕西西安	7.5	山西太原	3.5
广西南宁	8	黑龙江哈尔滨	7	西藏拉萨	1
海南海口	8				

统计显示，31 个城市共获得 223 分显示度，平均值为 7.19 分，差异明显，有 20 个城市的显示度大于平均值，11 个城市低于平均值；显示度最高的是广州，所有事项均出现在网站上，且要素齐全；显示度第二的是北京和杭州，北京仅有一个事项是跳转到外部网站实现的，杭州有一个事项材料没有正确显示；显示度最低的是拉萨，仅一个事项显示，该事项是"缴纳交通罚款"，是通过全国统一的"互联网交通安全服务管理平台"实现的，并非该市

网站上提供的事项。显示度的差异来源于两个方面：一是各省网上政务大厅的建设进度有差异；二是各城市的网上办事水平存在差异。

（2）各事项的整体显示度统计

就每一个事项的整体显示度进行统计，情况如表7.2所示。

表7.2　各事项在31个省市的显示情况

事项内容	显示度	事项内容	显示度	事项内容	显示度
个人账户	27.5	申请出生证	18	申请社会保障福利	21
支付工具	15.5	申请驾驶证	24.5	提交所得税	19
缴纳罚款	31	机动车辆登记	22		
申请个人身份证	23.5	申请结婚证	21		

上表显示，各事项的平均显示度为22.25分，但分布较为均匀，低于平均值和高于平均值的事项各占一半；显示度最高的事项是缴纳罚款，因为该事项是通过全国统一的"互联网交通安全服务管理平台"实现的；显示度最低的事项是支付工具，说明支付功能在各城市政务服务网站上还不够普及和完善。

7.2.2　各代表性事项情况说明

下面对十个事项进行详细分析，主要从事项承诺办结时限、办事方式、办事层级、材料要求几方面分析。

（1）个人账户

调查显示，除拉萨外，所有城市都提供了注册个人账户的网站功能；但是有5个城市（福州、西安、兰州、西宁、银川）因为所注册的手机没有收到验证码而无法成功完成注册过程；这些城市中有3个（西安、兰州、银川）在注册时明确告知"不对外省手机开放注册"，另外两个城市没有说明。

各城市网站在注册时要求提供的信息存在差异，有17个城市要求提交身份证号码进行验证，5个城市可以通过支付宝认证，还有1个城市支持微信登陆；较为特殊的是武汉市，还要求用户提供银行卡。

就本功能而言，应该对外地手机一视同仁，提供注册服务，因为任何地方政府都不可能拒绝对外地人口服务，外来人口持续涌入，其实是一个地方经济发展的重要标志。

（2）支付工具

调查显示，网站上没有提供支付工具的 10 个城市是石家庄、太原、呼和浩特、沈阳、郑州、南宁、昆明、拉萨、西安、兰州；支付需要跳转到外网实现的 11 个城市是北京、长春、上海、福州、南昌、济南、海口、成都、贵阳、西宁、乌鲁木齐；在网站上直接支付的 10 个城市是天津、哈尔滨、南京、杭州、合肥、武汉、长沙、广州、重庆、银川。可跳转付费的外部网站，通常是公用事业自身的付费网站，如国家电网；还有通用的支付平台，如支付宝等。

在电子商务和移动支付已经非常发达的今天，政府网站是否要具备支付功能值得探讨，但是从民众角度看，跳转到外部网站支付通常需要重新注册用户、完成验证，因此对于没有支付平台账户的民众而言，政府网站上的支付功能更可信便捷。

就本功能而言，无论是否跳转到外部网站，政府网站都应该提供公民与政府机构间电子化资金传递的便捷方式。

（3）缴纳罚款

调查显示，"缴纳交通罚款"是通过全国统一的"互联网交通安全服务管理平台"实现的，因此各城市都具备了此项功能；但仍有天津、哈尔滨、杭州等城市在网站上提供了自有缴费功能。

该事项的情况表明，办事系统的层级直接决定了办事的标准和效率，全国级的办事系统能在不同经济发展水平的各地之间提供统一标准的服务，填平了数字鸿沟和经济鸿沟。这种做法具有非常大的优越性，但是普遍推广需要谨慎，因为对任何基层公务员而言，办事系统的使用都存在学习成本，因此全国统一的办事系统必须保持稳定，不能频繁地更新操作；此外，中央部委需要给各地自发的政府治理创新提供空间。

（4）申请个人身份证

由于较多网站上没有提供异地办事事项的办事指南，此时只能统计本地居民办理身份证的情况。调查显示，网站上没有该事项的 5 个城市是石家庄、呼和浩特、郑州、昆明、拉萨；事项要素不全的 5 个城市是太原、哈尔滨、合肥、重庆、贵阳。从承诺办事时限看，能查到办事时限的 25 个城市的平均办事时间是 31.68 天；承诺时限最短的是贵阳和西宁，7 天即可办结；承诺时间最长的是南宁，除法定 60 天以外，还有 3 天的预审时间；承诺时限地域平均值的城市有贵阳、西宁、天津、银川、乌鲁木齐、长沙、重庆、北京、长春、福州、海口、昆明、上海、杭州、济南、西安、兰州。从办事方式看，有 17 个城市说明能用快递身份证到个人，采用邮局的 EMS 服务，费用在省内通常为 10 元~15 元，省外 20 元~22 元。从办事层级看，除南京、天津、沈阳是在区级机构办理外，其余可查的 23 个城市均在街道派出所办理。从材料要求看，除户口簿这项通用材料外，还有居住证、居住登记卡、工作居住证等证件；杭州市较为特别，还要求提供证明合法稳定就业、就学、居住的一项证明材料，如劳动合同、学生证、房屋租赁合同等。

该事项的情况表明，各城市在办理身份证事项上存在办事效率的差异，材料的差异体现出对非户籍居民的材料需求。杭州市额外要求的材料其实是多地办理居住证的材料；因此，在杭州可以没有本地居住证而办理异地身份证，其实降低了办事者的办事难度。调研还发现，部分城市无法按照承诺的期限完成身份证的办理。

身份证是所有证件的"母证"，就目前办事情况看，缩短办证时间是民众的最迫切的需求。此外，电子身份证如果能具备和实体身份证同样的法律效力，是非常值得推广的。

（5）申请出生证

调查表明，网站上没有出生登记事项的 11 个城市是石家庄、呼和浩特、沈阳、哈尔滨、南京、合肥、南昌、郑州、重庆、昆明、拉萨；事项要素不全或跳转外网的 4 个城市是太原、杭州、银川、乌鲁木齐。从办事时间看，承诺即时办理的 12 个城市是北京、天津、长春、福州、济南、广州、西安、兰州、西宁、太原、杭州、银川；承诺一天办结的是成都、武汉、贵阳；需要多天的是南宁、长沙、海口、乌鲁木齐，平均达 21 天；上海给出的是 0 天至 15 天的期限。从办事方式看，即时办理的需要跑腿一次，否则需要 2 次办理。从办事层级看，除成都是在"各区（市）县公安办证中心"办理外，其他城市均在户籍地派出所办理。从办事材料看，各市的情况较为一致，均为父母双方的身份证、结婚证、出生证明和户籍一方的户口簿。

该事项的情况表明，各城市在办理出生登记上存在办事时限的差异，经仔细考察，这个差异来源于各市对于事项划分颗粒度的不同；时限长的城市将多个相关事项并在一起，如长沙市将新生儿落户和收养登记、毕业生落户合为一个事项"户口登记"，因为后两个事项复杂度高，因此事项时限整体延长。

该事项应该就近办理，立等可取。

（6）申请驾驶证

调查表明，网站上没有申请驾驶证事项的 5 个城市是呼和浩特、合肥、郑州、武汉、拉萨；事项要素不全或跳转外网的 3 个城市是太原、长沙、银川。从办事时间看，除石家庄和南宁外，其余城市均承诺即时办理或当天办结；石家庄显示为"1095"，南宁所有的办事项目，都有 3 天预审的时间支出。从办事方式看，即时办结就是跑腿一次；哈尔滨和南京无需跑腿，可以由快递直接递送到家。从办事层级看，在区级车管所办理的城市有 12 个，在市级机构办理的城市有 11 个。从办事材料看，20 个城市所需材料相同，均为身份证和身体条件证明；哈尔滨、南昌、南宁还要求提供驾驶考试成绩合格通知书。

该事项的情况表明，各城市在驾驶证申请的事项上差异不大，其原因是该事项也纳入了全国统一的"互联网交通安全服务管理平台"；需要提供考试合格通知书的城市，证明考点与管理部门之间没有形成共享。

该事项应该在区级机构办理，缩短用户跑腿办事距离，同时提供快递服务，使跑腿费用高于快递费的民众能有更好的选择。

（7）机动车登记

调查表明，网站上没有机动车登记事项的 6 个城市是太原、合肥、郑州、武汉、拉萨、乌鲁木齐；事项要素不全的 6 个城市是呼和浩特、哈尔滨、上海、长沙、海口、银川。从办事时间看，承诺即时办结的 3 个城市是沈阳、成都、福州；1 天办结的有 8 个城市；2 天办结的有 11 个城市；南宁因为有 3 天预审期，因此时间为 5 天。从办事方式看，各城市均为跑腿 1 次或 2 次办理；福建的龙岩市漳平市（福州市情况没有查到）可以全程网上办理，无需提交纸质材料，但仍需要去跑腿领取证件。从办事层级看，区级办理的城市有 11 个，市级办理的城市为 10 个。从办事材料看，各城市要求提交的材料完全一致。

该事项的情况表明，各城市在机动车登记的事项上差异不大，其原因也是该事项已纳入全国统一的"互联网交通安全服务管理平台"；办结时限的差异，则体现出各城市的行政效率。

该事项存在中介服务的空间，对于新车购置，通常 4S 店会提供登记代办服务；中介通过批量办事而获得服务费，单个用户节省了办事时间，是一种符合经济规律的选择。

（8）结婚登记

调查表明，网站上没有结婚登记事项的 8 个城市是石家庄、太原、长春、南京、合肥、重庆、拉萨、西宁；事项要素不全的 4 个城市是济南、贵阳、昆明、银川。从办事时间看，有 15 个城市是当场办理；5 个城市是 1 天办理；南宁需要 3 天（含预审 3 天），上海承诺时间为 3 个月。从办事方式看，各城市没有明显差异。从办事层级看，各城市都是区民政局办理，没有差异。从办事材料看，所需材料均为身份证和户口簿，没有差异。

该事项的情况表明，各城市之间在结婚登记事项上没有明显差异；上海的超长时间，可能是包括了对特殊情况进行审核的时间。

结婚证立等可取是常态，但是由于全国婚姻登记系统尚未实现联网，因此无法对于结婚双方的情况进行实质审查，始终是一个系统漏洞。

（9）申请社会保障福利

调查表明，网站上没有社保卡补办事项的 9 个城市是石家庄、太原、呼和浩特、沈阳、长春、南宁、重庆、拉萨、西安，天津是外网显示，其余 21 个城市都有该事项且要素齐备。从办事时间看，承诺即时办理的 10 个城市是南昌、成都、上海、郑州、武汉、昆明、西宁、银川、乌鲁木齐、福州；其余 11 个城市所需时间从 1 天到 65 天不等，平均耗时 36.58 天。从办事方式看，南京、贵阳、福建龙岩市永定区提供证件递送服务，办事可以"零跑腿"；有 11 个城市需跑腿 1 次；7 个城市需要跑腿 2 次。从办事层级看，街道级办理的城市有 7 个，区级办理 7 个，市级办理 6 个。从办事材料看，18 个城市只需身份证即可办理；广州、西宁、天津需要"挂失通知单"；昆明的社会保障卡"绿色通道"服务针对需要"参保人社会保障 IC 卡遗失、失效等无法正常使用而又急需住院的特殊情况"对社保卡可"即时办理",因此需要提供住院证明。

该事项的情况表明,各城市在补办社保卡上存在明显差异,一方面体现出行政效率的高低,一方面也体现出流程的不同,如有的城市需要先挂失再补办导致时间较长,跑腿次数增加。

先挂失再补办的效率难以满足民众的要求,应该在新卡补办时同时设置旧卡作废,从而无需等待直接办新卡。

(10) 提交所得税

调查表明,网站上没有申报个人所得税事项的 11 个城市是天津、石家庄、太原、沈阳、哈尔滨、上海、南昌、海口、重庆、成都、拉萨;事项要素不全的两个城市是呼和浩特和银川。从办事时间看,有 19 个城市是即办件,仅南宁需要 3 天预审。从办事方式看,该事项都显示为通过省级网上税务大厅办理,仅贵阳市南明区显示的是到现场办理,跑腿 1 次。从办事层级看,仅贵阳实地办理是区税务局,其余城市均是省级网办理。

该事项的情况表明,大部分城市的申报个人所得税事项都进入了网上办理阶段,这体现出全国税务部门群体的要求。

7.2.3 指数数据采集的难点分析

基于上述调查,可以发现在各城市之间进行跨地域的政府信息共享效益比较评估时,会碰到两个难点,问题均来自于评价客体的特性。

(1) 事项划分标准存在差异

可能出现两种情况:一是将多个相似事项合并为同一事项,如长沙的"户口登记",这样导致办事时间和办事流程的数据都不够准确;二是将一个事项拆解为多个事项,如合肥关于身份证办理有"居民身份证速递直投到户服务、居民身份证申办进度查询"两个事项,拆解后的事项就无法进行有效比较了。

(2) 办事材料要求存在地域差异

由于各地存在地区差异,相同事件所需办事材料可能存在由于地方法规不同而导致的差异，如办理户籍，在人口拥挤的大城市所需材料，将远远多于人口尚未饱和的中小城市，此时信息共享指数测量出来的差异不能反映信息共享水平的差异，在进行指数对比时需要仔细甄别。

7.3 各城市信息共享效益指数测算

对每个事项的信息共享效益指数进行测算，事项1、2、3、10因为不符合测算条件，仅给出显示度；将事项4~9的平均指数值按从低到高排列如表7.3所示。

表7.3 各省各事项信息共享效益指数情况

城市	S01	S02	S03	S04	S05	S06	S07	S08	S09	S10	平均值
上海	1	0.5	1	42.73	22.73	无	无	33.93	22.73	0	30.53
南京	1	1	1	53.93	无	20.00	33.93	无	20.00	1	31.97
武汉	1	1	1	42.73	22.73	无	无	33.93	33.93	1	33.33
呼和浩特	1	0	1	无	无	无	无	33.93	无	0.5	33.93
兰州	0.5	0	1	42.73	22.73	33.93	33.93	33.93	45.45	1	35.45
福州	0.5	0.5	1	42.73	22.73	67.85	33.93	33.93	20.00	1	36.86
西宁	0.5	0.5	1	45.45	22.73	无	无	无	45.45	1	37.88
长沙	1	1	1	20.00	45.45	无	无	33.93	67.85	1	41.81
成都	1	0.5	1	42.73	33.93	67.85	33.93	33.93	45.45	0	42.97
太原	1	0	1	42.73	22.73	67.85	无	无	无	0	44.44
杭州	1	1	1	42.73	22.73	67.85	53.93	33.93	53.93	1	45.85
广州	1	1	1	42.73	22.73	67.85	33.93	33.93	76.65	1	46.30
北京	1	0.5	1	42.73	22.73	67.85	67.85	33.93	45.45	1	46.76
重庆	1	1	1	42.73	无	67.85	33.93	无	无	0	48.17
济南	1	0.5	1	42.73	22.73	67.85	67.85	无	67.85	1	53.80
银川	0.5	1	1	42.73	22.73	无	无	无	98.33	0.5	54.60
乌鲁木齐	1	0.5	1	42.73	无	132.25	无	33.93	22.73	1	57.91
昆明	1	0	1	45.45	无	67.85	53.93	33.93	98.33	1	59.90
南昌	1	0.5	1	45.45	无	132.25	67.85	33.93	33.93	0	62.68

城市	S01	S02	S03	S04	S05	S06	S07	S08	S09	S10	平均值
贵阳	1	0.5	1	无	22.73	132.25	98.33	33.93	40.00	1	65.45
西安	0.5	0	1	42.73	22.73	132.25	98.33	33.93	无	1	65.99
郑州	1	0	1	无	无	无	无	33.93	98.33	1	66.13
海口	1	0.5	1	42.73	22.73	132.25	98.33	33.93	67.85	0	66.30
哈尔滨	1	1	1	无	无	87.85	无	33.93	98.33	0	73.37
天津	1	1	1	53.93	22.73	67.85	196.65	33.93	无	0	75.02
沈阳	1	0	1	67.85	无	132.25	98.33	33.93	无	0	83.09
南宁	1	0	1	42.73	45.45	101.78	196.65	33.93	无	1	84.11
长春	1	0.5	1	22.73	22.73	132.25	196.65	无	无	1	93.59
石家庄	1	0	1	无	无	132.25	98.33	无	无	0	115.29
合肥	1	1	1	42.73	无	无	无	无	196.65	1	119.69
拉萨	0	0	1	无	无	无	无	无	无	0	无
平均	0.89	0.50	1.00	43.25	25.71	90.00	84.03	33.93	61.87	0.61	58.44

上表显示，有 17 个城市的信息共享效益指数平均值低于各市平均水平，而另外 14 个城市则高于平均水平；由于信息共享效益指数的意义在于因信息共享可以实现的效益，因此指数值较大的城市具有更大的信息共享潜力。

将十个事项的指数值进行合成，直接求和或者取平均值，都会遇到由于部分事项没有数据而出现的谬误：若该事项较为复杂，各市总体效益指数值高，某省缺失该项将整体拉低该省的指数平均值；反之，缺失简单事项，将抬高指数的平均值。为避免这些情况，故采用归一的方法，在每一事项内部按最大值为 1 进行处理，得到每个城市在每个事项上的归一指数；对于显示度，因为其表征的方向与信息共享效益指数相反，因此采用（1-显示度）将其反转处理；最后对每个城市的各项指数求平均值。经处理后，各城市的合成指数值如表 7.4 所示，其中"综合指数"表示全部十个事项的指数合成情况，包括四个以显示度方式统计的事项，"事项指数"表示测算出指数值的事项 4~9 的合成指数值，下表按"事项指数"升序排序。

表 7.4 各城市信息共享效益指数合成指数表

排名	城市	综合指数	事项指数	排名	城市	综合指数	事项指数
1	南京	0.15	0.31	17	贵阳	0.41	0.64
2	重庆	0.33	0.44	18	长沙	0.33	0.66
3	济南	0.31	0.47	20	乌鲁木齐	0.41	0.69
4	西宁	0.34	0.47	21	长春	0.42	0.71
5	兰州	0.43	0.47	19	海口	0.55	0.66
6	福州	0.39	0.49	22	哈尔滨	0.45	0.72
7	杭州	0.32	0.53	23	西安	0.57	0.73
8	广州	0.32	0.53	24	郑州	0.42	0.75
9	北京	0.37	0.54	25	石家庄	0.58	0.75
10	银川	0.38	0.54	26	天津	0.53	0.76
11	太原	0.52	0.55	27	合肥	0.27	0.81
12	成都	0.48	0.55	28	沈阳	0.69	0.88
13	上海	0.47	0.56	29	南宁	0.60	0.88
14	武汉	0.29	0.58	30	呼和浩特	0.50	1.00
15	昆明	0.44	0.59	31	拉萨	0.75	无
16	南昌	0.52	0.64				

7.4 各城市信息共享效益指数与相关评估结果的相关分析

本研究所指的 G2C 场景下的政府信息共享,是网上办事的一个环节,也是电子政务的重要组成部分。因此,信息共享效益指数所体现的信息共享水平,应该与电子政务绩效水平存在正相关关系。由于信息共享效益指数是测算的办事费用,因此是一个负向指数,即指数值越低,则共享水平越高。因此提出研究假设:信息共享效益指数与电子政务绩效评估结果负相关。

7.4.1 各类评估概述

目前电子政务领域的评估，主要包括两方面，一是政府网站绩效评估，二是"互联网+政务服务"评估。

2017 年底完成的政府网站绩效评估有两个，分别是由清华大学国家治理研究院执行院长孟庆国教授发布的《2017 年中国政府网站绩效评估报告》和由中国电子信息产业发展研究院和中国软件评测中心发布的《第十六届（2017）中国政府网站绩效评估》。

"互联网+政务服务"评估有两个，分别是由国家行政学院电子政务研究中心发布的《省级政府网上政务服务能力调查评估报告（2017）》和由国家大数据专业委员会发布的《2017 全国各地政府互联网+政务服务能力调查评估报告》。

（1）《2017 年中国政府网站绩效评估报告》[1]

2017 年 12 月 23 日，清华大学国家治理研究院发布报告，从信息公开、政策解读、互动交流、政务服务、展现设计、监督管理 6 个指标维度对国家部委、省级、地市级政府门户网站的建设管理水平进行评估。

分别采集各直辖市和省会城市的评估数据，数据包括两项，一是网站整体绩效，二是政务服务模块的分值；由于公开的评估报告只给出了排名前十的数据，因此只能采集部分城市的数据。

（2）《第十六届（2017）中国政府网站绩效评估》[2]

2017 年 11 月 17 日，中国软件评测中心从信息发布、解读回应、办事服务、互动交流、管理保障、推广应用、优秀创新案例 7 个指标维度对部委、省级、副省级、地市级、区县级政府网站的绩效水平进行评估。该中心从 2002 年开始对政府网站进行测评。

---

〔1〕 参见 "2017 中国政府网站绩效评估报告发布 全国政府网站平均抽查合格率达 94%"，载 http://www.hainan.gov.cn/hn/zt/zfjsl/zfwjs/jxkh/201712/t20171226_2509376.html，最后访问日期：2019 年 10 月 6 日。

〔2〕 参见 "第十六届（2017）中国政府网站绩效评估结果发布暨经验交流会在京顺利召开"，载 http://m.people.cn/n4/2017/1117/c3786-10130918.html，最后访问日期：2019 年 10 月 6 日。

分别采集各直辖市和省会城市的评估数据，数据包括两项，一是网站整体绩效，二是办事服务模块的分值；由于公开的评估报告只给出了排名前二十的数据，因此只能采集部分城市的数据。

（3）《省级政府网上政务服务能力调查评估报告（2017）》[1]

2017 年 6 月 20 日，国家行政学院发布报告，调查评估从"用户体验"的角度，基于网上政务服务平台的数据，围绕服务方式完备度、服务事项覆盖度、办事指南准确度、在线服务成熟度 4 个方面，对 31 个省级政府和新疆生产建设兵团网上政务服务平台或政府门户网站提供的政务服务事项进行了全面跟踪和梳理分析。根据 4 个方面指数的综合情况，计算得出了 2016 年我国省级政府网上政务服务能力的总体排名。研究直接采集各省的政务服务能力总分作为评估数据。

（4）《2017 全国各地政府互联网+政务服务能力调查评估报告》

2018 年 1 月 26 日，国家大数据专业委员会在科学合理的框架下，对全国范围内 434 个市（含地级市、直辖市）及其下辖的 2799 个区县在其网上政务服务平台（网上政务大厅、网上办事大厅、政务服务网站）或政府门户网站的整体建设情况及提供的政务服务事项进行采集，以服务界面、三张清单、办事指南、网上办理、政务舆情、信息安全为一级指标，以服务提供方式是否统一、服务引导是否详细、服务渠道是否多元为二级指标，以导向性、客观性、实用性为调查评估原则，通过数据，科学和客观地反映各地区网上政务服务能力和发展水平，发现推进网上政务服务工作中存在的问题，进一步引导和促进"互联网+政务服务"持续健康发展。调查发现，目前，"互联网+政务服务"整体上处在政府强力推进的良好发展环境中，信息化发展水平已成为衡量一个地区综合竞争实力的重要指标之一。[2][3]

直接采集各省的排名作为评估数据，由于公开的评估报告只给出了排名

---

〔1〕　参见"《省级政府网上政务服务能力调查评估报告（2017）》发布"，载 http://www. egovernment. gov. cn/art/2017/6/20/art_476_5014. html，最后访问日期：2019 年 10 月 6 日。

〔2〕　参见"2017 全国地方政务服务能力排行榜发布"，载 http://w. huanqiu. com/r/MV8wXzExN TU3ODgzXzE4NjlfMTUxNjk0MzI4MA==，最后访问日期：2019 年 10 月 6 日。

〔3〕　参见"《2017 全国各地政府互联网+政务服务能力调查评估报告》发布"，载 http://www. e -gov. org. cn/article-165543. html，最后访问日期：2019 年 10 月 6 日。

前二十的数据，因此只能采集部分城市的数据。

7.4.2 相关分析结果

将本研究数据和外部评估数据进行相关分析。由于指数合成过程中，存在因事项数据缺失导致的不准确问题，因此将事项1~事项10的原始数据和合成后的指数同时纳入分析框架。将上述数据导入 IBM SPSS Statistics 23，最终纳入相关分析的数据项见表7.5，以北京市数据为例说明。

表7.5　外部评估数据和内部信息共享效益指数数据列表

数据项编号	数据项名称	内容说明	取值举例
VID01	清华总分	清华国家治理研究院网站绩效评估中的城市总分（0~100）	85.20
VID02	清华单项	清华国家治理研究院评估的政务服务模块评分（0~20）	12.50
VID03	软评总分	软件测评中心网站绩效评估的城市总分（0~100）	93.40
VID04	软评单向	软件测评中心网站绩效评估的办事模块指数（0~1）	0.81
VID05	行政总分	国家行政学院网上政务服务评估的省级网站评分（0~100）	78.92
VID06	数委排名	大数据专业委员会互联网+政务服务能力城市排名(0~20)	20.00
VID07	S01	政府网站个人账户开设情况（0，0.5，1）	1.00
VID08	S02	政府网站上提供对于公共事业费用的支付工具（0，0.5，1）	0.50
VID09	S03	政府网站上提供对于交通罚款缴纳的功能（0，1）	1.00
VID10	S04	政府网站上"异地补办身份证"事项的办事费用（>0）	42.73
VID11	S05	政府网站上"出生登记"事项的办事费用（>0）	22.73
VID12	S06	政府网站上"申请驾驶证"事项的办事费用（>0）	67.85
VID13	S07	政府网站上"机动车登记"事项的办事费用（>0）	67.85

数据项编号	数据项名称	内容说明	取值举例
VID14	S08	政府网站上"结婚登记"事项的办事费用（>0）	33.93
VID15	S09	政府网站上"补办社会保障卡"事项的办事费用（>0）	45.45
VID16	S10	政府网站上对于申报个人所得税的办事情况（0，0.5，1）	1.00
VID17	指数平均	政府网站上事项4~9的平均值（>0）	46.75
VID18	综合指数	政府网站上事项1~10的指数合成值（0~1）	0.3719
VID19	事项指数	政府网站上事项4~9的指数合成值（0~1）	0.5365

删除了没有相关关系的数据项后，上述数据间的相关关系如表7.6所示。

表7.6　内外评估数据相关关系情况

	清华总分	软评总分	软评单项	行政总分	S02	S05	S06	S07	S09	S10	指数平均	综合指数	事项指数
V01	1	0.396	0.442	−0.395	−0.153	.624*	−0.317	−0.363	0.074	−0.031	−0.132	−0.058	−0.157
V03	0.396	1	.736**	0.243	0.107	0.298	−.459*	−0.456	−0.449	0.257	−.606**	−0.343	−0.392
V04	0.442	.736**	1	0.287	0.123	0.072	−.556*	−.502*	−0.325	0.267	−.493*	−0.336	−.404*
V05	−0.395	0.243	0.287	1	.365*	−0.184	−0.396	−0.445	−0.25	0.114	−0.203	−.387*	−.472**
V08	−0.153	0.107	0.123	.365*	1	−0.061	−0.334	−0.182	0.164	0.085	−0.141	−.681**	−.373*
V11	.624*	0.298	0.072	−0.184	−0.061	1	0.052	0.324	0.152	0.086	0.15	0.198	.492*
V12	−0.317	−.459*	−.556*	−0.396	−0.334	0.052	1	.497*	−0.019	−0.205	.720**	.624**	.742**
V13	−0.363	−0.456	−.502*	−0.445	−0.182	0.324	.497*	1	0.182	−0.078	.734**	.513*	.766**
V15	0.074	−0.449	−0.325	−0.25	0.164	0.152	−0.019	0.182	1	0.064	.825**	−0.105	.593**
V16	−0.031	0.257	0.267	0.114	0.085	0.086	−0.205	−0.078	0.064	1	−0.136	−.586**	−0.171
V17	−0.132	−.606**	−.493*	−0.203	−0.141	0.15	.720**	.734**	.825**	−0.136	1	.374*	.589**
V18	−0.058	−0.343	−0.336	−.387*	−.681**	0.198	.624**	.513*	−0.105	−.586**	.374*	1	.630**
V19	−0.157	−0.392	−.404*	−.472**	−.373*	.492*	.742**	.766**	.593**	−0.171	.589**	.630**	1

由于数据项目较多，直接两两相关分析难以为继，下面将数据分为三类（外部数据、原始数据、合成指数）进行相关关系说明。

（1）外部数据的相关关系分析

①外部数据间的相关关系。外部数据共有6项，相关分析表明，仅VID03

（软评总分）和 VID04（软评单项）存在置信级别为 0.01 的显著正相关，相关系数为 0.736。清华评估的两个数据之间没有相关性，证明"政务服务模块"的评分在网站绩效整体评分中并非主要影响因素。四类评估之间没有相关性，说明各类评估的视角存在显著差异。

②外部数据和原始数据之间的相关关系。相关关系较为稀疏，仅存在 5 对相关关系，且都是在 0.05 置信水平上的相关：清华总分 &S05、软评总分 &S06、软评单向 &S06、软评单向 &S07、行政总分 &S02。这些相关关系表明，各城市在这些事项办事费用上的差异，与各类评估中各城市之间的差异存在某些一致性。

③分析外部数据和信息共享效益指数间的相关关系。四个外部评估结果和三个信息共享效益指数间全部为负相关关系；其中软评总分和平均指数之间存在置信水平为 0.01 的显著相关，且相关系数达到 -0.606；软评单项分别与平均指数和事项指数在置信水平为 0.05 上显著相关；行政总分分别与综合指数和事项指数显著负相关，其中与事项指数在 0.01 置信水平上显著相关，相关系数为 -0.472；因此信息共享效益指数与电子政务类绩效评估结果之间的负相关关系得到证实。因为信息共享效益指数是一个反向指标，数值越低，共享效益水平越高，同时电子政务水平越高。

（2）原始数据的相关关系分析

①原始数据的相关关系。存在显著相关关系的数据仅一对，是 S06（申领驾照）和 S07（机动车登记）在 0.05 置信水平上的相关，相关系数为 0.497，这是因为这两个事项是同一部门（公安的交通管理部门）负责的，事项内容存在明显的相关。各项数据不相关证明有两方面含义：一是这些事项由不同的政府部门负责实施，二是事项内容没有相关性。

②原始数据和合成指数之间的相关关系。6 个事项指数与 3 个合成指数之间存在复杂的相关关系。平均指数与 S06、S07、S09 均在 0.01 置信水平上显著相关，且相关系数均超过 0.7，说明这三个指数是影响指数差异的主要因素。综合指数与 S02、S06、S10 均在 0.01 置信水平上显著相关，且相关系数均超过 0.58，说明这三个指数是影响指数差异的主要因素；综合指数还与 S07 在 0.05 置信水平上显著相关。事项指数与除 S10 外的事项全部相关，其中与 S06、S07、S09 在 0.01 置信水平上显著相关，相关系数超过 0.59；与

S02、S05 在 0. 05 置信水平上显著相关。由此可见，各项数据对于指数的贡献从大到小依次是：S06、S07、S09、SO2、S10；即各城市在这些事项上的差异决定了其信息共享效益指数值的差异，也说明各城市在这些事项上存在较为显著的共享水平差异。

（3）合成指数的相关关系分析

三个合成指数之间均存在两两相关关系，其中平均指数和综合指数在 0. 05 置信水平上显著相关；事项指数和平均指数、综合指数均在 0. 01 置信水平上显著相关，相关系数在 0. 6 左右。因此事项指数是一个更适合作为评价信息共享水平的合成指数，原因在于事项 1、2 和 10 较为特殊，采用"显示度"为评价指标，不如各具体事项中采用信息共享效益指数详细准确。

综上可见，信息共享效益指数与电子政务水平之间的负相关关系成立，事项指数完全采用单个事项的信息共享效益作为合成指数，评价效果最为理想，可作为评价信息共享水平的综合性指标。

7.5 应用信息共享效益指数的测评方案设计

由于政府信息共享效益指数可以较好地评价 G2C 场景下的政府信息共享水平，因此建议各级政府采用以下几种方式来运用指数工具开展评估，实现以评促建的效果：

（1）自评

每一个政府部门，依据已经梳理完成的办事指南，按照指数计算公式计算每一个事项的指数值，如果指数值为零，则已经完全实现信息共享；如果指数值不为零，则需判断是否可以采用合并环节、减少材料、网办、快递等一系列做法降低指数值。自评可以定期举行，以判断本部门在信息共享方面的进步情况。

（2）互评

对包含多个分支机构的部门，可以采用各部门循环互评的方式进行，同样依据办事指南进行操作，针对指数值不为零的事项，进行整改，通过相互监督，使各分支部门的总体指数值逐渐下降。

（3）第三方机构评价

由第三方机构，在某个行政区域内（如本研究所做的上海市范围），对全部 G2C 项目进行评价，提供客观的评价报告，督促效益指数值偏高的部门加快信息共享进度，切实减轻民众办事负担。或者选取特定事项或事项组合（相同部门或相近功能），进行跨地域比较，并将结果排名展示，敦促指数值偏高的地区改进。

（4）办事者评价

每个办事者，均可以按照信息共享效益指数的公式计算自己所办事项的指数值，并以指数值为依据，向办事部门提出具体改进措施。

结论、局限与展望

本章对全文的研究进行总结，并说明了研究在四方面存在的局限，进而提出未来研究展望。

8.1 研究的主要结论

本书的研究围绕 G2C 场景下对政府部门间信息共享效益进行评价的思路、做法和结果展开，主要结论有 6 个：

第一，政府信息共享评价的目的是辅助政府部门对不同方式实现的信息共享进行统一客观的评价及绩效考核，从而推动公民办事中持续深入的信息共享。以往的基于流程分析和纯经济学分析的方法存在困境，需要新的评价方法。

第二，在我国的政策体系中出现的信息共享相关的评价指标并不能完全实现"让数据'多跑路'，让群众'少跑腿'"的目标，实践需要新指标。

第三，在分析信息共享各利益相关方的信息共享效益的基础上，筛选出"跑腿办事成本"项目进行测评，既符合政策目标，且客观、可测量。因此所测算政府部门之间的信息共享的效益，就是用共享代替民众跑腿而产生的效益。

第四，证照证明作为信息载体，具有两个特性：一是多维属性，由于分类方式的改变，导致民众办事项目处于动态变化中；二是动态更新属性，因此纸质证明的效力有局限，需要用动态更新的数字证件代替纸质证件。

第五，在信息共享效益指数的框架下，对各组成参数进行分析，可以一一解读当前各级政府提出的优化策略的原理；研究认为可以用"多证合一"

消除材料的复杂性，即采用公民的数字档案办事。

第六，信息共享效益指数与当前的政府网站绩效评估、"互联网+政务服务"评估存在相关性，证明了指数的有效性。信息共享效益指数能较为全面地反映 G2C 事项的全貌，实现"以评促建"的功能，推动各部门将信息共享持续深化。

8.2 研究的局限

本研究的局限体现在四个方面：

1. 材料真实性难以大规模验证。研究通过采集政府网站上的办事指南来测算信息共享指数，因此办事指南要素的全面性和真实性直接决定了测算的准确性。但是，研究者不能通过自身办事去一一测试所有事件，所以材料真实性无法大规模验证。这个问题体现了研究的困境，却能实现应用的优势——每一个办事者都可以用本研究的方法验证每一个事项的材料，成为基层权力的监督者。

2. 对于效益指数的测算较多地依赖本地外部数据，因此直接移植到外地时会产生较大误差。为了测算费用，研究引入了辖区面积、行政区划数量、交通工具速度、人均时薪、人均最低工资等多个外部数据，这些数据都是客观数据，且在不同的地方存在显著差异，为了避免系统误差，需要在每个城市重新测算，但书中出于测算的便利并没有做到一城一算。

3. 研究综合采用了业务流程框架和经济学方法，为了实现全客观可操作的有效评估，只测算了信息共享的直接效益，研究还可以继续深入。如探讨办事数据的存放和利用方式，测算各种可行共享路径的信息共享成本，从而筛选出最经济的共享路径，可以为各级政府提供决策支持。

4. 数据采集方式效率低，跟不上政府网站更新进度。研究采用全人工方式采集办事数据，效率较低，花费约半年时间才完成采集；一旦政府网站改版，数据更新，则要重新采集。当前的各种数据挖掘工具固然可以实现动态采集，但在材料用词不规范的情况下，将办事材料文本转化为结构化的材料数据存在困难，这是未来的研究方向。

8.3 展望

信息共享效益指数具有"评价功能",可以通过在同级同类政府部门之间传递客观评价信息,启动部门间的相互竞争的"锦标赛",推动信息共享进程;因此需要推动信息共享效益指数成为政府绩效考核的内容;政府信息共享是否有利于地方经济的发展,也值得进一步探讨。因此可以从三方面进行后续研究。

一是借鉴政府数据开放研究推动实践的经验,在国际范围内应用信息共享效益指数,展开国际比较,以此更加深入验证信息共享对于政府治理的作用。由于 GISEI 客观、方便测量、有现实含义,因此具备国际比较的基础,可以测算外国政府信息共享水平。

二是研究信息共享效益指数启动"锦标赛"的机制,通过动态合作博弈模型建模,预测信息共享指数对于信息共享进程的推动作用。各级政府能否像追逐 GDP 增长一样,追逐 GISEI 的持续优化,这取决于同级政府部门之间的博弈,而博弈过程是重复的,因此动态合作博弈模型较为适用。

三是分析信息共享效益指数与地方经济发展的相关性,如果能够验证信息共享水平与经济发展指标呈现正相关,就能进一步支撑地方政府采取信息共享决策。更进一步分析,信息共享效益指数是否可以作为衡量政府整体治理水平的工具,也值得探索。

参考文献

一、外文文献

[1] Gates Kayla D., "Evaluation of a system for electronic exchange of laboratory information: A pre-implementation study", *Memorial University of Newfoundland (Canada)*, 2004.

[2] Bao Xiao-Wen, "Measuring Information-Sharing Behavior: The Case of Supply Chains in Operational Contexts", *McGill University (Canada)*, 2009.

[3] Bransford, Scott Driskill, "An examination of factors affecting information sharing among law enforcementagencies", *The University of Southern Mississippi*, 2012.

[4] E. D. Scott Jr, "Factors influencing user-level success in police information sharing: An examination of Florida's FINDER system", *University of Central Florida*, 2006.

[5] Drew Jack, "Sensitive but unclassified: Examining the use of electronic information sharing systems by law enforcement agencies in the United States.", *Michigan State University*, 2015.

[6] Zaworski Martin J., "Assessing an automated, information-sharing technology in the post '9-11' era: Do local law enforcement officers think it meets their needs?", *Florida International University*, 2004.

[7] S. Ølnes et al, "Blockchain in government: Benefits and implications of distributed ledger technology for information sharing", *Government Information Quarterly*, 34 (2017).

[8] T. M. Yang, Y. J. Wu, "Exploring the effectiveness of cross-boundary information sharing in the public sector: the perspective of governmentagencies", *Information Research*, 20 (2015).

[9] A. Coleman "Harnessing Information and Communication Technology (ICT) Framework into African Traditional Governance for EffectiveCommunication", *Indian Journal of Traditional Knowledge*, 14 (2015).

［10］ J. R. Gil-Garcia， Chengalur-Smith I. S.， Duchessi P. "Collaborative e-Government: impediments and benefits of information-sharing projects in the public sector"， *European Journal of Information Systems*， 16（2007）.

［11］ S. S. Dawes， "Interagency Information Sharing: Expected Benefits, Manageable Risks"， *Journal of Policy Analysis & Management*， 15（1996）.

［12］ Duval N. M.， "Towards Fair and Effective Environmental Enforcement: Coordinating Investigations and Information Exchange in Parallel Proceedings"， Harv. envtl. l. rev， 16（1992）.

［13］ Feller I.， Jones C. A.， "The National Burn Information Exchange: The use of a national burn registry to evaluate and address the burn problem"， *Surgical Clinics of North America*， 67（1987）.

［14］ Hanzlick R.， "The Centers for Disease Control and Prevention's Medical Examiner/Coroner Information Sharing Program（MecISP）"， *Journal of Forensic Science*， 42（1997）.

［15］ Ellis P. M. et al， "Cancer patients and the internet: a randomized controlled trial（RCT）evaluating an intervention to facilitate physician and patient information exchange from the internet（I）"， *Journal of Clinical Oncology*， 22（2004）.

［16］ Hu P. J. H. et al，"Evaluating an Infectious Disease Information Sharing and Analysis System"， 详见第36页，2005.

［17］ Ash J. S.， Guappone K. P.， "Qualitative evaluation of health information exchange efforts"， *Journal of biomedical informatics*， 40（2007）.

［18］ Shapiro J. S.， "Evaluating public health uses of health information exchange"， *Journal of biomedical informatics*， 40（2007）.

［19］ Kern L. M.， Kaushal R.， "Health information technology and health information exchange in New York State: new initiatives in implementation andevaluation"， *Journal of Biomedical Informatics*， 40（2007）.

［20］ Marchibroda J. M.， "Health information exchange policy andevaluation"， *Journal of biomedical informatics*， 40（2007）.

［21］ Hripcsak G.， et al， "The United Hospital Fund meeting on evaluating health informationexchange"， *Journal of biomedical informatics*， 40（2007）.

［22］ Dixon B. E. et al， "A framework for evaluating the costs, effort, and value of nationwide health information exchange"， *Journal of the American Medical Informatics Association*， 17（2010）.

［23］ Strauss A. T. et al， "A user needs assessment to inform health information exchange design and implementation"， *BMC medical informatics and decision making*， 15（2015）.

［24］ Vogel J. , et al, "MDPHnet: secure, distributed sharing of electronic health record data for public health surveillance, evaluation, andplanning", *American journal of public health*, 104 (2014).

［25］ Vest J. R. , Jasperson J. S. , "How are health professionals using health information exchange systems? Measuring usage for evaluation and system improvement", *Journal of medical systems*, 36 (2012).

［26］ Vest J. R. , Miller T. R. , "The association between health information exchange and measures of patient satisfaction", *Appl Clin Inform*, 2 (2011).

［27］ Massoudi B. L. et al, "Using health information exchanges to calculate clinical quality measures: A study of barriers and facilitators", *Healthcare. Elsevier*, 4 (2016).

［28］ Cross D. A. et al, "Assessing payer perspectives on health information exchange", *Journal of the American Medical Informatics Association*, 23 (2015).

［29］ Hendrickson B. K. et al, "Evaluation of immunization data completeness within a large community health care system exchanging data with a state immunization information system", *Journal of Public Health Management and Practice*, 21 (2015).

［30］ Klein D. M. et al, "The Veteran–Initiated Electronic Care Coordination: A Multisite Initiative to Promote and Evaluate Consumer–Mediated Health Information Exchange", *Telemedicine and e-Health*, 23 (2017).

［31］ Grinspan Z. M. , et al, "People with epilepsy who use multiple hospitals; prevalence and associated factors assessed via a health information exchange", Epilepsia, 55 (2014).

［32］ Reis J. , et al, "Assessment of the usability and impact of the Idaho Health Data Exchange (IHDE)", *Journal of medical systems*, 40 (2016).

［33］ Abramson et al, "A statewide assessment of electronic health record adoption and health information exchange among nursing homes", *Health services research*, 49 (2014).

［34］ Mac McCullough J. , et al, "Electronic health information exchange in underserved settings: examining initiatives in small physician practices & community healthcenters", *BMC health services research*, 14 (2014).

［35］ Florence C. , et al, "An economic evaluation of anonymised information sharing in a partnership between health services, police and local government for preventing violence–relatedinjury", *Injury prevention*, 20 (2014).

［36］ Mennecke B. E. , "Using group support systems to discover hidden profiles: An examination of the influence of group size and meeting structures on information sharing and decisionquality". *International Journal of Human–Computer Studies*, 47 (1997).

［37］ Salter S. B. et al, "Otra empanada en la parilla: Examining the role of culture and information sharing in Chile andAustralia", *Journal of International Financial Management & Accounting*, 19 (2008).

[38] Fritz M. M. C., et al, "Selected sustainability aspects for supply chain data exchange: Towards a supply chain-wide sustainability assessment", *Journal of Cleaner Production*, 141 (2017).

[39] Kulangara N. P., et al, "Examining the impact of socialization and information sharing and the mediating effect of trust on innovation capability", *International Journal of Operations & Production Management*, 36 (2016).

[40] Rached M., et al, "Assessing the value of information sharing and its impact on the performance of the various partners in supply chains", *Computers & Industrial Engineering*, 88 (2015).

[41] Yu Ming-Min et al, "Evaluating the cross-efficiency of information sharing in supply chains", *Expert Systems with Applications*, 37 (2010).

[42] Ryu S. J. et al, "A study on evaluation of demand information-sharing methods in supply chain", *International Journal of Production Economics*, 120 (2009).

[43] Chung N. et al, "Examining information sharing in social networking communities: Applying theories of social capital and attachment", *Telematics and Informatics*, 33 (2016).

[44] Flanagin A. J. et al, "Connecting with the user-generated Web: how group identification impacts online information sharing and evaluation", *Information, Communication & Society*, 17 (2014).

[45] French A. M., Read A. "My mom's on Facebook: an evaluation of information sharing depth in social networking", *Behaviour & Information Technology*, 32 (2013).

[46] Olfson M. et al, "Incentivizing Data Sharing and Collaboration in Medical Research-The S-Index", *Jama Psychiatry*, 74 (2016).

[47] Van Tuyl S., Whitmire A. L., "Water, water, everywhere: defining and assessing data sharing in academia", *PloS one*, 11 (2016).

[48] Li Si et al, "An empirical study on the performance evaluation of scientific data sharing platforms in China", *Library hi tech*, 33 (2015).

[49] Fari S. A., Ocholla D., "Comparative assessment of information and knowledge sharing among academics in selected universities in Nigeria and SouthAfrica", *South African Journal of Libraries and Information Science*, 81 (2015).

[50] Xiao Ya-Zhen et al, "Does information sharing always improve team decision making? An examination of the hidden profile condition in new product development", *Journal of Business Research*, 69 (2016).

［51］ Kuah C. T. et al, "Knowledge sharing assessment: An ant colony system based data envelopment analysis approach", *Expert Systems with Applications*, 40 (2013).

［52］ Henningsen D. D., Henningsen M. L. M., "Examining social influence in information-sharingcontexts", *Small Group Research*, 34 (2003).

［53］ Chermak S. et al, "Law enforcement's information sharing infrastructure: A national assessment", *Police quarterly*, 16 (2013).

［54］ Kovalchik S. A. et al, "Developing Outcome Measures for Criminal Justice Information Sharing: A Study of a Multi – Jurisdictional Officer Notification System for Policing Sex Offenders in Southern California", *American journal of criminal justice*, 42 (2017).

［55］ Harvey F., Tulloch D., "Local-government data sharing: Evaluating the foundations of spatial data infrastructures", *International Journal of Geographical Information Science*, 20 (2006).

［56］ Giuliani M., Castelletti A., "Assessing the value of cooperation and information exchange in large water resources systems by agent-basedoptimization", *Water Resources Research*, 49 (2013).

［57］ Mak C. et al, "Does your data deliver for decision making? New directions for resource sharing assessment", *Interlending & Document Supply*, 41 (2013).

［58］ Davis F. D., "Perceived usefulness, perceived ease of use, and user acceptance of informationtechnology", *MIS Quarterly*, 13 (1989).

［59］ Goodhue D. L., Thompon R. L., "Task-technology fit and individual performance", *MIS Quarterly*, 19 (1995).

［60］ Everett M. Rogers, *Diffusion of Innovations*, New York: The Free Press of Glencoe Press, 1962.

［61］ Tornatzky L. G., Fleischer M., *The processes of technological innovation*, Lexington Books Press, 1990.

［62］Cabinet Office of UK. Open Standards principles. ［2019-10-06］. https://www.gov.uk/government/uploads/system/uploads/attachment_data/file/459075/OpenStandardsPrinciples 2015. pdf

［63］Issues Paper 1: Towards an Australian Government Information Policy – OAIC.［2019-10-06］. https://www.oaic.gov.au/information-policy/issues-papers/issues-paper-1-towards-an-australian-government-information-policy/

［64］美国国会网站(Congress.gov). S.2107 – 105th Congress (1997-1998): Government Paperwork Elimination Act.［2019 – 10 – 06］. https://www.congress.gov/bill/105th – congress/senate-bill/2107

[65]美国国会网站(Congress.gov). H.R.2458 - 107th Congress（2001-2002）：E-Government Act of 2002.［2019-10-06］. https：//www. congress. gov/bill/107th-congress/house-bill/2458？q=%7B%22search%22%3A%5B%22E-Government+Act%22%5D%7D&r=1

[66]奥巴马白宫网站. The Common Approach to Federal Enterprise Architecture.［2019-10-06］.https：//obamawhitehouse. archives. gov/sites/default/files/omb/assets/egov_docs/common approachtofederal_ea.pdf

[67]奥巴马白宫网站.Federal Enterprise Architecture Framework（Version 2）.［2019-10-06］. https：//obamawhitehouse.archives.gov/sites/default/files/omb/assets/egovdocs/feav2.pdf

[68] Prochaska F. J., Schrimper R. A., "Opportunity Cost of Time and Other Socioeconomic Effects on Away-From-Home Food Consumption", *American Journal of Agricultural Economics*,55(1973).

[69]The United States Social Security Administration. Data Exchange - Home.［2019-10-05］.https：//www.ssa.gov/dataexchange/index.html

[70]VitalChek. VitalChek Express Certificate Service.［2019-10-06］. https：//www. vitalchek. com/content/whatwedo.aspx

二、中文文献

[1] 马费成、宋恩梅编著：《信息管理学基础》，武汉大学出版社2011年版。

[2] 钟义信：《信息科学原理》，北京邮电大学出版社2013年版。

[3] 冯惠玲主编：《政府信息资源管理》，中国人民大学出版社2006年版。

[4] ［美］亨利·莱文、帕特里克·麦克尤恩：《成本决定效益》，金志农、孙长青、史昱译，中国林业出版社2006年版。

[5] 徐晓林、杨兰蓉编著：《电子政务导论》，武汉出版社2002年版。

[6] 姚国章编著：《电子政务原理》，北京大学出版社2005年版。

[7] 裴雷：《政府信息资源整体规划理论与方法》，武汉大学出版社2013年版。

[8] 孙松涛：《电子政务绩效评估》，人民出版社2014年版。

[9] ［美］保罗·萨缪尔森、威廉·诺德豪斯：《微观经济学》，萧琛译，中国人民大学出版社1999年版。

[10] 李国秋：《基于ICTS核心信息能力的信息化测度研究》，华东师范大学出版社2012年版。

[11] ［罗马］布兰茨等：《合作博弈理论模型》，刘晓冬、刘九强译，科学出版社2011年版。

[12] ［美］尤金·巴达赫：《跨部门合作》，周志忍、张弦译，北京大学出版社2011年版。

[13] 何振、邓春林：《电子政务信息资源共享模式选择与优化》，高等教育出版社2014

年版。

[14] 罗贤春等:《电子政务信息资源共享与社会化服务研究》,人民出版社 2012 年版。

[15] 肖希明、李卓卓:《信息资源共享系统绩效评估研究》,学习出版社 2013 年版。

[16] 宋媚、张朋柱:《G2B 信息共享机理及其促进策略》,上海交通大学出版社 2016 年版。

[17] 孟庆国编著:《云上贵州》,清华大学出版社 2016 年版。

[18] 朱庆华:《网络信息资源评价指标体系的建立和测定》,商务印书馆 2012 年版。

[19] 张向宏主编:《服务型政府与政府网站建设》,清华大学出版社 2010 年版。

[20] 蔡立辉:《电子政务:信息时代的政府再造》,中国社会科学出版社 2006 年版。

[21] 王荫皆:"政府信息资源共享成本—效益分析",湘潭大学 2007 年博士学位论文。

[22] 钟哲辉:"供应链信息共享模型及其优化研究",西南交通大学 2010 年博士学位论文。

[23] 常冰:"哈尔滨市 X 区农村档案信息共享水平评价的研究",哈尔滨工程大学 2012 年硕士学位论文。

[24] 杨兴凯:"政府组织间信息共享信任机制与测度方法研究",大连理工大学 2011 年硕士学位论文。

[25] 顾明玉:"交通科技信息资源共享的综合评价研究",武汉理工大学 2014 年硕士学位论文。

[26] 高晓萍:"大型超市供应链联盟的信息共享度评价研究",东北大学 2012 年硕士学位论文。

[27] 秦萍萍:"基于企业信息生态系统的知识共享评价指标体系研究",天津师范大学 2012 年硕士学位论文。

[28] 袁林娜:"制造商与供应商信息共享程度评价研究",南昌大学 2010 年硕士学位论文。

[29] 吴旭:"美国电子政务的立法实践及其对我国的启示",广东外语外贸大学 2015 年硕士学位论文。

[30] 刘汉霞:"我国权力寻租的影响因素研究",华南理工大学 2010 年博士学位论文。

[31] 联合国经济与社会事务部:《2016 年联合国电子政务调查报告》(中文版),国家行政学院电子政务研究中心 2016 年版。

[32] 联合国经济与社会事务部:《联合国 2016 年电子政务调查报告》(中文版),国家行政学院电子政务研究中心 2016 年版。

[33] 吕斌、李国秋:"新一代信息技术的发展对信息化测度的影响",载《情报理论与实践》2016 年第 4 期。

[34] 龙怡、李国秋:"美国社会保障号系统的信息共享机制研究——基于政府信息生态链视角",载《情报资料工作》2018 年第 1 期。

[35] 赵晨："美国社会保障号码背后有'文章'——社会保障经办机构国际比较之三",载《中国社会保障》2011年第3期。

[36] 龙怡、李国秋："G to C电子政务中政府信息共享路径研究——基于上海市个人网上办事项目的社会网络分析",载《情报杂志》2016年第9期。

[37] 查先进："电子政务信息共享的障碍及对策研究",载《江西社会科学》2006年第7期。

[38] 龙怡、李国秋："'互联网+政务'视域下G2C电子政务中信息共享的合作博弈研究",载《情报科学》2017年第5期。

[39] 周黎安："中国地方官员的晋升锦标赛模式研究",载《经济研究》2007年第7期。

[40] 应松年、陈天本："政府信息公开法律制度研究",载《国家行政学院学报》2002年第4期。

[41] 杨世运："电子政务的发展与对策",载《中国科技论坛》2001年第4期。

[42] 龙怡、李国秋："信息惠民政策下的政府信息生态链研究——基于G2C电子政务中信息共享需求分析",载《电子政务》2017年第2期。

[43] 王芳："政府信息公开与共享的成本收益分析",载《南开管理评论》2005年第5期。

[44] 王正兴、刘闯："政府信息资源共享两种模式及其效益比较",载《中国基础科学》2005年第5期。

[45] 朱晓峰等："基于公平关切的微政务信息公开收益共享契约研究",载《现代情报》2017年第1期。

[46] 徐艺文、杨成："国内外信用信息公开与共享的特征分析与效益评价",载《经济论坛》2006年第17期。

[47] 孙军："'职责'导向的政府信息共享实践——全国企业信用信息公示系统的成功经验与完善",载《档案学研究》2016年第3期。

[48] 何振、周伟："电子政务信息资源共建共享的经济特性及其效率分析",载《情报杂志》2005年第4期。

[49] 张慧明、周德群："网络环境下政府信息资源共享能力评价研究",载《情报科学》2008年第4期。

[50] 丁锦希等："我国行刑联动信息共享平台运行绩效量化评价——基于对上海市食品药品行政执法的实证研究",载《中国卫生法制》2012年第2期。

[51] 施友连："中国信息化趋势报告（二十一）我国省级政务信息资源共建共享测评与建议",载《中国信息界》2004年第16期。

[52] 黄丽等："地理数据共享效应的评价方法与应用",载《地球信息科学学报》2011年第5期。

[53] 张宇："电子公共服务供应链信息共享程度评价研究——以南京市高淳区政务中心为

例"，载《河南科技大学学报（社会科学版）》2014 年第 5 期。

[54] 马费成、裴雷："信息资源共享及其效率分析"，载《情报科学》2004 年第 1 期。

[55] 马费成："信息资源共享的经济效率——以书刊为例的分析"，载《中国图书馆学报》2003 年第 4 期。

[56] 李纲等："论信息资源共享及其效率"，载《中国图书馆学报》2001 年第 3 期。

[57] 肖希明、李卓卓：《信息资源共享系统绩效评估研究》，学习出版社 2013 年版。

[58] 孙健夫等：《信息资源共建共享投资评估研究》，人民出版社 2013 年版。

[59] 陈兰杰等："基于生态效益的信息资源共建共享"，载《商业研究》2009 年第 8 期。

[60] 陈兰杰、侯鹏娟："信息资源共建共享投资效益评估指标体系研究"，载《情报杂志》2008 年第 11 期。

[61] 唐毅等："基于粗糙集 AHP 农产品供应链信息共享评价指标体系研究"，载《中南林业科技大学学报》2016 年第 6 期。

[62] 司莉等："我国科学数据共享平台绩效评估实证研究"，载《图书馆理论与实践》2014 年第 9 期。

[63] 宋立荣："我国科技信息资源共享中信息质量评价思考"，载《中国基础科学》2010 年第 3 期。

[64] 宋立荣、周国民："信息质量管理成熟度评价方法在科技信息资源共享建设中的应用"，载《科研信息化技术与应用》2012 年第 2 期。

[65] 陈萌："澳大利亚政府数据开放的政策法规保障及对我国的启示"，载《图书与情报》2017 年第 1 期。

[66] 姚国章："韩国电子政务发展规划与电子政务发展最佳实践"，载《电子政务》2009 年第 12 期。

[67] 张紫："新加坡打造'智慧国'电子政务排名全球首位"，载《计算机与网络》2015 年第 23 期。

[68] 张晓娟、张梦田："西方国家政府信息资源互操作性标准体系研究"，载《情报资料工作》2015 年第 3 期。

[69] 李斌、Jesper Schlæger："理念、政策、技术的有效互动——丹麦电子政务建设对中国电子政务发展的启示"，载《电子政务》2009 年第 6 期。

[70] 王璟璇等："电子政务顶层设计：FEA 方法体系研究"，载《电子政务》2011 年第 8 期。

[71] 赵晨："美国社会保障号码背后有'文章'——社会保障经办机构国际比较之三"，载《中国社会保障》2011 年第 3 期。

[72] 何振、周伟："电子政务信息资源共建共享的经济特性及其效率分析"，载《情报杂志》2005 年第 4 期。

[73] Tom Christensen："后新公共管理改革——作为一种新趋势的整体政府"，载《中国行政管理》2006 年第 9 期。

[74] 于波、范从来："我国先进制造业发展战略的 PEST 嵌入式 SWOT 分析"，载《南京社会科学》2011 年第 7 期。

[75] 王姝、吕超："关于如何减少顾客在通信行业营业厅等候时间的调查研究"，载《长沙通信职业技术学院学报》2011 年第 3 期。

[76] 马喜生："'人在证途'要办多少'证'？"，载《南方日报》2014 年 2 月 20 日，第 A04 版。

[77] 潮白："'无谓的证明'才是'奇葩证明'"，载《南方日报》2015 年 12 月 3 日，第 F02 版。

[78] 罗沙："我们能否告别'奇葩证明'"，载《人民日报》2016 年 1 月 29 日，第 011 版。

[79] 白阳："规范权力清单 清扫不合理奇葩证明"，载《团结报》2015 年 6 月 20 日，第 004 版。

[80] 唐彬："根治奇葩证明政府职能须回归服务"，载《东莞日报》2015 年 8 月 27 日，第 A02 版。

[81] 张涛："不开奇葩证明，不应止于厘责"，载《中国社会报》2015 年 8 月 31 日，第 008 版。

[82] 甘向阳："北欧数字社会中的政府角色"，载《计算机世界》2005 年 10 月 31 日，第 C03 版。

[83] 王孝波、苗鹏："长治县'互联网+应急力量'指挥管理模式效益初显"，载《中国国防报》2017 年 6 月 7 日，第 001 版。

[84] 于爱云："全市劳动保障信息化建设惠及百姓"，载《金昌日报》2008 年 7 月 30 日，第 002 版。

[85] 辛锦棠、乐安："国土、检察联手预防土地收益流失"，载《中国国土资源报》2010 年 7 月 15 日，第 006 版。

[86] 王素琴："打破'数字壁垒'开启共享之窗"，载《中国气象报》2009 年 3 月 19 日，第 003 版。

[87] 王宁、初霞："教育管理网上平台实现信息共享"，载《哈尔滨日报》2006 年 11 月 11 日，第 002 版。

三、网络来源

[1]中国政府网.邢台推出居民身份证 24 小时自助办理业务 全程仅需 3 分钟_滚动新闻_中国政府网.[2019-10-03]. http://www.gov.cn/xinwen/2016-12/15/content5148408.htm

［2］中国政府网.身份证异地受理 7 月 1 日起全面启动.［2019－10－03］.http://www.gov.cn/
  xinwen/2016－07/01/content_5087292.htm

［3］中国政府网.国务院办公厅关于印发全国深化简政放权放管结合优化服务改革电视电话
  会议重点任务分工方案的通知（国办发〔2017〕57 号）.［2019－10－03］.http://www.gov.
  cn/zhengce/content/2017－06/30/content_5207000.htm

［4］中国政府网.中华人民共和国政府信息公开条例（国务院令第 492 号）.［2019－10－03］.
  http://www.gov.cn/zhengce/2007－04/24/content_2602477.htm

［5］中国政府网.政府工作报告.［2019－10－03］.http://www.gov.cn/premier/2018－03/22/
  content_5276608.htm

［6］中国政府网.数据多跑路 群众少跑腿.［2019－10－03］.http://www.gov.cn/xinwen/2017－
  07/27/content_5213599.htm

［7］中国政府网.首届数字中国建设峰会将于四月在福建福州召开——全面展示数字中国建
  设成果.［2019－10－03］.http://www.gov.cn/xinwen/2018－03/23/content_5276765.htm

［8］中国政府网.国务院关于印发政务信息资源共享管理暂行办法的通知.［2019－10－03］.
  http://www.gov.cn/zhengce/content/2016－09/19/content_5109486.htm

［9］中国政府网.国务院关于印发社会信用体系建设规划纲要（2014—2020 年）的通知.
  ［2019－10－03］.http://www.gov.cn/zhengce/content/2014－06/27/content_8913.htm

［10］中国政府网.国务院关于印发促进大数据发展行动纲要的通知.［2019－10－03］.http://
  www.gov.cn/zhengce/content/2015－09/05/content_10137.htm

［11］中国政府网.国务院关于同意调整社会信用体系建设部际联席会议职责和成员单位的
  批复.［2019－10－03］.http://www.gov.cn/zhengce/content/2012－07/26/content_1809.htm

［12］中国政府网.国务院关于取消一批行政许可事项的决定.［2019－10－03］.

［13］中国政府网.国务院关于批转发展改革委等部门法人和其他组织统一社会信用代码制
  度建设总体方案的通知.［2019－10－03］http://www.gov.cn/zhengce/content/2017－09/
  29/content_5228556.htm? gs_ws=tsina_636423827681663003.http://www.gov.cn/
  zhengce/content/2015－06/17/content_9858.htm

［14］中国政府网.国务院关于建立完善守信联合激励和失信联合惩戒制度加快推进社会诚
  信建设的指导意见.［2019－10－03］.http://www.gov.cn/zhengce/content/2016－06/12/
  content_5081222.htm

［15］中国政府网.国务院关于加强政务诚信建设的指导意见.［2019－10－03］.http://www.
  gov.cn/zhengce/content/2016－12/30/content_5154820.htm

［16］中国政府网.国务院关于加快推进"互联网+政务服务"工作的指导意见.［2019－10－
  03］.http://www.gov.cn/zhengce/content/2016－09/29/content_5113369.htm

［17］中国政府网.国务院关于大力发展电子商务加快培育经济新动力的意见.［2019－10－

03].http://www.gov.cn/zhengce/content/2015-05/07/content_9707.htm

[18]中国政府网.国务院办公厅转发全国政务公开领导小组关于开展依托电子政务平台加强县级政府政务公开和政务服务试点工作意见的通知.[2019-10-03].http://www.gov.cn/zhengce/content/2011-09/19/content_1105.htm

[19]中国政府网.国务院办公厅转发发展改革委等部门关于加强中小企业信用担保体系建设意见的通知.[2019-10-03].http://www.gov.cn/zhengce/content/2008-03/28/content_1939.htm

[20]中国政府网.国务院办公厅关于做好中央政府门户网站内容保障工作的意见.[2019-10-03].http://www.gov.cn/zhengce/content/2008-05/05/content_1165.htm

[21]中国政府网.国务院办公厅关于转发国家发展改革委等部门推进"互联网+政务服务"开展信息惠民试点实施方案的通知.[2019-10-03].http://www.gov.cn/zhengce/content/2016-04/26/content_5068058.htm

[22]中国政府网.国务院办公厅关于印发政务信息系统整合共享实施方案的通知.[2019-10-03].http://www.gov.cn/zhengce/content/2017-05/18/content_5194971.htm

[23]中国政府网.国务院办公厅关于印发三网融合推广方案的通知.[2019-10-03].http://www.gov.cn/zhengce/content/2015-09/04/content_10135.htm

[24]中国政府网.国务院办公厅关于印发"互联网+政务服务"技术体系建设指南的通知.[2019-10-03].http://www.gov.cn/zhengce/content/2017-01/12/content_5159174.htm

[25]中国政府网.国务院办公厅关于社会信用体系建设的若干意见.[2019-10-03].http://www.gov.cn/zhengce/content/2008-03/28/content_1923.htm

[26]中国政府网.国务院办公厅关于加强个人诚信体系建设的指导意见.[2019-10-03].http://www.gov.cn/zhengce/content/2016-12/30/content_5154830.htm

[27]中国政府网.国务院办公厅关于促进跨境电子商务健康快速发展的指导意见.[2019-10-03].http://www.gov.cn/zhengce/content/2015-06/20/content_9955.htm

[28]中国政府网.公安部:已为群众异地办理居民身份证1149万余张.[2019-10-03].http://www.gov.cn/xinwen/2017-12/21/content_5248965.htm

[29]中国政府网.工商总局等十三部门推进全国统一"多证合一"改革.[2019-10-03].http://www.gov.cn/xinwen/2018-03/14/content_5273934.htm

[30]中国政府网.财政部废止《会计从业资格管理办法》等3部规章.[2019-10-03].http://www.gov.cn/xinwen/2017-12/22/content_5249616.htm

[31]中国政府网.2018年政府工作报告_中国政府网.[2019-10-03].http://www.gov.cn/zhuanti/2018lh/2018zfgzbg/zfgzbg.htm

[32]中国邮政速递物流.特快专递(EMS)资费查询.[2019-10-03].http://www.ems.com.cn/serviceguide/zifeichaxun/zi_fei_cha_xun.html

［33］中国铁路客户服务中心.车票预订|客运服务|铁路客户服务中心.［2019－10－03］.
https://kyfw.12306.cn/otn/leftTicket/init

［34］中国上海政府门户网站.市政府新闻发布会介绍上海社区事务受理服务中心全面实施
"全市通办"相关情况.［2019－10－03］.http://www.shanghai.gov.cn/nw2/nw2314/
nw2319/nw12344/u26aw55164.html

［35］中国上海.协议出让土地－办事明细.［2019－10－03］.http://zwdtpd.sh.gov.cn/zwdtSW/
bsfw/showDetail.do? ST_ID＝SH00PD_8798201101&ST_TABLE_NAME＝guid

［36］中国上海.普通护照签发(首次申请(外省市户籍居民)).［2019－10－04］.http://zwdt.
sh.gov.cn/govPortals/bsfw/findBsfw.do? _organName_＝&_organCode_＝&_organType_＝&_
itemId＝SH00SH310100192016&_itemType＝%E5%AE%A1%E6%89%B9&_stSubitemId＝
a60bd9cf－133b－4ba4－8ed1－79823d523b4e

［37］中国上海.网上政务大厅.［2019－10－03］.http://zwdt.sh.gov.cn/zwdtSW/bsfw/personal-
Work.do? itemType＝sp.

［38］中国上海.申办《上海市居住证》.［2019－10－06］.http://zwdt.sh.gov.cn/govPortals/bsfw/
findBsfw.do?_itemId＝SH00PD310150105004&_itemType＝%E5%AE%A1%E6%89%B9&_
stSubitemId＝167e050f－8218－4579－910b－e7041c40907f

［39］手机人民网.第十六届(2017)中国政府网站绩效评估结果发布暨经验交流会在京顺利
召开.［2019－10－06］.http://m.people.cn/n4/2017/1117/c3786－10130918.html

［40］浙江政务服务网.高等学校教师资格认定.［2018－04－12］.http://www.zjzwfw.gov.cn/art/
2015/12/14/art_48623_16625.html

［41］央视网.市民遭遇"奇葩"证明:请开具证明证实你妈是你妈.［2019－10－06］.http://
news.cntv.cn/2015/04/09/ARTI1428538935591949.shtml

［42］新京报.除了抓骗子,也要斩断个人信息利益链.［2019－10－04］.http://epaper.bjnews.
com.cn/html/2016－08/31/content_650223.htm? div＝－1

［43］新华网.习近平:实施国家大数据战略加快建设数字中国－新华网.［2019－10－03］.
http://www.xinhuanet.com/politics/2017－12/09/c_1122084706.htm

［44］新华网.2017年谁挣钱最多? 京沪人均可支配收入逼近6万元.［2019－10－03］.http://
www.xinhuanet.com/2018－02/24/c_1122444800.htm

［45］搜狐网.结婚证全国联网存漏洞:男子先后娶4个老婆.［2019－10－03］.http://news.
sohu.com/20160415/n444233989.shtml

［46］四川省人民政府网站.四川省人民政府关于印发四川省加快推进"互联网+政务服务"
工作方案的通知.［2019－10－03］.http://www.sc.gov.cn/zcwj/xxgk/NewT.aspx? i＝
20170908101252－104159－00－000

［47］首都之窗.北京市人民政府关于北京市政务服务中心正式运行的通告.［2019－10－04］.

http://www.beijing.gov.cn/zfxxgk/110016/gcjsltz23/2015-11/19/content_643243.shtml

[48]上海统计网.上海统计年鉴2017.[2018-04-12].http://www.stats-sh.gov.cn/tjnj/nj17. htm?d1=2017tjnj/C0101.htm

[49]上海统计.2016上海统计年鉴.[2018-04-12].http://www.stats-sh.gov.cn/tjnj/nj16. htm?d1=2016tjnj/C0201.htm

[50]上海政府网.关于调整本市最低工资标准的通知.[2019-10-05].http://service. shanghai.gov.cn/XingZhengWenDangKu/XZGFDetails.aspx?docid=REPORT_NDOC_000312

[51]上海一网通办.教师资格认定(高教系列).[2019-10-05].http://zwdt.sh.gov.cn/gov-Portals/bsfw/findBsfw.do?_itemId=SH00SH310100124001&_itemType=%E5%AE%A1% E6%89%B9&_stSubitemId=8a796ea4-fe5e-4523-b10e-5fb8d970a17f

[52]上海浦东政府网.关于进一步做好浦东新区征地养老人员区级统筹管理的通知.[2019-10-03].http://www.pudong.gov.cn/shpd/InfoOpen/InfoDetail.aspx?Id=804832

[53]上海浦东.浦东新区网上政务大厅.[2019-10-03].http://zwdtpd.sh.gov.cn/zwdtSW/ bsfw/personalWork.do?itemType=sp

[54]上海浦东.2016年统计年鉴.[2019-10-03].http://pdxq.sh.gov.cn/shpd/InfoOpen/Detail. aspx?Id=778279

[55]浦东新区川沙新镇人民政府网站.[2019-10-05].http://www.pudong.gov.cn/csxz/

[56]宁夏回族自治区网站.自治区人民政府办公厅关于印发全区推行不见面审批服务改革 工作方案的通知.[2019-10-06].http://www.nx.gov.cn/zwgk/qzfwj/201801/t20180115_ 668660.html

[57]环球网.2017全国地方政务服务能力排行榜发布.[2019-10-03].http://w.huanqiu. com/r/MV8wXzExNTU3ODgzXzE4NjlfMTUxNjk0MzI4MA==

[58]海南省网上审批大厅.不见面审批专栏.[2019-10-03].http://wssp.hainan.gov.cn/ wssp/hn/module/wssp/wssb/bjmspIndex.do

[59]海南省人民政府网.2017中国政府网站绩效评估报告发布 全国政府网站平均抽查合格 率达94%.[2019-10-03].http://www.hainan.gov.cn/hn/zt/zfjsl/zfwjs/jxkh/201712/ t20171226_2509376.html

[60]国家行政学院电子政务研究中心.《省级政府网上政务服务能力调查评估报告(2017)》 发布.[2019-10-03].http://www.egovernment.gov.cn/art/2017/6/20/art_476_5014.html

[61]中国电子政务网.《2017全国各地政府互联网+政务服务能力调查评估报告》发布. [2019-10-06].http://www.e-gov.org.cn/article-165543.html

[62]东方网.重磅!上海这161项民生事务3月起"全市通办"!不用再来回奔波啦.[2019-10-03].http://sh.eastday.com/m/20180212/u1a13669238.html

[63]成都市政府网站.中华人民共和国道路交通安全法实施条例.[2019-10-05].http://gk.

chengdu.gov.cn/govInfoPub/detail.action？id＝100354&tn＝6

[64]广东省公安厅. 卫省卫生厅、公安厅转发卫生部、公安部关于统一规范出生医学证明的通知.[2019-10-05]. http://zwgk.gd.gov.cn/006940140/201501/t20150104_563091.html

[65]Open knowledge.什么是开放数据?.[2019-10-03].http://opendatahandbook.org/guide/zh_CN/what-is-open-data/

附　录

附录 1　上海各区政府到市政府距离—交通费用测算

下列项目中，时间单位为"分钟"、距离单位为"公里"，费用单位为"元"。

区名	区政府地址	驾车时间	距离	费用	公交时间	距离	费用	最省时间比	路费比
黄浦	上海市延安东路300号	5	1.3	16	24	1.5	2		距离太近不考虑
静安	上海市静安区北京西路1500号	15	3.9	19	28	4.2	3	1.867	0.158
徐汇	上海市徐汇区漕溪北路336号	39	8.8	31	29	7.6	4	0.744	0.129
长宁	长宁路599号	23	7.3	27	34	7.1	3	1.478	0.111
杨浦	江浦路549号	24	7.7	28	36	7.9	4	1.500	0.143
虹口	虹口区飞虹路518号	21	6.4	25	53	6.3	2	2.524	0.080

区名	区政府地址	驾车时间	距离	费用	公交时间	距离	费用	最省时间比	路费比
普陀	大渡河路 1668 号	40	10.3	35	55	10.7	4	1.375	0.114
浦东	世纪大道 2001 号上海市浦东新区办公中心	30	8.1	29	32	8.6	4	1.067	0.138
宝山	上海市宝山区密山路 5 号	54	22.3	74	77	23.7	7	1.426	0.095
嘉定	博乐南路 111 号	66	31.1	107	109	37.3	8	1.652	0.075
闵行	沪闵路 6258 号	51	18.7	60	45	18.5	5	0.882	0.083
松江	上海市松江区园中路 1 号	71	44.1	156	76	40.6	7	1.070	0.045
青浦	上海市青浦区公园路 100 号 10116	81	39.9	140	95	40	7	1.173	0.050
奉贤	奉贤区解放东路 928	75	43.6	154	103	43.7	11	1.373	0.071
金山	金山大道 2000 号	104	71.3	258	148	68.4	14	1.423	0.054
崇明	上海市崇明区人民路 68 号	120	94.7	345	177	51.1	30	1.475	0.087
平均值		51.19	26.22	94.00	70.06	23.58	7.19	1.369	0.076

附录2 上海到各省省会城市距离—交通费用测算

省（直辖市）	省会城市	火车票（二等）（元）	历时（小时）	火车票慢（元）	历时（小时）	飞机票（元）	历时（小时）
北京	北京	553	4.5	156	22	1200	2.5
天津	天津	508	5	143	18	650	2.5
重庆	重庆	859.5	11	235	26	468	3
河北	石家庄	623	7	156	11	440	2.5
山西	太原	623	7	156	11	1170	2.5
陕西	西安	669	6	180	15	680	3
山东	济南	398	3	109	14	630	2
河南	郑州	447	4	128	9	628	2
辽宁	沈阳	732	9	224	19	440	2.5
吉林	长春	874	11	251	21	700	3
黑龙江	哈尔滨	977	12	273	23	630	3
江苏	南京	134	1	40	3	150	1
浙江	杭州	73	1	28.5	2	无	无
安徽	合肥	196	2	38	10	920	1.5
江西	南昌	336.5	4	105	10	440	2
福建	福州	337.5	4.5	128.5	14	560	1.5
湖北	武汉	301.5	4.5	148.5	15.5	1640	2
湖南	长沙	478	4.5	148.5	14	920	2
四川	成都	932.5	11	122	44	1500	3.5
贵州	贵阳	734.5	8.5	229	27	800	3
云南	昆明	879	11	278.5	36	700	4
广东	广州	793	7	201	22	970	2.5
海南	海口	0	0	310	36	1730	4.5

省（直辖市）	省会城市	火车票（二等）（元）	历时（小时）	火车票慢（元）	历时（小时）	飞机票（元）	历时（小时）
甘肃	兰州	844	10.5	240	28.5	738	3.5
青海	西宁	0	无	254	24.5	938	5.5
内蒙古	呼和浩特	0	无	224	22	1410	3
新疆	乌鲁木齐	0	无	376.5	39	3250	5.5
西藏	拉萨	0	无	402.5	46	2940	13
广西	南宁	767.5	11	224	24	1050	3.5
宁夏	银川	0	无	243	30	750	3
平均值		586.27	6.67	191.75	21.22	1 001.45	3.21
平均费用		783.77		820.07		1 096.5	

附录3　上海全部 G2C 事项的办事情况表

因文件较大，共有 593 个 G2C 事项，直接打印不便，在此只展示前 6 个事项的数据，详细见 EXCEL 文件。

id	办事单位名称	办事单位数量	事项名称	说明	官方总材料	官方内部材料	官方外部材料	场景说明	所需内部材料	需要外部材料	典型代表情况	需要常规材料	需要外部材料	办事层级
AA-004	1.上海市质量技术监督局行政事务受理中心	1	二级注册计量师资格注册					新办	16。1。	588。58	新办(考试合格)非逾期	16。1	588。58	S
AA-005	1.上海市金山区市场监督管理局	16	特种设备安全管理人员、作业人员资格认定						1。4	583。58	首次申请	1。4	583	Q
AE-001	1.上海市体育局行政审批受理窗口	1	等级运动员(一级)						1。586。587。11		NO			S
AF-001	1.上海市旅游局导游人员考评委员会办公室	1	导游人员资格证书核发						1。91	592。593	不加试	1。91		
AF-002	1.上海市旅游局办事受理中心	1	办理导游证IC卡(新办/转社/补办/升级等)					新办(首次)	1。16。	592。59	新办(首次)	1。16	592	S
AG-001	1.创意设计登记备案	1	创意设计登记备案服务						1。22。19。23		户籍	1。22		

第 1 页

需要外部材料	办事层级	网站层级	网上申报	预约先办	网上预审	网上受理	全程网上办理	网上支付	委托递送	全市通办	办事统计为天	典型场景信息共享指数	全部场景信息共享指数
588。58	S	S	1		1						15	196.65	196.65
583	Q	S,Q									15	196.65	1877.1
	S	S	1								120	98.325	98.325
	S	S									X	264.5	264.5
592	S	S									15	264.5	264.5
	S	S									X	234.03	234.03

第 147 页

附录4　上海全部 G2C 事项中的办事材料列表

因文件较大，共有823项材料，直接打印不便，在此只展示前25项材料数据，详细见 EX-CEL 文件。

证件 ID	证件名称	说明	来源	信息共享类型
CT-0001	身份证	公安	公安	1
CT-0003	普通话等级证书	语委	语委	1
CT-0004	学历学位证书	高校	高校	1
CT-0005	教育课程合格证	教育	教育	1
CT-0006	职称证明，证书	企事业单位	单位	2
CT-0007	《申请人思想品德鉴定表》	网上下载，由单位、学校或者档案保管机构鉴定盖章	单位	2
CT-0008	申请人无犯罪记录证明	由户籍所在地的公安部门出具	公安	7
CT-0010	在外省市单位工作期间的专业技术工作业绩，并提供该单位出具的证明。	企事业单位	单位	2
CT-0011	获奖情况证书	不详	单位	2
CT-0014	组织机构代码证	国家质量监督检验检疫总局	质检	2
CT-0015	营业执照	工商	工商	2
CT-0016	工作合同或聘书	企事业单位	单位	2
CT-0017	在沪工作单位出具的申请书（注明职位）	企事业单位，政府机关	单位	2
CT-0018	指纹	个人	个人	1

续表

证件 ID	证件名称	说明	来源	信息共享类型
CT-0019	《上海市临时居住证》	公安	公安	4
CT-0020	出生医学证明	医院	医院	1
CT-0021	结婚证（离婚证）	民政	民政	1
CT-0022	户口本（户籍证明）	公安	公安	1
CT-0023	上海市居住证	公安	公安	1
CT-0024	公证非标准汉语拼音	公证机构	公证	5
CT-0025	国外出生证明，我使领馆公证	领事馆	使领馆	7

附录5　直辖市和省会城市十个代表性 G2C 事项情况表

因文件较大，共有 31 个城市共计 310 个事项，直接打印不便，在此只展示北京的 10 个事项情况数据，详细见 EXCEL 文件。

G2C事项编号全国	省	市	id	办事单位名称	办事单位数量	事项内容、代码	有无	办事时间	网办	跨区	快递费用	法定
XG2C-001	北京	北京	NT-BJ-01	北京政府网	1	网站个人账户	1	R	1			
XG2C-002	北京	北京	NT-BJ-02	相关网站	1	网站支付功能	0.5	R	1			
XG2C-003	北京	北京	NT-BJ-03	相关网站	1	网站缴纳罚款	1	R	1			
XG2C-004	北京	北京	NT-BJ-04	任意户籍派出所	多	办理身份证	1	20		有快递	20	60
XG2C-005	北京	北京	NT-BJ-05	常住户口所在地派出所的户籍窗口	多	出生登记	1	R				
XG2C-006	北京	北京	NT-BJ-06	车辆管理所及其下属车辆分所	多	申请驾驶证	1	2				1
XG2C-007	北京	北京	NT-BJ-07	车辆管理所或者车管分所	多	机动车登记	1	2				5
XG2C-008	北京	北京	NT-BJ-08	任一区民政局婚姻登记处	多	申请结婚证	1	R				
XG2C-009	北京	北京	NT-BJ-09	区社保经办机构、街道（乡镇）社保所卡服务网点	多	补办社保卡	1	15				
XG2C-010	北京	北京	NT-BJ-10	地税网站	1	申报个人所得税	1	R				

法定	跑腿次数	办事点层级	办事点类型	费用折算	信息共享效益指数	典型代表情况	需要常规材料	需要外部材料	材料类型	材料费用	网址
	0				1	实名认证	1				
	0				0.5	提供外部网站					http://www.beijing.gov.cn/bmfw/jmsh/jmshshjf/shjfd/jffs/t1492118.htm
	0				1		342				http://www.bjjtgl.gov.cn/jgj/95302/index.html
60	1	JD	4	22.725	42.725	外地遗失补领		2.X2.X1.19			http://banshi.beijing.gov.cn/bsfwzy/201710/t20171003_34076.html
	1	JD	4	22.725	22.725	婚内生育，非特殊		1.20.21.22			http://banshi.beijing.gov.cn/bsfwzy/201710/t20171003_34137.html
1	1	Q	5	33.925	67.85					33.925	http://banshi.beijing.gov.cn/bsfwzy/201709/t20170930_28943.html
5	2	Q	5	33.925	67.85			1.44.45.46.47.X3			http://banshi.beijing.gov.cn/bsfwzy/201709/t20170930_28928.html
	1	Q	5	33.925	33.925		1.22				http://www.beijing.gov.cn/bmfw/hysy/hyfw/jh/t1491658.htm
	2	JD	4	22.725	45.45	补办					http://www.beijing.gov.cn/bmfw/zt/shbz_shbzk/blzn/t1493187.htm
	0	0			1		1				http://images.tax861.gov.cn/hlwdsj_wwym/grsdsinstall.html

作者在攻读博士学位期间
公开发表的论文

[1] 龙怡、李国秋："美国社会保障号系统的信息共享机制研究——基于政府信息生态链视角"，载《情报资料工作》2018 年第 1 期。
[2] 龙怡、李国秋：" '互联网+政务' 视域下 G2C 电子政务中信息共享的合作博弈研究"，载《情报科学》2017 年第 5 期。
[3] 龙怡、李国秋："信息惠民政策下的政府信息生态链研究——基于 G2C 电子政务中信息共享需求分析"，载《电子政务》2017 年第 2 期。
[4] 龙怡、李国秋："G to C 电子政务中政府信息共享路径研究——基于上海市个人网上办事项目的社会网络分析"，载《情报杂志》2016 年第 9 期。
[5] 龙怡："基于 '承诺制' 公民办证的可行性研究"，载《电子政务》2015 年第 10 期。
[6] 龙怡："政府网站的信息公开内容分析——基于上海政府信息公开十年数据"，载《电子政务》2014 年第 10 期。
[7] 龙怡："中美省（州）级政府门户网站发展状况及优化策略研究——基于 2010-2013 年网站流量数据分析"，载《电子政务》2014 年第 9 期。
[8] 李国秋等："预测市场用于持术预见的必要性、可行性及优越性"，载《第九届全国技术预见学术研讨会论文集》，2014 年 11 月。
[9] 龙怡、吕斌："政府信息共享指数体系构建"，第七届（2017 年）全国情报学博士论文征文三等奖，2017 年 7 月。
[10] 龙怡、吕斌：" '互联网+政务' 视域下档案馆系统的策略研究"，载《档案学通讯》2018 年第 4 期。

作者在攻读博士学位期间
所做的项目

[1] 参加国家自然科学基金面上项目《面向技术预见的预测市场机制设计及系统实现》（71473161），排名第三。
[2] 主持 2017 年度上海市社科规划一般课题《公民个人办事中的政府信息共享评价研究》（2017BTQ004）。

ACKNOWLEDGEMENT

致 谢

当我 2014 年再次作为学生走入课堂，距离硕士毕业已经 11 年了；作为一个老学生，我十分珍惜这通向最高学位的学习机会，求知求真、孜孜不倦，这四年的时光在不经意间匆匆而过；所幸回首中，我看到了一串踏实的脚印，更有无数值得感恩铭记的点滴，那是众人的肩膀。

博士论文真的是一项艰巨的工程，在导师吕斌教授的悉心指导下，我从选题到成文，起起伏伏、上下求索，终成正果。吕老师不仅敏锐地把握着研究的前沿方向，更能从事实迷雾中提炼科学问题，引导我将研究逐层深入。论文开题伊始，我提出了一个非常宽泛的探讨政府部门间各种可能的信息共享路径的研究框架，最后分析各种路径的共享成效；吕老师果断地去粗取精、删繁就简，将研究主题提炼为对政府信息共享进行评价，这个转折使我的论文跳出以往研究的惯性，有了深入本质的可能，更为我提供了梦寐以求的解决难题的钥匙。在最核心的评价指标构建的理论基础问题上，我遭遇了最大的挑战，吕老师不辞辛苦，指导我反复修改达五稿，终于形成了较为合理的理论构架。

在读博期间，李国秋教授一直不辞辛苦地从研究方法和研究规范方面给予我详细的指导。当我困惑于如何破解政府信息共享这个经典难题时，她敏锐地指出用"博弈论"，引导我用合作博弈模型回答"为什么不能共享"，这个研究结果最后成为我博士论文的立论基础。不仅如此，李老师还教会我如何用数据挖掘方法结合社会网络分析法进行文本分析，探索学科热点，这些方法拓展了我的研究空间和视野。虽然我也参与了李老师主持的国家自科基金，但她没有因此要求我的博士论文要以这个基金为选题，而是给予我充分的自由，让我追逐自己的研究梦想。

　　吕斌老师和李国秋老师这一对学者伉俪，用他们的远见卓识、科学精神、严谨作风感染我、启发我，把我从局限的研究领域，引导到广阔的学术天地，开启了无穷的思考空间。特别是在我申报课题的阶段，如何厘清思路，如何把握重点，是两位老师无私的支持和帮助，使我终于申请到上海社科课题。师恩浩荡、受益终生！在此向两位老师表示深深的敬意和由衷的感谢！

　　华东师范大学信息学系的范并思教授，是我本硕阶段的系主任，他德高望重、让人仰视。对于我这个毕业多年的学生，从没有端过一点架子，总是有求必应，慷慨大度地伸出援助之手，不仅考博时帮我写博士推荐信，指导我修改完善基金申报，还对我的博士论文选题提出了很多建议。我记得工作后曾有一段迷茫的日子，对于为写论文而写论文的状态感到厌倦，所幸那时我一篇一篇翻看范老师的"老槐也博客"，从范老师字字真诚、句句中肯、篇篇精彩的博文中，我看到了一个图书馆学大家追求学术理想照亮现实的精神力量！在范老师的感召下，我的学习和研究都进入了一个新的阶段，我觉得自己开始成为一个真正的学者。范老师，谢谢您！

　　接下来要感谢上海大学图书情报档案系的培养！本系良好的学术氛围为我创造了宽松向上的学习条件，金波、丁华东、刘炜、连志英、潘玉民、于英香、张林华、张云中、耿志杰、刘宇、王丽华、丁敬达、王毅、郑永利、杨智勇等各位老师都曾给予我指导和帮助，在此也表示深深的感谢！

　　记得 2015 年 10 月我去武汉大学参加博士论坛和 Ischool 年会活动，我碰到了系主任金波教授，当时我正执着于"以一己之力聚合众人之力"，希望用"互联网+"思维来解决办事难问题，我告诉金老师我要在武汉大学推广我新建的网站（www.51bs.cc），他有些疑惑，但依然支持我的尝试。虽然这个网站在我论文写作期间长期没有更新，但已成为我研究和思考的阵地。我是在 2014 年去吉林大学参加博士论坛时认识王毅老师的，他才思敏捷、乐于助人，从开题答辩时对指标构建提出意见，到预答辩时帮我指出论文规范中的错误，他一直给予我帮助和支持，也是王老师，他建议我好好写致谢，才有了这些记录点滴的文字。

　　图情档系的同学们都非常友善互助，无论是档案方向的张燕、张茜、卢欣、孙逊，还是情报方向的张永娟、孙安、罗永刚，我们真的是同心同德的学友，对于各类信息资源在全社会共享有着共同的信念，大家总是相互鼓励、共同进步，感谢你们和我并肩同行！

在读博期间，我所在单位上海政法学院计算机教学部，从领导到同事，都给予我全面的支持。部主任欧阳为民教授主讲博弈论，听说我的论文涉及了博弈论，他无私地向我推荐参考书并对我的研究设计进行分析，提出中肯的意见和建议，在工作安排上也考虑到我的实际需要进行协调。办公室主任顾慧慧老师不仅在教学安排上尽量为我节省时间，还不辞辛劳，多次帮我到校级部门开具到外地调研的介绍信。我记得2016年底，我打算去北京政务服务办公室调研，但准备不足，按照学校开具介绍信的常规流程走，肯定来不及在出发前拿到介绍信了。我有些忐忑地请顾老师帮忙，她二话没说，一个又一个电话，并亲自帮我拿到校部盖章，终于帮助我顺利地拿到介绍信，完成了调研。我的同事盛宇、李卫卫、潘晓辉、马亮、吴英、袁焕民、郭金兰、吕校武、云太真、黄芹华、吴江海，都曾在我需要换课、调课或其他工作调整时出手相助。感谢学校、单位和同事们为我创造了最好的工作环境！

还有，我要感谢的是校外的老师和朋友，主要是从事"互联网+政务服务"实务的政府官员和研究电子政务的老师们。

首先要感谢上海市政府办公厅电子政务办公室孙松涛主任，他作为一个学者型的官员，不仅自己对于电子政务绩效评估有从实践到理论的深入研究、出书立著，还慷慨为学者提供实践学习的机会，让我于2013年至2014年在"中国上海"政府门户网站进行产学研践习，使我明确了立足现实的研究方向；在我博士论文选题及内容架构上，他也在百忙之中给出建议。

为了解各地在政务服务中实现政府信息共享的情况，我在2016年实地调研了四个网上办事大厅负责单位：两个省级单位（北京市政务服务管理办公室、云南省投资项目审批服务中心），两个市级单位（玉溪市政务服务管理局、深圳市政务服务管理办公室）。在此特别要感谢北京市政务服务管理办公室信息化处艾毅然处长、深圳市政务服务管理办公室的田云副处长和玉溪市网信办杨林生副主任，他们在百忙之中接待一个普通学者的调研，将自己在电子政务实务中多年积累的经验和总结的规律，毫无保留地传授给我，让我深为感动。

从2014年到2017年，我先后参加了10多场情报学及电子政务相关的学术会议，特别是从2015年10月本校的刘伟伟老师将我引荐到复旦大学刘淑华老师主持的"数据能力与国家治理"学术论坛后，我的人生就像开了挂，认识了很多致力于推动我国电子政务发展的前辈和同仁，他们以自己深厚的理论素养和广阔的研究视野，为我的研究提供了更多的视角和思路。我是先研读南开大学王芳教授的文章，再到学术会议上认识她本人的，她是本学科领域中研究电子政务最资深的专家，对于电子政务有着超出政府视野的远见；我多次向她请教问题，还就博士论文选题征求她的意见，她支持我到各地调研的做法，也提示我避免研究的某些误区。对我来说，人民大学的安小米教授也是从文章走入现实的一位著名学者，她是国际上电子文件和信息化标准制定领域的资深专家，致力于从标准制定的角度破解政府数字信息资源的整合和利用问题，我向她请教信息共享评价的理论基础，她从公共管理和信息管理两个学科方向上给予了我理论建议。

　　因为电子政务属于交叉学科，所以我有幸结识了多位政治学和公共管理学科的新锐学者，复旦大学的郑磊老师可谓独领风骚。当政府数据开放运动在国外刚刚起步，他就同步在国内开展研究，引领了一个新的研究方向；更让人叹服的是，他带领团队通过每年持续发布"开放数林指数"评价政府数据开放水平，真正推动政府数据开放在很多省市成为现实！他是我学术研究的榜样，我在英文文献查询和理论构建上都得到了他无私的指导，他主持的复旦大学数字与移动治理实验室经常邀请业界精英做讲座，是我常学常新的充电桩。北京大学的黄璜老师，学养深厚、功力非凡，有一次讨论合作博弈，他一眼就看出我构建的特征函数中缺失了学习成本；在博士论文写作中，从初次指数构建到最终理论成型，我多次向他请教，他也总是不厌其烦地认真指导。华东理工大学的朱琳老师，立足学术、助力现实，是感知城市数据科学研究院的副院长，当我向她请教公共管理理论，她直接发过来一篇经典文献；当我请她帮忙查一篇外文文献，几小时后就发来了……我真觉得有个姐姐！国家信息中心信息化研究部的杨道玲副处长，致力于将大数据分析应用于国家"一带一路"战略，取得了令世人瞩目的研究成果，他对我的评价模型给出了中肯的意见，还精辟地概括为"办事痛苦指数"，并鼓励我继续深入。同样年轻有为的社会科学院的宋煜老师，心怀众生、犀利深刻，他曾经从研究思路上给予我引导，还曾把我遗憾缺席的学术会议的资料慷慨相送！同济大学的翁士洪老师，中西兼顾、忧国忧民，读书时就致力于西藏支教，研究中常怀爱民之心，他也向我推荐了公共管理方面的理论。还有交通大学的金耀辉老师、清华大学的张楠老师、中山大学的郑跃平老师、国家信息中心的张勇进老师、云南财经大学的李重照老师、上海理工大学的刘新萍老师，都曾在研究中给予我帮助和支持，在此都表示诚挚的感谢！

也要感谢我的亲人们，是他们支撑我开启博士学业，在博士论文这个马拉松赛道上不停奔跑，最后几个月那种脑力体力全部拼上的感觉，真像高考，感谢他们陪我攀登这个人生陡坡。首先是我的父亲龙友善和母亲周红，他们在生活上给予我完全的支持和帮助，是我坚不可摧的后盾和永远温暖的依靠，让我没有后顾之忧，专心学习研究。也要感谢我先生张昆，他全力支持我学习深造，一人承担教育孩子的重任，无怨无悔，最后还帮我通读全文，指出并纠正了不少文字段落的问题。还要感谢我女儿张怡和，我在论文写作阶段几乎无法顾及她，而且时不时脾气暴躁，她的理解和体谅也是我前行的慰藉。

最后要感谢我的硕士导师周茹燕教授，她用一言一行诠释"学高为师、身正为范"的师者风范，她手把手教我写论文，从篇章结构到行文规范，从实地调研到学术会议，把懵懵懂懂的我一步步带入学术殿堂。她关注我的每一步成长，从学习到工作，从写论文到评职称，从为人师到为人母；她家的大门随时向我敞开，她家的饭菜总是那么可口香甜，她和先生朱鉴秋老师像关心女儿一样关心我照顾我。在博士论文数据采集的漫长过程中，她还提醒我随时记录有代表性的案例，为后期进行重点分析打下基础。我总觉得自己是多么幸运啊，能碰到这么好的老师！我从没想过，我们整整20年情同母女的师生情分，会在2017年的深秋戛然而止！我知道她退休后从没停止脚步——她热心关工委的事业，她一直做郑和研究，她担任商学院的教学督导，她参与学生帮扶，她就像春天的太阳一样，发出温暖的光芒，照亮了周围所有的人！却不知不觉燃烧了自己……我能想到最好的纪念她的方式，就是成为一个像她那样的老师！

再次感谢所有关心我、支持我和帮助过我的老师、亲人、同学和朋友，读博是个艰苦修炼的过程，谢谢你们托起我的翅膀，让我向着理想飞翔！

图书在版编目（ＣＩＰ）数据

G2C 场景下政府信息共享效益评价研究/龙怡著. —北京：中国政法大学出版社，2019.10
ISBN 978-7-5620-9239-1

Ⅰ.①G… Ⅱ.①龙… Ⅲ.①电子政务－研究－中国 Ⅳ.①D63-39

中国版本图书馆 CIP 数据核字(2019)第 228301 号

出 版 者　　中国政法大学出版社

地　　　址　　北京市海淀区西土城路 25 号

邮寄地址　　北京 100088 信箱 8034 分箱　　邮编 100088

网　　　址　　http://www.cuplpress.com (网络实名：中国政法大学出版社)

电　　　话　　010-58908285(总编室) 58908433（编辑部）58908334(邮购部)

承　　　印　　北京鑫海金澳胶印有限公司

开　　　本　　720mm×960mm　1/16

印　　　张　　16

字　　　数　　250 千字

版　　　次　　2019 年 10 月第 1 版

印　　　次　　2019 年 10 月第 1 次印刷

定　　　价　　56.00 元